Moyra Williams · Meine Pferdefamilie

Dank

Meine dankbarste Anerkennung gebührt den vielen Pferdefreunden – wovon die meisten in den folgenden Kapiteln mit Namen genannt werden – die mir beim Umgang und in der Beobachtung der hier beschriebenen Tiere geholfen haben.

Großen Dank schulde ich auch den Herren Prof. O. L. Zangwill und Dr. K. J. Connolly für die Durchsicht des Manuskriptes und für ihre zahlreichen wertvollen Bemerkungen über deren psychologischen Folgerungen.

Schließlich möchte ich Fenella Tillier danken, welche das Manuskript vom reiterlichen Standpunkt aus durchgelesen sowie dieses abgeschrieben und dabei einige der schlimmsten grammatikalischen und syntaktischen Fehler beseitigt hat.

Moyra Williams

Titel der englischen Originalausgabe:
A Breed of Horses
erschienen bei Pergamon Press Ltd., Oxford

Aus dem Englischen von Helen Stäubli

Umschlagentwurf: Franz Wöllzenmüller, München

Satz und Druck: Buchdruckerei Holzer, Weiler im Allgäu
Bindung: Hans Klotz, Augsburg
Printed in Germany · ISBN 3-405-11186-2

Inhalt

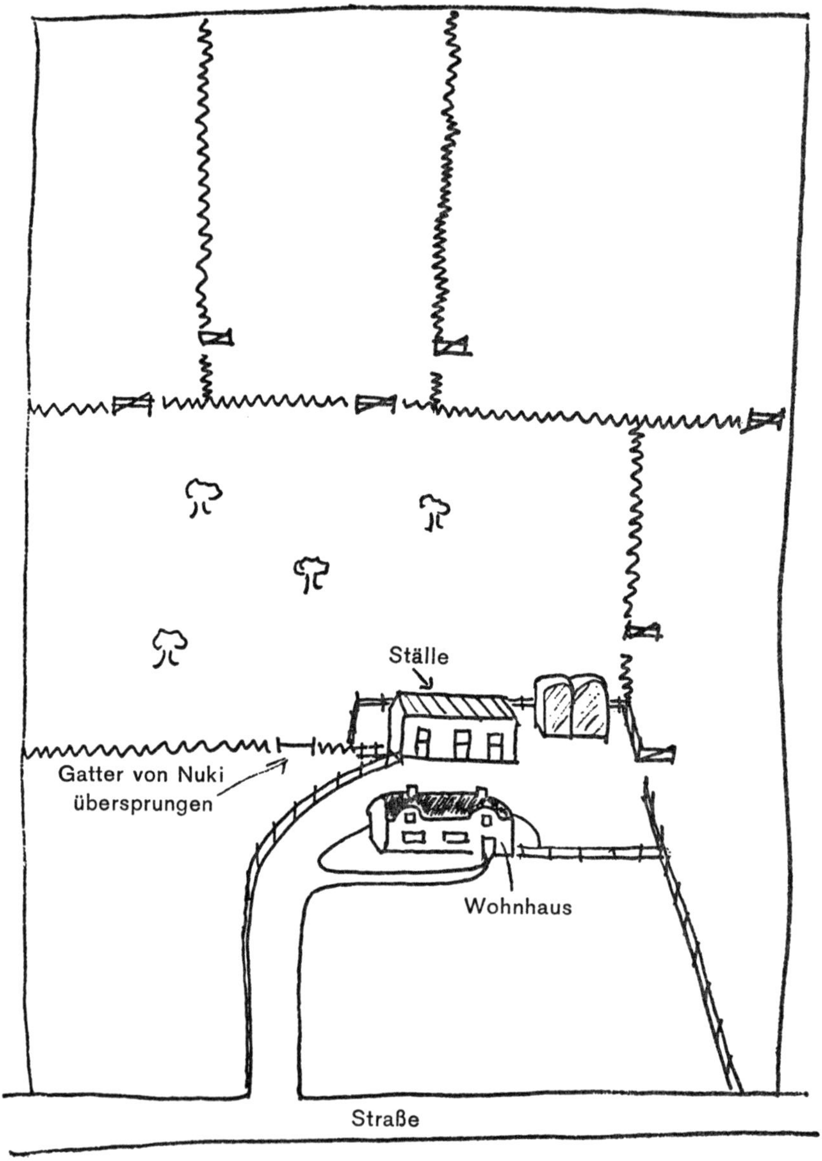

Stones Farm in Standlake

Tiere aller Arten

Dies ist eigentlich nur ein Zwischenbericht, wie Wissenschaftler zu sagen pflegen, wenn sie wissen, daß ihre Unterlagen unvollständig sind. Ich hatte im Sinn, dieses Buch erst in ungefähr zehn Jahren zu schreiben, aber da ich gegenwärtig auf einem anderen Gebiet arbeite und deshalb nicht mehr so leicht weitere Angaben sammeln kann, wäre es schade, nicht wenigstens die bis jetzt zusammengetragenen Tatsachen festzuhalten.

Tatsachen? Nun, sie sind wahrscheinlich weder sehr genau noch sehr gut dokumentiert. Vielleicht sind es überhaupt gar keine Tatsachen. Es sind wenig mehr als zufällige Beobachtungen über die Verhaltensweisen einer Gruppe von Tieren. Diese Tiere aber habe ich vom Augenblick ihrer Geburt an gekannt und in den verschiedensten Situationen mit ihnen gearbeitet und gespielt.

Ich habe meine Beobachtungen mit der Idee begonnen, daß sie vielleicht Licht werfen könnten auf die Faktoren, die mit der Entwicklung von Verhaltensweisen zusammenhängen. Meine Absicht war es, Pferde verschiedener Rassen unter identischen Bedingungen zu züchten und dann die Unterschiede der ihnen charakteristischen Eigenschaften zu vergleichen. Ich war mir völlig bewußt, daß ich dabei wenig Hoffnung hatte auf einen großen Beitrag zu unseren rasch zunehmenden Kenntnissen über die gegenseitigen Wirkungen von Vererbung und Umwelt. Es war mir auch klar, daß meine Beobachtungen neben den sorgfältigen Versuchen von Leuten wie *Scott und Fuller* in den USA, die im Verlaufe von dreizehn Jahren fünf Generationen von sechs verschiedenen Hunderassen und deren Hybridenabkömmlingen studieren konnten, zu völliger Bedeutungslosigkeit verblassen würden. Ich wußte auch, daß im Vergleich mit der streng kontrollierten Arbeit von modernen Tierpsychologen irgendeine Arbeit über Pferde hoffnungslos vage scheinen würde. Um »wissenschaftlich« vorzugehen, muß man über die Wirkungen von verschiedenen, in regelmäßigen Zeitintervallen wahllos vorgebrachten Stimulanzien auf zufällig ausgewählte Individuen berichten können; es ist auch notwendig, die Ergebnisse in Tabellen oder Kurven zusammen mit den statistischen Wahrscheinlichkeiten von ermittelten Unterschieden darzustellen. Es war mir nicht möglich, irgend etwas derartiges zu tun. Doch dies wäre nicht so schlimm, wenn ich das Verhalten von großen Tiergruppen, die von Geburt an unter identischen Umständen aufgezogen worden waren, in rein objektiven Worten hätte beschreiben können; ich befürchte aber, daß auch dies im vorliegenden Band nicht der Fall ist. Die Natur hat unendlich viele Möglichkeiten, um ihre Geheimnisse vor der Neugier des Menschen zu bewahren. Ein sorgfältig geplanter und kontrollierter Versuch von allumfassender Dimension wird fast unfehlbar scheitern. Einzig jene Projekte, die streng begrenzte Fragen zu klären haben und deren Ergebnisse schon ziemlich weit vorausgesehen werden können (kurz gesagt, nur jene, welche eigentlich unnötig sind), können auf verläßliche Weise ohne Haken durchgeführt werden. Meine eigenen, sorgfältig ausgedachten Zuchtprogramme gelangten nie bis zur Vollendung. Die Stuten, die ich als angeblich »trächtig« einführte, erwiesen sich immer als unfruchtbar. Wenn ich mehr als eine Stute zum gleichen Hengst schickte in der Hoffnung, ihre Abkömmlinge vergleichen zu können, so hatte immer nur eine aufgenommen. Das Schicksal hat bestimmt, daß alle Beobachtungen, die ich auch anstellte, mehr oder weniger auf die Nachkommen einer einzigen Stute, Nuki, beschränkt bleiben sollten, so daß dies eigentlich ihre Geschichte ist.

Im Laufe der Zeit jedoch hatte ich immer mehr das Gefühl, daß das mir ursprünglich gesteckte Ziel unwichtig war. Etwas anderes begann meine Aufmerksamkeit zu fesseln, etwas, das in wissenschaftlichen Arbeiten über tierisches Verhalten fast vollständig vernachlässigt zu werden scheint, obwohl es Trainern und Züchtern wohlbekannt ist: nämlich die individuellen Unterschiede zwischen Tieren derselben Gattung, zwischen denen der gleichen Rassen und sogar zwischen denen des gleichen Wurfes. Worauf sind diese Unterschiede zurückzuführen?

Scott und Fuller haben das Verhalten von Hunden in vielerlei Situationen analysiert und beurteilt, vom individuellen Spielen bis zum Apportieren auf Befehl des Trainers, von der Lösung von *perzeptorischen Puzzles* bis zum Öffnen von Schachteln. Sie fanden in einer Anzahl von Fällen bedeutende Unterschiede zwischen verschiedenen Rassen, aber die Variabilität zwischen Individuen derselben Rasse war noch größer. Ferner waren die eigentlichen, den Tieren inhärenten Fähigkeiten mit Hilfe irgendeiner der Standardmethoden schwierig zu »messen«. Hunde wie Menschen (übrigens die meisten Tiere) sind fähig, ihre Ziele auf vielerlei Arten zu erreichen. Wir können nur die Endergebnisse messen, und doch sind es die dazu angewendeten Mittel, welche die größten Unterschiede aufweisen und die mit größter Wahrscheinlichkeit angeboren sind. Ein Cockerspaniel, der sich hinsetzt und über die Lösung eines Problemes nachzudenken scheint, wird nicht schneller zum Ziel gelangen als ein Basenji, der panisch herumschießt und fast zufällig auf die richtige Lösung stößt.

In diesen über Hunde ausgeführten Studien wurden auch Versuche gemacht, um die Zusammenhänge zwischen Körperbau und Verhalten zu untersuchen.* Zu diesem Zwecke wurden zwei Rassen gekreuzt, die sowohl im körperlichen wie auch im geistigen Bereich die größten Unterschiede aufwiesen – Basenjis und Cockerspaniels, um nachher ihre Abkömmlinge zu vergleichen. Es war zu erwarten, daß diejenigen, die äußerlich den Cockers glichen, diesen nachschlagen und jene, welche den Basenjis glichen, jenen nachgeartet sein würden; aber dies war nicht immer der Fall.

Der Glaube, daß körperliche und geistige Eigenschaften Hand in Hand gehen, ist jedoch seit Generationen ein Pfeiler der menschlichen Überzeugungen. Jahrelang glaubte man fest daran, daß ein Verbrecher durch die Degenerationsmerkmale, die seine Züge aufwiesen, erkannt werden könnte. Manch eine Frau wurde im Mittelalter als Hexe verbrannt, weil sie lediglich einen verkümmerten Arm hatte. Heutzutage wissen wir besser Bescheid. Oder doch nicht? Nehmen wir nicht an, daß eine Beziehung besteht zwischen dem Körperbau einer Person und deren Temperament, auch wenn man dies nicht mehr bis auf ihre ethischen Prinzipien ausdehnt? Kurz gesagt, korpulente Menschen sind eher fröhlich und extrovertiert, während lange, dünne Menschen zurückhaltend und schüchtern sind. Aus der Hautfarbe werden auch Folgerungen gezogen. Rothaarige Menschen sind Hitzköpfe, dunkelhaarige sind sexy.

Bei Pferden hat die Frage nach der Farbe und dem dazugehörenden Temperament seit Jahrhunderten immer wieder Anlaß zu Vermutungen gegeben. Bei einigen Tierarten besteht wenig Zweifel darüber, daß gewisse Temperamente farbbedingt *sind*. Die weiße Albinoratte ist ruhiger und fügsamer als die dunkelbraune oder graue. Das weiße Kaninchen regt sich bei der Handhabung weniger auf als das blaue oder schwarze. Sogar bei Katzen desselben Wurfes können diejenigen einer bestimmten Farbe in ihrem Verhalten deutliche Unterschiede zu den andersfarbigen aufweisen. Ich habe einmal eine Katzenfamilie beobachtet, die in einem Oxford-Laboratorium aufgezogen wurde. Bei diesem Experiment mußte jedes einzelne Kätzchen von Geburt an

* Siehe J. P. Scott and J. L. Fuller: Genetics and the Social Behaviour of the Dog (University of Chicago Press, 1965).

genau den gleichen Umständen ausgesetzt sein. Der Vater war unbekannt, die Mutter eine deutlich gezeichnete dreifarbige Katze mit markant siamesischen Eigenschaften. Zwei ihrer drei Jungen glichen ihr in Farbe und Aussehen, das dritte war rein rot mit dem breiten Kopf und dunkelblauen Augen des gemeinen Hinterhofstreuners. Während dieser kleine Kerl die ganze Zahmheit, Forschheit und Neugier seiner domestizierten Vorfahren an den Tag legte, waren die andern beiden auffallend zurückhaltend und unfreundlich und wollten nie von mir gestreichelt werden oder mit mir spielen. Während aber Ginger, der Rotblonde, auf dem Käfigboden umherrollte oder mit unansehnlichen Flaumkugeln spielte, so konnten die beiden dreifarbigen plötzlich aus ihren Verstecken hervorschießen, um im Sprung ein Insekt zu töten, das sich auf halbem Weg nach oben an der zwei Meter hohen Drahtgeflechteinfassung befand. Ginger war wie der Cockerspaniel, empfindsam, zahm und domestiziert; die beiden dreifarbigen Jungen glichen eher dem Basenji. Einmal beschloß ich, alle drei in einem der Lieblingsapparate des Laboratoriums-Psychologen, dem Labyrinth, auszuprobieren. Der Apparat war aus einer quadratischen Kartonschachtel von etwa sechzig Zentimeter Seitenlänge konstruiert, in die gewisse Hindernisse gestellt waren, damit die Tiere einen ziemlich gewundenen Weg verfolgen mußten, um einen Ausgang zu finden. Ich setzte jedes der Kätzchen an einer Ecke in die Schachtel und wartete mit der Stoppuhr in der Hand, bis es am Ausgangsloch an der andern Ecke erscheinen würde.

Die verschiedenen Reaktionen der verschiedenen Kätzchen waren absolut charakteristisch. Der kleine Rotblonde erschien in weniger als zehn Sekunden am Ausgang, warf einen Blick auf die bekannte Welt draußen und duckte sich wieder in die Schachtel zurück, um sich dieses neue Spielzeug näher anzusehen. Eines der dreifarbigen Kätzchen wehrte sich wie ein Tiger, als es eingesperrt wurde und erschien zwei Sekunden später durch ein Loch, das es selbst im Deckel der Schachtel gemacht hatte. Das andere verschwand für zwanzig Minuten, und wir fanden es schließlich in der ersten Sackgasse kauernd, da es anscheinend keinen Grund gesehen hatte, weiterzugehen.

Ob es bei Pferden eine echte und allgemeine Beziehung zwischen Temperament und Farbe gibt, ist eine noch offene Frage. Im »Journal of Heredity« führt *Keeler* 1947 eine Menge Beweismaterial aus Geschichten und Anekdoten von verschiedenen Beobachtern an, die eine derartige Vermutung aufkommen lassen. *Estes* hingegen, die durch *Keelers* Arbeit zu einer eigenen Studie angeregt wurde, beobachtete 124 Stuten aus verschiedenen amerikanischen Gestüten und beurteilte jedes Tier in bezug auf »Temperament«; sie

fand keine klare Beziehung zwischen den beiden Varianten. Aus diesen beiden Arbeiten können nur wenige Schlüsse gezogen werden und das Thema bleibt zur Diskussion offen.
Ein weiterer Punkt, der mich von Anfang dieser Arbeit an interessierte, war das Alter, in dem sich gewisse Verhaltenstendenzen zuerst zeigen. Die Eltern von verbrecherischen oder psychopathischen Kindern berichten gewöhnlich, daß der betreffende Sprößling schon fast vom Augenblick der Geburt an antisoziale Tendenzen aufwies. »Er verlangte immer Aufmerksamkeit«, erzählen sie dem Bewährungshelfer, »er war nie wie meine andern Kinder, glücklich und zufrieden.« Diese rückblickenden Berichte müssen natürlich immer mit der sprichwörtlichen Prise Salz aufgenommen werden, aber nur weil Außenstehende skeptisch sind, heißt es nicht unbedingt, daß die Beobachtungen der Eltern falsch waren.
Hundezüchter werden oft bemerkt haben, daß es in jedem Wurf einen Welpen gibt, der sehr rasch seine Autorität und Vorherrschaft an den Tag legt, immer die größte Zitze saugt und später aggressiv über seine Geschwister herrscht. Diese Hierarchie bleibt aber nicht unbedingt immer so bestehen. In einem Wurf Welpen, die ich selbst aufgezogen habe, war das einzige Weibchen eindeutig das kleinste. Nur halb so groß wie seine Brüder, saß es teilnahmslos herum, schaute ihnen bei ihren Späßen zu und knabberte ein bißchen an den Resten, die sie übriggelassen hatten. Es wurde mir klar, daß es an übermäßig starkem Wurmbefall leiden müsse, was möglicherweise für seinen bedauernswerten Zustand verantwortlich sein könnte. Ich machte mit ihm eine Wurmkur, kaum war es alt genug, um die Dosis zu vertragen, und dies um gute zwei Wochen früher als mit seinen Brüdern. Die Wirkung war verblüffend. In weniger als einer Woche hatte das kleine Ding den Befehl über die Kinderstube übernommen und schnauzte seine Brüder an, wenn sie sich zu nahe an eines seiner Lieblingsspielzeuge heranwagten.
Nicht nur bei Hunden oder in bezug auf die Vorherrschaft können individuelle Unterschiede erkannt werden. Ich habe einmal zwei Würfe weißer Mäuse aufgezogen für eine besondere Studie, in der das Ausmaß der Aktivität jedes einzelnen Tieres zweimal täglich während fünfzehn Minuten registriert werden sollte. Die Käfige, in denen die Mäuse aufgezogen wurden, waren identisch, etwa 60 auf 60 Zentimeter mit einer Glasfront. Jeder Käfig hatte ein Ober- und ein Untergeschoß, die durch eine schräge Rampe verbunden waren. Die Mütter (»Plus« und »Minus«, wie sie in der Studie genannt wurden), errichteten wie gute Vorstadthausfrauen ihre Nester im Obergeschoß und benützten das Untergeschoß zum Essen, Trinken und Auslaufen.

Sobald die kleinen Mäusekinder ihre Nester verlassen hatten, nahm ich jedes einzelne heraus und schnitt eine bestimmte Anzahl Streifchen in ihr Rückenpelzchen, da ich glaubte, solche Identifizierungszeichen zu benötigen. Innerhalb eines Tages sah ich aber, daß diese Markierungen völlig unnötig waren. Jedes dieser winzigen Geschöpfe hatte seine charakteristischen Eigenschaften und Verhaltensweisen, wodurch sie sich auch auf Distanz unterscheiden ließen. »Plus 1« hatte eine eigenartige Haltung und Bewegungsweise, die sie einzigartig machten. Sie stellte sich nie auf ihre Beine, außer wenn sie eine Wand oder das Dach des Käfigs untersuchte. Statt dessen lag sie flach auf dem Boden, schaukelte mit dem Kopf auf und ab und wand sich auf ihrem Hinterteil, zuerst auf die eine, dann auf die andere Seite herum. Trotz dieser anscheinenden Schwerfälligkeit war sie erstaunlich aktiv und lebhaft. Sie schlängelte sich jeweils die Leiter zum Nest im oberen Stockwerk hinauf, hockte gefährlich nahe beim Rand des Absatzes, schaukelte mit dem Kopf und gerade, als man dachte, sie könne nur noch rücklings hinunterfallen, schwang sie sich herum, glitt graziös vorwärts und schlängelte sich anscheinend unter vollständiger Kontrolle die Rampe hinunter. Immer wenn sie am Fressen war, schaukelte sie mit ihrem Kopf auf jene eigenartige Weise, vermochte aber trotzdem gleichviel Futter einzuheimsen wie ihre Geschwister und sah eigentlich nie krank oder traurig aus. »Plus 2« hatte wenige auffallende Eigenschaften, aber »Plus 3«, der einzige Junge in der Familie, war Mamas Liebling. Lange nachdem seine beiden Schwestern das Nest verlassen und den Weg über die Leiter hinunter ins Wohnzimmer gefunden hatten, zögerte Plus 3 immer noch zuoberst an der Rampe und brachte den Mut nicht auf, sich darauf hinunterzulassen. Seine Mutter hielt ihn auf verabscheuungswürdige Weise noch dazu an, dieser Gewohnheit zu frönen. Sie verbrachte ihre Zeit damit, diesem verwöhnten Kind kleine Brocken Eßwaren hinaufzubringen. Jedesmal, wenn sich ein unglücklicher Ausdruck über sein Gesicht verbreitete, führte sie ihn ins Nest zurück, um sein Fell zu glätten und seine Ohren zu lecken. Während Plus 1 und Plus 2 im Untergeschoß umhertollten und spielten, ging ihr Bruder allein zimperlich in der Kinderstube umher, jagte kleinen Heufetzen nach, lief bis zum Rand des gefürchteten Abgrundes und wieder zurück. Eine Woche später erst faßte Plus 3 den Mut, um den entscheidenden Sprung in die Tiefe zu wagen.

Die andere Familie, »Minus« mit Namen, hatte sechs Kinder, wovon aber nur Nummer 4 wirklich außergewöhnlich war. Sie war ein kleiner Wildfang, untersuchte alles, war von Anfang an bei jedem Unfug dabei und führte jedes Spiel an. Obwohl sie nur halb so groß wie die drei Plus-Kinder war, lernte sie ebensoschnell wie jene, die Leiter ins untere Stockwerk zu benützen, und bereits nach ein paar Tagen lief sie in Kreisen um ihre Geschwister herum. Wie Plus 3 machte Minus 1, ein Junge, nur langsame Fortschritte in seiner Entwicklung, aber schließlich wurde er einer der aktivsten seines Wurfes.

Wenn man sagt, daß diese Unterschiede sich im frühen Alter schon bemerkbar machen, so heißt das jedoch nicht, daß sie angeboren sind. Sehr viel vom Verhalten eines Tieres, ganz gleich in welchem Alter, hängt weitgehend von seinen vorhergehenden Erfahrungen ab. Es hängt auch vom emotionellen Status der Mutter während der Trächtigkeit oder der Dauer des Säugens ab. Rattenkinder, deren Mütter während der Trächtigkeit in einem Zustand der »Beängstigung« gehalten worden sind, weisen heftigere Anzeichen von Angst und Nervosität auf (auch wenn sie von Pflegeeltern aufgezogen werden) als solche, deren Mütter in Ruhe gelassen wurden. Junge von »ängstlichen« Müttern werden nicht so groß wie durchschnittliche Rattenkinder und neigen dazu, später nervöser zu werden als jene, auch wenn ihre pränatale Umwelt ungestört gewesen war. Ratten, die in der Kindheit im Futter knapp gehalten werden, weisen später die Tendenz zum »Hamstern« auf. Werden Rattenjunge von Geburt an von Menschen liebkost und angefaßt, schneiden sie bei einer ganzen Anzahl von psychologischen Prüfungen sehr viel besser ab als solche, die nicht so behandelt worden sind.

Hauptsächlich in bezug auf die Wahrnehmung aber zeigen sich die Wirkungen früher Erfahrungen am auffallendsten. Vor vielen Jahren hat *Konrad Lorenz* gezeigt, daß die ersten visuellen Eindrücke, die gewisse Vögel erhalten, eine sofortige und immerwährende Wirkung auf ihr Verhalten haben. Wenn beispielsweise ein Gänslein beim Ausschlüpfen aus dem Ei zuerst einen kauernden, mit den »Flügeln« schlagenden Menschen sieht, wird das Gänslein nicht nur dieser Figur so willig folgen, wie wenn es die eigene Mutter wäre, sondern es wird aufwachsen und sich mit den Menschen identifizieren anstatt mit seiner eigenen Art. *Lorenz* nennt diese fast unmittelbare Art von Lernen beim Neugeborenen »Prägung«; seit diesen ersten Beobachtungen wurde sie intensiv studiert. Ebenso wurden Untersuchungen gemacht über die Wirkungen von frühen visuellen Erfahrungen auf die Fähigkeiten des erwachsenen Tieres, alle Formen der visuellen Erfahrung zu unterscheiden. Es ist bekannt, daß Tiere, denen in ihrer Jugend visuelle Stimulanzien vorenthalten worden waren, nie »sehen« lernen wie andere. Werden sie ferner als Kinder daran gehindert, sich in ihrem visuellen Bereich zu bewegen, werden sie vielleicht nie dazu imstande sein, komplexe Handlungen auszuführen, die die Koordination von Hand und Auge verlangen. Damit die

Wahrnehmungsfähigkeit normal entwickelt wird, muß sie in einem optimalen Alter und in Verbindung mit anderen Handlungen geübt werden. Dürfen wir aber von Beobachtungen an Katzen, Mäusen und Gänsen verallgemeinernde Schlüsse auf den Menschen ziehen und dann wieder auf Pferde zurück? Die Wirkung der *sensorischen* Anregung und Enthaltung sind von einer Art zur anderen verschieden. Während das Fehlen der sozialen Stimulation wenig Wirkung auf Hühner und Truthühner hat, ist ihre Wirkung auf Hunde und Affen verheerend. Während sensorisches Training die Wirkung der Vererbung auf das Erlernen der Labyrintharbeit bei gewissen Rattenstämmen betonen kann, geschieht dies bei gewissen anderen wieder nicht. Um jede Tierart zu verstehen, muß infolgedessen jede einzeln studiert werden. Und da liegt der Haken. Der Großteil unseres Wissens über die Wirkungen von frühen Erfahrungen stammt von Studien an kleinen Laboratoriumstieren. Sehr wenig ist bekannt über diese Wirkungen auf die größeren Haustiere und obwohl man erwarten kann, daß die gleichen Prinzipien gelten, kann man dies nur durch sorgfältige Beobachtung sicherstellen.

Dies ist eine meiner Entschuldigungen für die Verfassung eines Buches über Pferde. Es stimmt, daß Pferde sich als Laboratoriumstiere wenig eignen. Ihr Unterhalt ist teuer, sie entwickeln sich langsam und sind unter kontrollierten Bedingungen schwierig zu beobachten. Doch haben sie gegenüber fast allen anderen Tieren einen Vorteil, den ich als mein zweites Argument für ihre Studie verwenden will: sie können geritten werden. Während man auf dem Rücken des Pferdes sitzt und von ihm getragen wird, kann man zu einem ganz einmaligen Verständnis dessen gelangen, was in seinem Geist vorgeht.

Dieses Buch ist aber keine wissenschaftliche Abhandlung. Noch ist es ein Handbuch über Zucht. Ich bin auf dem Gebiete der Geburtshilfe ein vollständiger Amateur und die tägliche Verwaltung eines Gestütes würde in meinen Händen zum Chaos führen. Glücklicherweise bestehen bereits ausgezeichnete Bücher über diese Gebiete, mit denen ich nie wetteifern könnte. Andererseits können solche Menschen, die eine bestimmte Art Pferd züchten wollen oder die wünschen, daß die Art Pferd, welche sie bereits besitzen, sich auf eine bestimmte Art und Weise verhalten soll, hier etwas Interessantes und Nützliches finden. Ich hoffe, daß es ihnen die Augen öffnen möge für einige der individuellen Unterschiede, die in der Spezies enthalten sind und für die verschiedenen Wege, auf denen ihr Verhalten kontrolliert oder geändert werden kann. Ich hoffe auch, daß es Zoologen, die keine Gelegenheit haben, diese interessante Tierart aus der Nähe zu studieren, etwas Interessantes bieten kann.

Nuki, der Anfang eines Stammes

Ich hatte ursprünglich gar nicht im Sinn gehabt, mit einer Schimmelstute zu züchten. Die Umstände, die mich veranlaßten, mit Nuki eine Zucht zu begründen, waren rein zufällig. An jenem Tag des Jahres 1957, als ich zur *Stow Fair* ging, hatte ich keineswegs vor, ein Pferd zu kaufen. Gerade erst waren drei meiner wertvollsten Pferde unter geheimnisvollen Umständen eingegangen und ich hegte den Verdacht auf eine Art Vergiftung; ich hatte mir vorgenommen, daß ich von diesem Moment an nie mehr etwas mit Pferden zu tun haben wollte.

Damals war zufällig in Stow Jahrmarkt und das Wetter war schön. Wie dies hier seit dem Mittelalter alle Leute aus der Nachbarschaft tun, beschloß auch ich, zur Stow Fair zu gehen, um meine Freunde zu treffen. Jene, die Stow-on-the-Wold kennen und es beim Jahrmarkt besucht haben, wissen, wie es dort ist. Für alle jene, die es nicht kennen, kann keine Beschreibung der Sache wirklich gerecht werden. Allerdings ist das ganze Drum und Dran erst in den letzten Jahren sehr ordentlich geworden. Anstatt selber der Straße entlang einen Abstellplatz suchen zu müssen, werden nun Autos und Pferdetransporter auf organisierte Parkflächen auf umliegenden Feldern verwiesen (wofür entsprechende Gebühren erhoben werden). Die Herren Taylor & Fletcher führten ihre Versteigerung via Lautsprecher durch. Die Firmen Lyons verkauften aus glänzenden Wagen Eis, und Wimpey's verkauften Würstchen, die man mit Tomatensauce aus hygienischen Plastikautomaten zudecken kann. Die Art Pferde jedoch, die dort gehandelt wird, und die Pferdehändler, die kaufen und verkaufen, sind wohl immer noch die gleichen wie während der letzten 200 Jahre. Pferde, Ponys, Esel und Zigeuner kommen in Scharen in das hohe Hügelland um Cotswold und zerstreuen sich in einem herrlichen Durcheinander um die steinernen Mauern, während gefeilscht und gewettet und hinter schmutzigen Händen über die neuesten Skandale getuschelt wird.

An jenem Frühlingstag des Jahres 1957 kam ich erst am Nachmittag zum Verkauf. Als ich an einem Zaun entlangging, fiel mir eine große Schimmelstute auf, die mit einem Stück Schnur angebunden war und ich hielt an, um

sie zu bewundern. »Wenn sie von einem Vollbluthengst gedeckt würde«, dachte ich bei mir, »gäbe das einen idealen, schweren Hunter.«
Ich ging ein Stückchen weiter und erblickte hinter der Schimmelstute angebunden ein dickes, zottiges, stahlgraues Fohlen – die Tochter der Schimmelstute vom Vollbluthengst Mush, Sohn des großen Mieuxcé und selber Sieger in drei guten, offiziellen vom Jockey Club und National Hunt Rules organisierten Rennen.
Mein Widerstand war sofort gebrochen. Ich wußte, daß ich wieder ein Pferd kaufen würde. Aber die Sache hatte einen Haken. Stute sowie Fohlen trugen Nummernschildchen, die bedeuteten, daß sie bereits verkauft worden waren. Zum Glück war der Käufer, der die beiden wegen ihres Fleisches erworben hatte, glücklich darüber, an dem Füllen fünf Pfund zu verdienen, wollte sich aber nicht von der Stute trennen.
Ich hätte auch sie gerne gekauft, war aber trotzdem erleichtert, daß ich mir auf diese Weise nur eine einzige Sorge mehr aufgeladen hatte.
Zuerst nannten wir das Fohlen »Inuk«, den Eskimoausdruck für »Eskimo«, aber da dieses Wort nicht so leicht über die Zunge geht, wurde es sehr bald in „Nuki“ abgeändert. Nuki hatte nie die Seite ihrer Mutter verlassen bis zu dem Tag, an dem ich sie kaufte, und als sie sich allein in den Viehwagen eingesperrt fand, in dem man sie zu mir nach Hause bringen sollte, war der Teufel los. Obwohl erst zweijährig, war sie bereits außerordentlich groß und schwer. Es ist immer wieder überwältigend, was ein wirklich beharrliches Pferd den robustesten, von Menschenhand gefertigten Einrichtungen anhaben kann. Wie wenig ahnte ich, daß die fünf Pfund, die ich dem Fahrer für den an seinem Vehikel angerichteten Schaden bezahlen mußte, nur der Anfang einer Fülle von Ausgaben sein würden, die bis heute noch nicht aufgehört haben.
Es war nicht leicht, Einzelheiten über Nukis Abstammung und Leben vor meinem Kauf herauszufinden. Sie und ihre Mutter stammten von einem Bauernhof in Cotswold. Ihr Züchter war ein paar Monate zuvor im Alter von 80 Jahren gestorben, und sein Sohn und Erbe hatte wenig Interesse für Pferde. Er konnte mir lediglich berichten, daß Nukis Mutter eines der zehn Stutenfohlen war, die sein Vater aus einer seiner Lieblings-Vollblutstuten gezüchtet hatte. Alle deren weitere Nachkommen waren Jagd- und *Point-to-point*-Pferde, aber diese bestimmte Stute war das Ergebnis einer Kreuzung mit einem schweren Pferd zu einer Zeit, wo sein Vater ein Arbeitspferd für den Bauernhof benötigte. Als diese Stute nicht mehr zur Arbeit gebraucht wurde, verwendete er sie zur Zucht, gewöhnlich mit prämierten Hengsten

aus der Umgebung, und Nuki war die letzte der Reihe. Demzufolge war sie dreiviertel Vollblut, obschon weder ihr Äußeres noch dasjenige ihrer Mutter dies damals auch nur angedeutet hätte.
Seit der Krankheit des alten Mannes hatte sich niemand mehr um die Pferde gekümmert. Das Fohlen war weder je abgesetzt, in einen Stall gebracht noch künstlich gefüttert worden. In der Tat hatte es bis zum Tage vor Stow Fair nie eine menschliche Hand berührt. »Um Ihnen die Wahrheit zu sagen«, vertraute er mir über das Telefon an, »wir gingen gar nicht gern zu nah an es heran. Ganz bösartig kann es sein. Hoffentlich haben Sie selber nicht zuviel Unannehmlichkeiten mit ihm.«
Wir entdeckten bald, wovon er gesprochen hatte, obwohl man ein Tier, das man gern hat, nicht mit bösartig bezeichnet. Nuki besaß »Charakter«. Sie hatte ganz bestimmte Neigungen und Abneigungen und ebenso Mittel und Wege, um das zu erreichen, was sie wollte. Sie liebte Menschen und besonders Lindsay Mucklow, die die Aufgabe ihrer Pflege auf sich genommen hatte; aber sie sah es nicht gern, wenn Lindsay in ihrer Gegenwart mit anderen Pferden sprach. Dies war ein Problem. Damals hatte ich etliche Pferde auf dem Bauernhof, die zwei Assistenten für andere Leute zuritten oder ausbildeten. Da ich nicht wußte, wie sich Nuki ihnen gegenüber verhalten würde und ich anderer Leute Eigentum nicht gefährden wollte, brachten wir Nuki zuerst auf eine kleine Weide für sich allein. Ihre Isolierung war aber nur von kurzer Dauer (siehe Seite 6). Es war nicht leicht, die Pferde gesondert zu halten, denn obwohl die vier Hektar in vier Weiden aufgeteilt waren, wurden diese nur von kleinen und dürftigen Hecken getrennt (als Ergebnis von ständiger Beschädigung). Und schon am Morgen nach Nukis Ankunft fanden wir sie auf der gleichen Koppel wie unsere zahlenden Gäste. Diese wurden aber von ihr weder belästigt noch umhergejagt, denn Nuki befand sich bei einem kürzlich gestürzten Baum, den sie untersuchte und entlang dessen waagerechtem Stamm sie klettern wollte. So lange alles ruhig war, begnügte sie sich völlig damit, die anderen Pferde in Frieden zu lassen. Nur wenn sie zu nahe an sie herankamen, legte sie die Ohren zurück und ging ein paar Schritte auf sie los, worauf jene entsetzt davonjagten.
Die meisten unzugerittenen Pferde haben eine angeborene Furcht vor den Menschen. Sie sind gar nicht begierig danach, sich ihnen zu nähern und zucken zusammen, wenn sie erstmals berührt werden. Nuki war nicht so. Vielleicht war sie gar nicht so unberührt und unverwöhnt, wie ihr früherer Besitzer uns glauben machte. Es ist sehr gut möglich, daß sie der verhätschelte Liebling irgendeines Nachbarn und dessen Kindern gewesen war, die ihr Leckerbissen

über den Zaun gereicht hatten. Wenn man jedoch später aus dem Verhalten so vieler ihrer Abkömmlinge Rückschlüsse zieht, glaube ich nicht, daß dies der Fall gewesen war. Nuki kannte einfach keine Furcht, und weit davon entfernt, sich vor Menschen zu fürchten, betrachtete Nuki sie als ihr besonderes Eigentum. Sie kam ihnen jeweils entgegen, blieb stehen, um sich am Kopf kraulen zu lassen und folgte ihnen dann umher wie ein riesiger, unansehnlicher Hund. Aber kaum näherte sich der Mensch einem der anderen Pferde, so gab es ein Schlamassel. Die Tiere wandten sich blitzartig um und zerstoben in alle Himmelsrichtungen, wenn Nuki mit gewölbtem Hals, flach zurückgelegten Ohren, schnappenden Zähnen und peitschendem Schweif sich von einem friedlichen *Jeckyll* in einen rasenden *Hyde* verwandelte. Sie deswegen mit einem Stock zu bedrohen, hatte überhaupt keinen Effekt. Nuki fürchtete sich nicht vor Schlägen. Sie schien sie gar nicht zu fühlen. Nur wenn sie wirklich fest geschlagen wurde, zeigte sie eine Reaktion, aber ihre Antwort hieß nicht »Davonrennen«. Sie stampfte lediglich mit den Vorderbeinen gegen ihren Gegner und versuchte, den Stock mit ihren Zähnen zu erwischen. Ließ sich jemand durch ihre Drohungen einschüchtern, war jede Hoffnung, sie jemals zu beherrschen, verloren. Wenn man aber stehenblieb und sich weigerte, durch ihre Vorführung beeindruckt zu werden, zog sich Nuki gewöhnlich ohne Widerrede zurück. Sie spitzte die Ohren in einer entzückenden Linie und sanft, aber bestimmt puffte sie mit der Nase an unsere Hände, um eine Belohnung zu erhalten.

Offensichtlich war es ein hoffnungsloses Unterfangen, mit den anderen Pferden etwas zu tun, solange Nuki mit ihnen auf der Weide war. Aber nun zeigte sich eine weitere Schwierigkeit. Nuki war noch nicht an das Halfter gewöhnt worden. Sie hatte nichts dagegen, daß man ihr das Halfter über den Kopf streifte, ja, sie schien sogar wegen der Aufmerksamkeit zu schwelgen, aber sie daran wegzuführen, war wieder eine andere Sache. Sie folgte schon, aber sobald man ein wenig an der Führleine zog, zerrte sie einfach zurück und entriß sie einem. Als sie sich das erste Mal losriß, erklärte sich Lindsay die Sache damit, daß sie selbst überrascht worden sei. Nuki war ihr ganz willig halbwegs über die Weide gefolgt, als sich eines der anderen Pferde näherte, um zu sehen, was vorging. Blitzartig hatte sich Nuki herumgewirbelt, riß das Seil aus Lindsays Händen und brauste auf den Eindringling los.

Die meisten Pferde, die mit einem lose vom Kopf herunterbaumelnden Seil auf einer Weide herumrasen, geraten in Panik. Dies war aber nicht Nukis Art. Wir fanden bald heraus, daß sie sich so viel wie nur möglich vom durchschnittlichen Pferd unterschied. Was andere Pferde mit Gleichmut hinnehmen,

läßt sie in tobende Raserei verfallen, aber gleichzeitig kann man ohne jegliche Schwierigkeit mit ihr Sachen machen, für die andere Pferde eine Abneigung haben (wie zum Beispiel das Scheren). Anstatt an jenem Morgen über das lose Seil in Panik zu geraten, wandte sie sich — nachdem sie den Fall ihres Weidegenossen erledigt hatte — ruhig um und kam zu Lindsay zurück, um die Prozession in Richtung Stall fortzusetzen.
Aber damit war die Sache noch nicht erledigt. Im Stall angelangt (den sie willig betreten hatte), blieb Nuki völlig ruhig, solange — aber wirklich nur solange Lindsay bei ihr blieb. Kaum entfernte sich Lindsay, begann Nuki gegen die Tür zu schlagen. Die Stalltür war keine dürftige Konstruktion; sie war robust gebaut und in fünfzehn Zentimeter dicke Betonsockel eingelassen, und trotzdem begann sie schon nachzugeben. Nuki mochte wohl erst zwei Jahre alt sein, aber sie war fest wie ein kleiner Hügel, und die Kraft, die sie hinter ihrer breiten Brust aufbringen konnte, genügte, um jede normale Konstruktion abzunützen. In den späteren Jahren auf Leyland Farm fanden wir, daß die Stierkoppel der einzige sichere Ort war, um sie einzuschließen. Auf Stones Farm jedoch gab es keine Stierkoppel, so daß wir uns andere Mittel und Wege ausdenken mußten, um mit ihr fertig zu werden.
»Vielleicht kannst du sie durchs Dorf hinunterführen«, schlug ich Lindsay vor. »Wenn sie Manieren lernt, können wir sie wenigstens anbinden oder halten, während mit den anderen Pferden gearbeitet wird. Eigentlich könnten wir sie gleich zureiten.«
Lindsay war einverstanden und bereitete sich vor, am folgenden Tag mit Nukis Erziehung zu beginnen.
Das Vorgehen jedoch war alles andere als einfach. Nuki hatte bereits bestimmte Ansichten darüber, was sie tun und lassen würde, und einige Tage lang konnten wir sie nicht überreden, ihre Ansichten zu ändern. Strafen in Form von Schlägen konnten ihr nicht das geringste anhaben. Ebenso war es schwierig, sie mit Leckerbissen zu belohnen, denn wenn sie wußte, daß etwas Eßbares in der Nähe war, zögerte sie nicht, dessen Behälter in den Boden zu stampfen und alles auf einmal gierig hinunterzuschlingen. Ließ man ihr nicht ihren Willen, so knirschte sie mit den Zähnen und schmollte. Hatte sie beschlossen, daß der Teil der Weide oder die bestimmte Koppel, zu der sie geführt worden war, ihr nicht behagte, so ging sie ganz langsam, aber mit großer Bestimmtheit davon weg. Wenn irgend jemand schon versucht hat, einen Traktor aufzuhalten, der im ersten Gang bei fünf Meilen pro Stunde davonläuft, kann sich eine Vorstellung von dem machen, was Lindsay in solchen Momenten durchmachte. Es war unmöglich, von Nuki etwas zu ver-

langen, was sie nicht tun wollte. Sie stellte sich einfach hin und lachte uns ins Gesicht. Das Longieren wurde zur Farce.
Die Sache kam bald ins Stocken; wir sahen ein, daß es Zeit war, gründlich darüber nachzudenken und unsere Technik zu überprüfen. Vor kurzem hatten sowohl Lindsay und ich Pferde ohne Gebiß zugeritten und geritten, und hatten es sehr einfach gefunden, die Tiere auf sanften Druck auf den Hals ansprechen zu lassen und jede Anwendung von Gewalt somit zu vermeiden. Wir hatten solche Pferde bei Rennen, Jagden und Turnieren geritten und fanden sie ebenso folgsam wie jene Pferde, die auf die übliche Art zugeritten worden waren. Wie hatten wir dies erreicht? Wir begannen, unser Vorgehen Abschnitt um Abschnitt zu rekapitulieren:

1. Am Anfang verlangten wir von einem Pferd nie etwas, außer wenn wir sicher waren, daß der Befehl befolgt werden würde.
2. Dies heißt, daß wir dem Pferd nie einen Befehl gaben, außer wenn wir wußten, daß es zum Befolgen desselben aufgelegt war: als es eigentlich eben daran war, die befohlene Handlung aus eigenem freien Willen auszuführen.
3. Wenn dann das Pferd augenblicklich und automatisch einem Befehl gehorchte, begannen wir, diesen Befehl unter weitläufigeren Bedingungen zu erteilen.
4. Schließlich wurde der Befehl unter Bedingungen erteilt, unter denen das Pferd seinen natürlichen Neigungen entsprechend diesem nicht gehorcht hätte.

Das Geheimnis unseres Erfolges mit der gebißlosen Technik war, daß wir im Anfangsstadium dafür sorgten, daß das Pferd auf alles, was wir von ihm verlangten, menschlich ausgedrückt etwa folgendermaßen reagieren würde: »O wie schön, genau das wollte ich tun!« Daß es später vielleicht seinen Fehler entdecken könnte, schien keine Rolle zu spielen. Pferde haben ein außerordentliches Verzeihvermögen (oder sind sie nur ausgesprochene Gewohnheitstiere?). Haben sie einmal gelernt, einem Reiter zu vertrauen und zu gehorchen, tun sie dies trotz unzähliger Enttäuschungen immerfort.
»Warum versuchen wir diese Methode nicht mit Nuki?« schlug ich vor. »Nimm sie an eine Führleine und folge ihr herum, wohin sie auch gehen will. Wenn du siehst, daß sie anhalten will, sag ›Hoho‹, und sobald sie sich anschickt zum Weitergehen, sag ›Vorwärts‹.«
Lindsay zeigte sich einverstanden und somit begann eine Phase, von der jeder Reiter mit etwas Selbstachtung am liebsten vorgeben möchte, daß sie gar nicht existiert hat. Während gut einer Woche wurde *der Mensch* der

Sklave *des Pferdes.* Auf unseren eigenen Koppeln, die Dorfstraße hinunter, eigentlich überall, wo Nuki wollte, ging sie langsam von sich aus und wurde von Lindsay am Ende einer langen Longe gefolgt. Wollte Nuki anhalten, um einen Zaunpfahl, einen Kehrichteimer, die Seite eines geparkten Wagens oder auch ein Büschel Gras zu untersuchen, sagte Lindsay »Hoho«, sobald sich Nukis Schritt verlangsamte. Erst als die Stute ihren Kopf wieder hob und ihre Augen sich auf einen entfernteren Gegenstand richteten, erhielt sie den Befehl zum Vorwärtsgehen.

Langsam aber sicher konnte wahrgenommen werden, daß die Intelligenz des Menschen gegenüber der Kraft des Tieres aufholte. Nach drei Tagen stellte Nuki die Ohren bei jedem Befehl zu ihrer Pflegerin zurück und sputete sich, diesem jedesmal etwas schneller zu gehorchen. Allmählich schien es Lindsay, daß sie Nuki die Befehle auch in Augenblicken geben könnte, wo jene eigentlich gar nicht gehorchen wollte, und daß immer noch alles in Ordnung sein würde. Am Ende einer Woche machten wir den Versuch auf der Ausbildungskoppel. Nach ein paar Runden an der Longe senkte Nuki den Kopf und schickte sich an, nach Hause zu gehen, wie sie es bis dahin immer getan hatte, aber jetzt, da das magische Wort »Hoho« ertönte, stand sie bockstill und blickte erwartungsvoll herum.

An jenem Tag verlangten wir von Nuki nur diesen einzigen Augenblick des Gehorsams. Bevor ihr bewußt werden konnte, daß sie uns immer noch zum besten halten könnte, wurde sie schnell nach Hause geführt. Am Ende der zweiten Woche reagierte Nuki auf der Ausbildungskoppel ebenso folgsam auf die Stimme wie auf der Straße. Im wesentlichen war die Schlacht gewonnen.

Lindsay fuhr den ganzen Sommer fort, Nuki zuzureiten. Die körperliche Kraft der Stute war ungeheuer groß, und so hatte ich gar keine Bedenken, daß ein leichtes Gewicht auf dem Rücken ihr irgendwie schaden könnte. Der einzige wirkliche Nachteil beim Reiten war, daß ihre Hinterhand viel höher war als die Schulter, was gewöhnlich der Fall ist bei Pferden, die noch wachsen, so daß der Reiter ständig das Gefühl hatte, nach vorn über ihren Hals hinunterzurutschen. Ferner war sie wegen dieser vorübergehenden Mißgestaltung alles andere als schnellfüßig. Wenn die anderen Pferde miteinander auf der Weide herumzugaloppieren begannen, war Nuki unweigerlich die letzte der Reihe, die schwerfällig mit tief gehaltenem Kopf und hochaufgestellter Hinterhand wie das Ungeheuer von Loch Ness daherkam. Wie so viele andere Pferde ritten wir auch Nuki mit einem losen Lederhalfter und gaben ihr die Hilfen am Hals. Wir brachten ihr bei, über eine Vielfalt von kleinen Hindernissen zu springen und bis Ende April – vier Wochen nach ihrer Ankunft, war sie eines der ruhigsten und gefügigsten Tiere auf der ganzen Farm. Genau das Gegenteil zu ihr bildeten zwei andere Pferde, die wir gleichzeitig zureiten mußten, und die trotz doppelter Anstrengung und dem Zehnfachen an geduldigen Lektionen unsererseits immer noch dazu neigten, »Ausbrüche«, begleitet von Bocksprüngen und Schlägen, zu veranstalten, während Nuki in der ihr eigenen, unnachahmlichen Gelassenheit gemächlich daherkam.

Nukis Gehorsam gegenüber Befehlen hieß nicht, daß sie alle ihre anderen unliebsamen Eigenschaften abgelegt hatte. Wurde sie durch etwas verstimmt, verärgert oder auch nur ausgelacht, so hatte sie die entmutigende Gewohnheit, mit ihren Zähnen nach einem zu schnappen. Um ihr jedoch gerecht zu werden, muß man sagen, daß es ihr jedesmal gelang, Lindsay und mich dabei zu »verfehlen«, und die Häufigkeit dieses Vorkommnisses läßt annehmen, daß es sich dabei nicht ausschließlich um Glücksfälle handelte. Besuchern und Leuten, die ihr nicht behagten, widerfuhr weniger Glück. Ein bedauernswerter Mann war einmal dabei, unbekümmert ihre Weide zu verlassen, nachdem er sein eigenes Pferd besucht hatte, als ihm plötzlich das Hemd vom Leibe gerissen wurde – ein Zwischenfall, der mich eine halbe Flasche Whisky kostete. Wenn sie durch etwas oder jemand verärgert war, hatte sie die Gewohnheit, mit den Vorderbeinen auszuschlagen, und als diese Tendenz zunahm, verminderte sich ihr Ausschlagen mit den Hinterbeinen. Als Nuki zuerst zu uns gekommen war, hatte sie eine starke Abneigung davor, unten am Bauch und an den Hinterbeinen berührt zu werden und zögerte keineswegs, ihrem Unbehagen durch einen wohlgezielten Seitenschlag Nachdruck zu verleihen. Ende des Sommers aber war es viel sicherer, sich ihr von hinten als von vorne zu nähern, und auch heute noch würde ich lieber hinter Nuki, als im Bereich ihrer Vorderbeine stehen, wenn sie verärgert ist.

Nach zwei Monaten auf Stones Farm war es immer noch unmöglich, Nuki längere Zeit im Stall zu lassen, wenn sie nicht einen reichlichen Vorrat an Futter hatte. Ebenso unmöglich konnte man sie längere Zeit allein lassen, so viel wie sie benötigte, um das Gatter oder den Zaun einer Koppel zu demolieren. Aber trotz des Schadens, den sie an meinem »toten« Besitz anrichtete, blieb sie selbst dadurch ungezeichnet; sie wies sogar eine erstaunliche Fähigkeit dazu auf. Als bei ihren erstmaligen Bemühungen, ein Tor niederzubrechen, ihr Bein in den Stangen steckenblieb, rannte ich hinaus, um sie zu befreien, weil ich erwartete, daß sie jeden Augenblick rückwärts zerren und sich dabei das Bein brechen würde. Aber nichts dergleichen. Nuki beobachtete interessiert mit gespitzten Ohren und hängender Unterlippe in völliger Gelassenheit, wie ich heranraste. Sie stand still wie ein Felsblock, während ich ihren Fuß hob, sorgfältig durch die Stangen zurückstieß und ihn sicher auf der gleichen Seite wie ihr Körper wieder losließ. Ihr Blick verwandelte sich in Entrüstung, als ich und meine Assistenten mit einem Seufzer der Erleichterung wieder zu unseren verschiedenen Beschäftigungen zurückkehrten und sie dort beließen, wo sie nicht sein wollte. Dann begann sie ganz absichtlich wieder gegen das Tor zu schlagen, bis ihr Vorderbein ein zweites Mal zwischen den Stangen steckte. Als dies kurz darauf ein drittes Mal geschah, beschloß ich, ihr Bein zur Strafe dort eingeklemmt zu lassen. Ich hatte nämlich bereits gemerkt, daß »Panik« im Wortschatz ihrer Gefühlsregungen nicht existierte und ich fand, daß ein paar Augenblicke im Zwangsstock ihr nicht schaden würden. Aus den Augenwinkeln sah ich, wie sie mich beobachtete, den eingeklemmten Fuß ein paarmal bewegte, um meine Aufmerksamkeit zu erregen und ihn dann mit einer Fertigkeit, die eine jahrelange Übung hätte vermuten lassen, durch die Latten zurückzog und davonging, um sich eine andere Vorgehensweise auszudenken. Es ist sehr interessant, daß die meisten von Nukis Kindern und Enkeln dieselbe Tendenz aufwiesen. Die meisten Pferde scharren auf dem Boden, wenn sie aufgeregt oder verärgert sind; viele stecken dabei ihre Beine durch Zäune und Tore, aber die Mehrzahl verursacht dabei grauenhafte Scherereien. Sobald ein Pferd eines seiner Beine eingeklemmt fühlt, will es zurückzerren, und zwängt dabei den Zaun noch fester zwischen Fuß und Fesselgelenk ins Fleisch, bis der Fuß fast abgeschnitten wird. Bis zum heutigen Tag hat sich von den zwölf Abkömmlingen von Nuki, die ich selber aufgezogen habe, einzig einer ihrer Enkel auf diese Weise verletzt (es ist eine interessante Feststellung, daß die Mutter dieses jungen Pferdes und einer ihrer Söhne von einem andern Hengst genau das gleiche getan haben).

Nuki und ihre eigenen Abkömmlinge zerren nie rückwärts. Ich habe einige von Nukis Kindern beobachtet, die sich genau so klug wie ihre Mutter aus Gattertoren befreien konnten. Und nicht nur, wenn sie in Toren eingeklemmt sind, wissen sie sich zu helfen. Nuki hatte die gleiche Vorsicht gezeigt, als sie eines Tages, kurz nachdem ich sie gekauft hatte, ihre Beine im Stacheldraht, dem Schrecken aller Pferdebesitzer, verwickelte. Meine eigenen Koppeln waren innerhalb kürzester Frist nach meiner Besitznahme der Stones Farm von diesem Fluch befreit worden, aber um dem Mangel an Weidegelegenheiten entgegenzukommen, pachtete ich hie und da den Sommer über eine Nachbarweide. Einige Monate nach Nukis Ankunft wurde sie täglich einige

Stunden lang zusammen mit einem Kameraden auf diese Weide gebracht, was ihr aber arg mißfiel und sie deshalb ihre gesamte Energie und Aufmerksamkeit darauf richtete, wieder nach Hause zu gelangen. Als ich sie eines Abends hereinholen ging, blieb sie, anstatt wie üblich als erste beim Tor zu sein, ruhig an einer Stelle bei der Hecke stehen, an der sie gearbeitet hatte, um eine Lücke zu schaffen. Sie sah nicht krank aus, aber es fehlte ihr eindeutig etwas. Sie beantwortete mein Rufen mit lautem Gewieher, bewegte aber kein Glied, um mir entgegenzukommen. Als ich bei ihr anlangte, sah ich, daß sie ein großes Durcheinander von rostigem Draht aus der Hecke gezerrt hatte, das wahrscheinlich von einem längst vergessenen Pächter einmal dorthin geworfen worden war. Einige Drahtwindungen hatten sich um ihre Vorder- und Hinterbeine gewickelt, andere um ihren Schweif. Ich brauchte fast eine halbe Stunde, um sie zu befreien, während der sie sich nie — außer auf Kommando — bewegte. Anstatt übrigens über diese Prozedur besorgt oder beunruhigt zu sein, war sie ruhig und gelassen wie immer; als schließlich die letzte Windung aufgeschnitten worden war, schüttelte sie sich und ging unversehrt davon.

Diese Episode stand mir wieder lebhaft vor Augen, als ich Nukis drittes Fohlen, Nuit, kaum eine Woche alt, mit einem Hinterbein von Draht umwunden vorfand, der von einem danebenliegenden Schrebergarten herübergeworfen worden war. Das Fohlen war weit davon entfernt, sich über dieses unbequeme Armband zu sorgen und war eifrig am Saugen, als ich es fand; es ließ nicht einmal die Zitze los, als ich den Draht löste und es befreite.

In ihrer Reaktion gegenüber der Zureitausrüstung war Nuki auch ziemlich einzigartig. Sie hatte überhaupt nichts gegen Sattel und Gurte, und es fiel uns tatsächlich schwer zu glauben, daß sie überhaupt etwas davon spürte. Schon vorher hatte sie kurz nach ihrer Ankunft eine bemerkenswerte Gleichgültigkeit gegenüber Berührung gezeigt. Eines Tages wollte ein Kollege von der Universität aus dem Institut für Anatomie einige Proben Pferdeschweiß für Experimente und fragte mich, ob ich sie zur Verfügung stellen könnte. Er mußte zu diesem Zweck zuerst ein bißchen Haare wegscheren, einen kleinen Behälter an der trockenen Hautoberfläche befestigen und dann das Pferd dazu bringen, hineinzuschwitzen. Ich entschied mich bei diesem Experiment für Nuki. Sie war fett wie ein Schweinchen und würde deshalb wohl am leichtesten schwitzen und, da man doch fast überhaupt nicht mit ihr umgegangen war, dachte ich in Kürze die nötige Probe von ihr zu erhalten. Ich fand auch, daß dies eine gute Gelegenheit war, um sie mit der Art von tierärztlichen Bemühungen, die sie später möglicherweise kennenlernen würde, bekannt zu machen. Der Versuch war aber kein Erfolg, jedoch gar nicht etwa aus Gründen, die man hätte voraussehen können. Nuki stand still wie ein Felsblock, als sie geschoren wurde und man ihr den Behälter am Bauch fixierte — aber sie weigerte sich kategorisch, hineinzuschwitzen. Was wir auch machten, um sie zu erschrecken, sie blieb ruhig und ihre Haut so trocken wie Kreide.

Ein Teil von Nukis Unerschütterlichkeit kam vielleicht von einem echten Mangel an Sensibilität. Ganz am Anfang, als Nuki zu mir nach Stones Farm gekommen war, waren die Weiden von einem elektrischen Zaun umgeben, um einen unverbesserlichen *Krippensetzer* zu hindern, mit seinen Zähnen die Pfähle zu packen und seinem »Laster« zu frönen. Außer Nuki lernten alle Pferde sehr rasch, sich nicht in die Nähe des Zaunes zu begeben, wenn die Batterie eingeschaltet war und der Apparat sein rhythmisches Ticktick von sich gab. Nuki war wieder die Ausnahme. Minutenweise lehnte sie sich gegen den Zaun, während ihre Haut mit jedem Impuls zuckte, ihr Kopf im Einklang mit dem Ticken auf und nieder schaukelte und ihr Gesicht einen Ausdruck von entspannter Unbesorgtheit zeigte.

Es war im Hochsommer, als Stones Farm plötzlich von Krankheit heimgesucht wurde. Zuerst schien es, als ob sich die Pferde nur stark erkältet hätten. Wir wußten, daß in der Gegend einige Fälle von *Strengel* aufgetreten waren und befürchteten, daß die Infektion zu uns gelangt war. Aber nicht lange danach wiesen zwei Pferde die gefürchteten Anzeichen einer Kolik auf, an der im letzten Jahr drei der Pferde eingegangen waren. Es wurden von allen Gegenden Spezialisten herbeigerufen, die vorschlugen, daß während ihrer Untersuchungen am besten alle Pferde von der Farm entfernt würden. Bei solchen Gelegenheiten lernt man seine wahren Freunde kennen, denn da zeigt sich, ob es jemand gibt, der einem anderen für sein Pferd Gastfreundschaft anbietet, vor allem dann, wenn es möglicherweise eine tödliche Infektion in sich birgt. Aber als meine unglückliche Lage bekannt wurde, haben mich nicht weniger als drei Personen sofort angerufen und Platz angeboten, so daß innerhalb kurzer Frist alle Pferde von Stones Farm entfernt worden waren. Nuki und ein anderes Pferd wurden auf eine etwa acht Meilen entfernt gelegene Milchwirtschaftsfarm gebracht. Aber leider kennt die menschliche Toleranz ihre Grenzen.

»Ich hätte nichts dagegen, wenn deine Pferde nur krank wären«, meinte ihr Gastgeber am Telefon, »aber jene Grauschimmelstute jagt meinem Viehpfleger Todesangst ein und wenn sie uns nicht verläßt, befürchte ich, daß er es tun wird. Er behauptet, daß jedesmal, wenn er die Weide betritt, um die

Kühe zu holen, sie sich auf ihn stürze und die Kühe davonjage. Wenn er versucht, *sie* wegzujagen, wird sie ganz gehässig. Ich habe sie beobachtet, weißt du, und es stimmt.«

Zwei andere Pferde waren bei General Winser in Chipping Norton untergebracht worden. Er war eine wunderbare Persönlichkeit; trotzdem er mit etwa 45 Jahren durch einen Unfall beim Ausbilden von Steeple-chase-Pferden ein Bein verloren hatte, ritt er sogar an seinem 60. Geburtstag noch zur Jagd. In späteren Jahren hat er dann begonnen, Jagdpferde zu züchten und bewunderte ein bißchen »Charakter«.

»Ich schwenke mein Holzbein, wenn sie beginnen, Unfug zu treiben«, pflegte er zu sagen. »Das jagt den Tieren Todesangst ein.«

Ich fragte ihn, ob er etwas dagegen hätte, die beiden bei ihm untergebrachten Pferde gegen »ein sehr ruhiges und ein Problem-Pferd« auszutauschen.

»Schicke gleich alle herüber«, war seine sofortige Antwort. »Hier ist Platz genug, damit sich die Probleme entwirren können, und die anderen beiden können auch bleiben.«

Während der ersten Woche von Nukis Verbannung nach Chipping Norton erreichten mich keine ungeheuerlichen Nachrichten. Auch in der folgenden Woche blieb alles ruhig. Sogar die nächste Woche verlief ohne einen SOS-Ruf. Solange alles still war, war ich alles andere als geneigt, Fragen zu stellen, aber schließlich wurde meine Neugier unerträglich. Ich fuhr nach Chipping Norton, um zu sehen, was vor sich ging.

»Allerdings ist jene Stute ein Schrecken«, lachte der General, »aber ich muß gestehen, ihr zuzusehen macht mir Spaß. Dies ist eigentlich jetzt zu meiner abendlichen Hauptbeschäftigung geworden. Deine Pferde sind jenseits der Straße mit meinen Ochsen auf der Weide und wenn am Abend mein Bursche mit dem Traktor hinausfährt, um sie zu füttern, trifft er immer auf jenen grauen Teufel, der ihm auf dem Weg entgegentrabt. Er weigerte sich zu glauben, daß sie das Gatter übersprungen hatte und dachte, daß jemand sie jeweils hinausgelassen hatte. So beschloß ich, hinzugehen um zu beobachten, was wirklich vor sich ging. Nun, ich brachte mich hinter der Hecke in Stellung und in der Tat, sobald deine Nuki den Traktor am anderen Ende des Weges hörte, ging sie auf das Gatter los und setzte mit der größten Leichtigkeit darüber. Es ist ein herrlicher Anblick, das kann ich dir versichern!«

»Ich nehme an, daß sie wohl niemanden umherjagt.«

»Doch, die alte ›So-und-so‹! Ich konnte ihr aber mit einem Holzbein eins versetzen und jetzt brauche ich nur zu knurren und sie benimmt sich. Und schnell ist sie!«

»Nuki schnell?« Ich sah vor mir das Bild des Nilpferdes, das auf unseren Weiden zu Hause gemächlich daherkam, Kopf tief, Kruppe aufgestellt.
»Ich habe zwei meiner Vollblutpferde auf die danebenliegende Koppel gebracht und sie begannen alle zusammen, die Hecke entlang zu rennen. Deine Nuki duckte sich tief, legte los und schlug die anderen auf drei *Achtelmeilen* (ca. 600 m) Distanz.«
»Ich hatte immer schon gedacht, daß sie gut springen würde, aber sie kann doch sicherlich nicht sehr schnell sein.«
»Oh, du wirst Veränderungen an ihr sehen seit sie hier ist. In diesen letzten zwei Wochen ist sie vorn stark gewachsen und hat ihren ›Füllenspeck‹ verloren.«
Tatsächlich, welche Veränderung! Ich erkannte »unsere Nuki« kaum wieder. Der dicke Backfisch hatte sich in eine schlanke Debütantin verwandelt. Ihre Schulter war nun fast eben mit der Kuppe und ihr Hals war in ganz eleganten Linien in die Länge gewachsen.
Die körperlichen Veränderungen, die bei jungen Pferden von Monat zu Monat auftreten, erstaunen und fesseln mich immer wieder. Unterliegen diese irgendwelchen Regeln? Kann man von der Gestalt eines Tieres in einem bestimmten Alter sagen, wie sie sich bis zu einem späteren Zeitpunkt entwickeln wird? Wenn nicht, so scheint die Prämierung von Jungtieren bei Landwirtschaftsschauen eher zwecklos. Dieser Brauch ist sicher mit Schwierigkeiten beladen und es ist bekannt, daß jene Tiere, die im Ausstellungsring »an der Hand« gut abschneiden, später sehr selten gute Leistungen vollbringen. Wie selten auch gewinnen die Jährlinge, für die die größten Summen ausgegeben werden, so viele Rennen wie jene, die zum sprichwörtlichen Spottpreis erworben wurden. Die Schuld für solche Enttäuschungen wird meistens auf die Fütterungs- und Aufzuchtmethoden geschoben, die mehr auf Schönheit als auf Knochen oder Muskeln gezielt waren; aber ich frage mich immer, ob dies die einzigen Ursachen sind. Gewiß scheint die Gestalt, zu welcher erwachsene Tiere vieler Arten sich entwickeln, weitgehend von der Förderung durch das Futter abzuhängen, die ihnen bei gewissen starken Wachstumsstadien zuteil geworden war. Schweine können beispielsweise dahingehend beeinflußt werden, daß sie im erwachsenen Stadium entweder kurz und fett oder lang und mager sind, je nachdem, ob man ihnen bei der Stufe des maximalen Skelett- oder des Muskelwachstums zusätzliches Futter verabreicht. Es scheint kein logischer Grund dafür vorzuliegen, daß die Gestalt des Pferdes durch solche Eingriffe nicht ebenso verändert werden kann. Die einzige Schwierigkeit scheint in der Feststellung zu liegen, wann genau welcher Teil

des Tieres am Wachsen ist — und dies hängt wahrscheinlich von Erbfaktoren ab. Noch werden ausschließlich die Rassenmerkmale bestimmt. Sogar britische Vollblüter unterscheiden sich voneinander. Wie alle Trainer von Rennpferden wissen, gibt es die »Frühreifen«, die als Zweijährige Kurzstreckenrennen gewinnen und die »Spätreifen«, die größeres Stehvermögen haben, aber ihren Höhepunkt erst im Alter von fünf oder sechs Jahren erreichen. Um genau vorher sagen zu können, wie ein junges Pferd aussehen und zu zu welchen Leistungen es später fähig sein wird, wäre ein Computer nötig, um all die variablen Faktoren zu berücksichtigen.

Während des ganzen Herbstes, als sie fast drei Jahre alt war, verbesserten sich Nukis Statur und Körperbau in gewaltigen Schritten. Ebenso nahm ihr Springvermögen zu. Als Stones Farm endlich als befreit erklärt wurde von der geheimnisvollen Plage, die sie befallen hatte (die Sache ist nie auf befriedigende Weise diagnostiziert worden) und die Pferde zurückkehren durften, brachte Nuki leider auch ihre Fertigkeit im Gatter- und Heckenspringen mit. Damals waren unsere Abgrenzungen sicher gut instand gestellt worden, waren aber in bezug auf Nuki wesentlich weniger wirksam. Als Nuki auf meinen Weiden jeweils ihre Runden gemacht hatte und fand, daß sie deren nun überdrüssig war, wurde sie zum Landstreicher. Jetzt wußte ich, wie das Wort »Alptraum« geprägt wurde. Jedes Geräusch nach Einbruch der Dunkelheit, jedes ächzende Brett in den frühen Morgenstunden wurde für uns zum gefürchteten und nur allzuoft wirklichen Klang von Pferdehufen auf der Kieseinfahrt oder zum Klopfen an die Tür, wenn ein Arbeiter um vier Uhr früh auf seinem Weg zur Arbeit war.

»Sie sind sicher froh zu erfahren, daß sich Ihre Grauschimmelstute wohlbehalten in Herrn Jones's Kohlpflanzung befindet«, war dann meistens die freundliche Nachricht.

Es schien nur noch eine Lösung zu geben: Nuki nachtsüber im Stall zu behalten und tagsüber Jagdritte mit ihr zu machen.

Ich wollte in jener Saison eigentlich gar keine Jagden mit ihr reiten. Ich hatte bereits zu viele andere Pferde im Stall, die Arbeit brauchten. Zudem war Nuki auch zu jung. Sie war kaum drei Jahre alt. Aber schließlich wurden die immerwährenden nächtlichen Störungen unerträglich. Es war fast so schlimm wie damals, als man im Krieg mit den ständig drohenden Fliegerangriffen zu schlafen versuchte. In den meisten Fällen passierte nichts, aber man konnte nie sicher sein. Man durfte sich keine Entspannung gönnen. Schließlich wurden die ungestörten Nächte so aufreibend wie die gestörten. Um überhaupt zu etwas Ruhe zu kommen, mußte man absolut sicher sein, daß die Störung nicht

eintreten wird. Die einzige Möglichkeit, um Nukis Störungen auszuschalten, war, sie mit reichlichem Proviant einzusperren.
Dann kam mir eine bessere Idee. Wenn Nuki trächtig wäre, würde sie vielleicht nicht so viel springen. Ja, wenn sie trächtig wäre und vor allem, wenn sie dann ein Fohlen an der Seite hätte, würde sie bestimmt auf dem Boden bleiben. So kam es, daß im folgenden Frühling Nuki meine erste Zuchtstute wurde. Aber bevor sie tatsächlich aufs Gestüt ging, verbrachte sie den Winter sicher hinter Gittern, wurde gefüttert, verhätschelt und leicht aber regelmäßig bewegt. Nuki war fröhlich wie ein Vogel. Denn sie hatte ihr Ziel erreicht und hatte keine weiteren Gründe, sich damit auseinanderzusetzen.
Obwohl ich Nuki nur ein paar Male zusammen mit Hunden geritten hatte, war sie zu meiner Beruhigung und großem Erstaunen brav wie ein Lamm. Sie wurde nur mit Hilfen am Hals und mit einem losen Lederhalfter geritten und war vollkommen gehorsam. Es gab so viel zu sehen und zu denken, daß sie sogar vergaß, auf die anderen Pferde eifersüchtig zu sein. Wie ich übrigens so oft bei jungen Pferden feststellen konnte, je fremder die Umgebung, desto folgsamer ist das Pferd gegenüber den Hilfen und Befehlen des Reiters. Für das junge Pferd scheinen diese Zeichen die einzig bekannte Zone darzustellen: kleine Inseln der Sicherheit, an denen man sich zur Beruhigung anklammern kann. Nukis Springvermögen unter dem Reiter war ebenso spektakulär wie ihre freien Sprünge. Sie ging dabei immer nur in einem langsamen *Canter* auf ein Hindernis zu und ließ zwischen sich und dem Hindernis nicht mehr als eine Lage Farbe als Zwischenraum. Ob das Hindernis 90 oder 120 Zentimeter hoch war, immer ging sie mit der gleichen, sicheren Überlegenheit darauf zu. Im Frühling, bevor sie zur Zucht ging, sprang ich sie in zwei der ersten Konkurrenzen des Jahres. Sie nahm in beiden Umläufen jedes Hindernis korrekt, aber den Parcours mit ihr zu reiten war eine Farce. Nuki war nämlich der Ansicht, daß es auf dem Parcours viel interessantere Dinge zu untersuchen gab als eine Serie Sprünge. Sie weigerte sich, sich hetzen oder anspornen zu lassen und bestand beharrlich darauf, alle Blumentöpfe beim Parcourseingang und vor der Tribüne zu beschnuppern, bevor sie sich anderen Dingen zuwandte. Warum sollte sie über eine faszinierende, blau-weiße, zickzackförmig bemalte Mauer springen, bevor sie sie beschnuppert hatte? Nach beendeter Beschnupperung war sie bereit; ich aber war in der Zwischenzeit des langen Wartens überdrüssig geworden und wollte sie wenden, um das Hindernis nochmals anzureiten. Nukis plötzlicher Satz in die Höhe überraschte mich vollends und ließ mich hinuntersegeln! Bei unserer ersten Konkurrenz war ich noch etwas beunruhigt darüber, wie sich Nuki auf dem Sam-

melplatz so nahe bei anderen Pferden verhalten würde und blieb bis zum letzten Augenblick mit ihr abseits. Bei unserer zweiten Konkurrenz war ich zuversichtlicher und während ich auf meinen Start wartete, stand ich am Eingang zum Parcours. Es waren nicht die anderen Pferde, die leiden mußten, sondern der arme Parcoursaufseher, der mich hineinrufen mußte und dies unvorsichtigerweise durch Winken mit einem Stück Papier zu tun beschloß. Dies war aber zuviel für Nuki, die sich schon so lange zusammengenommen hatte und es einfach nicht ewig tun konnte. Als ich ihr das Zeichen zum Vorwärtsgehen gab, stürzte sie sich aufs Papier und riß es sauber entzwei. Zum Glück fand der Aufseher dies hochamüsant. Anscheinend war ihm nicht bewußt geworden, wie nahe er daran vorbeigekommen war, vier Finger zu verlieren.

Nukis Angriffe waren jeweils so plötzlich, so unvoraussehbar und mit solcher Gewalt ausgeführt, daß nur wenige Leute wirklich wußten, wovon sie getroffen worden waren. Wie ich schon erwähnt habe, schlug sie dabei am liebsten mit den Vorderbeinen aus. Sie war flink wie eine Katze. In einem Augenblick waren ihre Ohren gespitzt und sie beschnupperte die Hände eines Besuchers; im nächsten Augenblick lag dieser am Boden; gleich darauf ging dann Nuki über ihn hinweg, mit wiederum gespitzten Ohren und mit einem Ausdruck von wohlwollender Majestät um sich blickend. Ihrem Reiter machte sie nie die geringsten Sorgen (in der Tat fühlte ich mich auf ihrem Rücken — außerhalb des Bereiches von Zähnen und Vorderbeinen — sicherer als irgendwo anders), aber beim Führen mußte man immer aufpassen, nie gerade vor ihr zu stehen.

Nukis Verhalten gegenüber anderen Pferden war ähnlich demjenigen gegenüber den Menschen. Bei jenen sowohl wie bei uns wußte sie sofort, wenn sie ein ebenbürtiges Wesen getroffen hatte. Sie liebte es, ihre Gefährten zu beherrschen. Es gab furchtbares Zähneknirschen und Schweifpeitschen, wenn ein Vierbeiner ihren Lieblingsrastplatz oder -beobachtungsposten besetzt hatte, und die meisten ihrer Rivalen gaben angesichts ihrer Drohung sofort nach. Aber wenn dies alles als Bluff aufgedeckt wurde, zog sich Nuki zurück, ohne daß ein Schuß gefallen oder ein Schlag ausgetauscht worden wäre und sie tat, als hätte sie überhaupt keine Lust auf das, was sie eben verlangt hatte. Vielleicht können Pferde leere Tiraden gegenseitig besser erkennen als wir. Am ersten Ton schon erkennen sie den Windbeutel. Lennys Reaktionen gegenüber Nuki und ihre gegenüber ihm waren typisch dafür.

Lenny war ein riesiger Ire, ein Irish Draught Horse, den ich (nach einem zweiten, zeitlich ungünstigen Besuch der Stow Fair!) gekauft hatte, als Nuki

Königin der Farm war, auf die
rm in Gawcott. Lenny war der
e Einfaltspinsel von Pferd, den
kriminell, ihn der Nuki-Clique
knüppeln zu lassen, aber allein
isiko auf mich nahm. Als Nuki
, schlug mit dem Schweif und
s entgegen; Lenny beobachtete
/erabscheuung zu speien, aber
ıtferntesten Winkel der Weide
en gespitzt und ein Ausdruck
weit so schön. Aber am näch-
ls sie mit den Kühen zur Mor-
is Wut war grenzenlos. Sie
Schwanz und raste den Hügel
bei einer solchen Erscheinung
ger Dummkopf stehen und
lten in Qualen unseren Atem
an. Im nächsten Augenblick würden sie aufeinandertreffen. Es würde einen fürchterlichen Aufprall geben und meine Neuanschaffung würde ein gebrochenes Bein daraus ziehen. Aber es gab keinen Aufprall, nicht einmal ein Treffen! Als Nuki beim Baum anlangte, änderte sie ihren Kurs um den Bruchteil eines Zentimeters, jagte gerade an Lenny vorbei, stellte die Ohren und tat, als ob sie anderswo hatte hingehen wollen. Lenny blieb unter dem Baum stehen und schüttelte sanft sein gewaltiges Haupt.

Wir dachten lange über die Wahl des Hengstes für Nukis erste Paarung nach. Ich bin auch heute noch keine Expertin für Blutlinien, aber damals wußte ich nicht einmal das Minimum darüber. Abgesehen davon waren meine Möglichkeiten durch meinen Geldbeutel stark eingeschränkt und die naheliegende Lösung mit einer Stute wie Nuki war, sie zu dem prämierten Hengst zu bringen, der ihr von der »Hunters Improvement Society« (H.I.S., »Gesellschaft zur Förderung des Jagdpferdes«) in unserem Bezirk zugeteilt würde. In jener Saison hatte ich jedoch ein Jagdpferd vom Hengst Gay Scot geritten. MacDuff, so hieß es, hatte mich durch sein Temperament und seine Fähigkeiten sehr beeindruckt, so daß ich fand, ein bißchen Gay-Scot-Blut wäre für einen von Nukis Abkömmlingen eine große Hilfe. Gay Scot – obwohl ein prämierter H.I.S.-Hengst, stand nicht in meinem Bezirk, aber sein Besitzer, Mr. George Maundrell, wohnte nah genug, um eine Reise dorthin möglich zu machen. Ich traf alle Vorkehrungen, um Nuki zu ihm zu schicken, aber eine Woche, bevor sie gehen sollte, starb der arme Gay Scot plötzlich an einem Herzschlag. Der Verlust war für seinen Besitzer und für den ganzen Bezirk tragisch. Die übrigen prämierten Hengste des Bezirkes machten mir keinen günstigen Eindruck, noch schienen mir die Gestüte, wo sie standen, dazu fähig, mit einer Stute wie Nuki fertig zu werden. Schließlich sandte ich Nuki doch wie abgemacht zu Mr. Maundrell, aber um von Romany Air gedeckt zu werden, ein Sohn von Tambourin und ein tüchtiges Rennpferd, dessen Aktion und Temperament nichts zu wünschen übrigließen.

Wie schon erwähnt, war der wichtigste Grund, um Nuki bereits in ihrem Alter zur Zucht zuzulassen, meine Hoffnung, sie dadurch auf dem Boden und auf meinen eigenen Weiden zu behalten. Dieses Vorhaben jedoch, wie es oft mit ausgezeichneten Plänen geschieht, wurde von Anfang an vereitelt. Nuki hatte nicht die geringste Absicht, auf dem Boden oder von den Straßen fernzubleiben, nur weil sie trächtig war. Nach zwei oder drei Wochen der Ruhe und des Friedens (daheim, so schien es ihr, war es nach sechswöchigen Ferien eigentlich ganz lustig) überkam sie von neuem ihre Wanderlust. Unsere Tage und Nächte wurden wiederum den Nuki-Jagden in der ganzen Gegend gewidmet. Der einzige Weg, sie davon abzuhalten, war, sie regelmäßig zwei- oder dreimal in der Woche zu reiten, damit sie sich genau ansehen konnte, was vor sich ging und sich auf dem laufenden halten konnte. Sie war wie eine Dame der Gesellschaft, die aufs stille Land verbannt, trotzdem auf zwei wöchentliche Besuche in der Großstadt beharrt, um die Geschäfte anzusehen.

Mit dem Herannahen des Herbstes und dem Beginn einer neuen Jagdsaison wurden diese Ausritte immer weniger häufig. Zudem war Nukis Gestalt bereits sehr voll geworden und es wäre sicher sehr unvorsichtig gewesen, sie mit hafergefütterten Jagdpferden wetteifern zu lassen. Traurig fügten wir uns dem Schicksal, Nuki nochmals während eines Winters nachts im Stall zu haben. Sie war entzückt. Sie hatte wieder ihren Willen durchgesetzt. Nukis einzige Reklamation war, daß es manchmal zu lange dauerte, bis wir sie abends heimholten. Um nicht warten zu müssen, kam sie von selbst herein. Die Weide neben den Stallungen war durch Eichen- und Lärchenstangen bis in eine wirklich beachtliche Höhe umzäunt, aber daneben war eine kleine, schmale Koppel, die der Einfahrt entlanglief und vom Garten nur durch eine einzige, einen Meter hohe Stange getrennt war (siehe Seite 6). Von Einfahrt und Garten waren es bis zum Stall lediglich zwanzig Meter auf ebenem Boden. Nuki entdeckte, daß sie die Weide, auf der sie täglich war, mit Leichtigkeit durch einen Sprung über die abgeschrankte Lücke verlassen und auf die kleine Koppel neben der Einfahrt gelangen konnte; dann über die meterhohe Stange zur Einfahrt und durch den Garten hinauf zu den Stallungen. Tag für Tag, wie die Pfleger das abendliche Futter bereiteten, erschien Nuki ungebeten vom Garten her, stampfte und schlug sich in ihre Mitte. Zuerst machten wir uns keine unnötigen Sorgen. Es wurde uns so die Mühe erspart, sie zu holen. Sobald sie auftauchte, wurde sie in ihren Stall eingesperrt und der Fall war erledigt. Nach und nach aber erschien sie immer früher zu ihrer Fütterung und brachte alle abendlichen Routinearbeiten durcheinander. Auf Wunsch der Mädchen sollte Nukis Entwischlücke zugesperrt werden, so daß man sie aus dem Weg behalten könnte. Also wurden Stangen gekauft und die Lücke um 30 Zentimeter erhöht. Zwei Tage lang ging alles gut. Dann erschien Nuki zur üblichen Zeit, unverletzt und völlig gefaßt. Allem Anschein nach lag der Zaun immer noch innerhalb ihrer Grenzen. Nochmals wurde eine Stange angeschafft, Pfähle eingetrieben, um sie zu stützen und das Hindernis um fast 50 Zentimeter erhöht. Zwei Tage später, und von da an regelmäßig, sprang Nuki dieses neue Hindernis so mühelos wie zuvor. Weitere Stangen wurden gekauft, weitere Pfähle eingetrieben. Die Lücke war nun unbezwingbar. Nuki verbrachte die nächsten paar Tage damit, herumzuwüten und das Gras davor in tiefen Morast aufzuwühlen. Schließlich konnte sie es nicht länger ertragen, lief einige Runden, um auf Geschwindigkeit zu kommen und vermochte, eben noch ganz knapp, darüberzukommen. Ich war zufällig an jenem Tag zu Hause und beobachtete sie mit bis zum Halse klopfendem Herzen. Nuki stand wenige Wochen vor dem Abfohlen; die Vorstellung dessen, was dem Fohlen und ihr hätte geschehen können, wenn der Sprung nicht gelungen wäre, war zu viel für mich.

»Es tut mir leid«, sagte ich den abgeplagten Pflegerinnen, »aber ihr müßt sie in Kauf nehmen. Wir werden sie *nicht* am Springen hindern, und je mehr der Boden aufgewühlt wird, desto eher besteht die Gefahr, daß sie verletzt wird.«

Am nächsten Tage wurden die Stangen entfernt, die Lücke auf ihre ursprüngliche Höhe reduziert und von da an wanderte Nuki ungehindert, von einem Chor von Flüchen begleitet, von der Weide zum Garten, vom Garten zur Küche und von der Küche zu den Stallungen.

In dieser Beziehung hat das Alter keinerlei Anzeichen dafür gegeben, Nukis Eifer zu dämpfen. Leyland Farm, wo ich jetzt wohne, ist 40 Hektar groß, aber es gibt hier nur zwei Weiden, die Nuki billigt und auf welchen sie bleibt. Die eine mag sie für den Sommer, die andere für den Winter. Jeder Versuch,

diese Routine zu ändern, ist ein Spiel mit dem Feuer. Als sie in einem Jahr einmal kein Fohlen hatte, versuchte ich verzweifelt, sie von der üppigen Sommerweide fernzuhalten, da ich befürchtete, sie würde zunehmen und Hufrehe bekommen. Es war vergebens. Jeden Morgen kehrte Nuki von der Weide, auf die man sie gebracht hatte, in den Hof zurück, so daß ich trotz Vorbehalten schließlich nachgeben mußte. Das Unumgängliche trat ein und Mitte des Sommers war sie an heftiger Hufrehe erkrankt. Als ich sie vollständig verkrüppelt und vor Schmerzen keuchend sah, beschimpfte ich mich selbst wegen meiner Schwäche und Nuki wegen ihrer Hartköpfigkeit und betete gleichzeitig auf total vernunftwidrige Weise, daß sie möglichst bald wieder Zäune springen würde. Fast einen Monat lang konnte sie kaum in ihrer Box herumtorkeln. Dann schaffte sie es, kurze Spaziergänge den Weg entlang zu machen. Diese wurden nach und nach ausgedehnt, bis endlich der Tag kam, an dem erklärt wurde, daß sie sich genügend erholt habe, um jeden Tag ein paar Stunden auf einer »kahlen« Weide verbringen zu dürfen. Damals war es nicht mehr allzulange hin bis zu ihrem nächsten Abfohlen und die Kombination von Füllen und Fett machten sie riesengroß. Ihr Geist jedoch war unverzagt. Um ihre Lieblingsweide zu erreichen, steuerte sie auf eine lange und glücklicherweise flexible Koppelstange zu, aber wegen mangelnder Schnellkraft brachte sie nur die Vorderbeine darüber. Ihre Hinterbeine blieben auf der Absprungseite am Boden und als man sie fand, stand sie auf allen vieren mit der Koppelstange unter ihre Mitte gezwängt und schrie laut um Hilfe. Sobald sie merkte, daß ihr Gewieher gehört worden war, lenkte sie ihre Aufmerksamkeit dem verbotenen Gras zu und fraß in dieser gespreizten Stellung unbekümmert, während ihre Retter sich mit ihrer Befreiung abmühten.
Nuki machte ihre Fohlen nicht nur dann mit dem Springen bekannt, wenn sie sie trug. Behagte ihr plötzlich die Weide, auf der sie sich mit einem Fohlen an der Seite befand, nicht mehr, zwang sie einfach das Fohlen, neben ihr her zu springen. Ihre Strategie in dieser Beziehung war hervorragend. Sie umkreiste die Weide ein paarmal im *Canter* mit dem Fohlen dicht an ihrer Seite, bis das kleine Geschöpf genügend Schwung zum Sprung erreicht hatte – und dann hinüber! Manchmal gelang dies, manchmal war das Ergebnis katastrophal. Nukis erstes Fohlen, Nauri, hatte das Hindernis, einen Doppeloxer, in großartigem Stil gesprungen und berührte keinen Zweig davon. Gamesman, ihr zweites Fohlen, kam über seinem Hindernis, einem Gatter mit fünf Stangen, zu Fall. His Nibs, das dritte Fohlen, hob sich nicht einen Zoll vom Boden ab und galoppierte neben Nuki her direkt in den Zaun, kam im Pur-

zelbaum glücklicherweise unverletzt darüber, blickte aber sehr benommen und erstaunt umher und bemühte sich, wieder auf seine ausgespreizten Beine zu kommen.

Dies also ist Nuki, ein Pferd mit einigen einmaligen Eigenschaften in bezug auf Verhalten und Temperament — das Verderben all jener Leute, die glauben, daß Tiere dem Wort des Menschen bedingungslos gehorsam sein müssen — wenn aber verständnisvoll mit ihr gesprochen wird, eine intelligente und ideale Gefährtin. Nuki gehorcht nie auf Befehle, aber auf Bitten hin tut sie alles. Sie hat ungezählte Zäune, Gatter und Stallungen zerstört, doch sie selbst hat nie den kleinsten Kratzer davongetragen. Ich hätte gerne mehr Jagden, Rennen oder Springkonkurrenzen mit ihr geritten, aber die Versuchung, weitere Nukis zu züchten, war zu groß gewesen. Ein einziges Mal hat sich die Gelegenheit geboten, sie wieder zu reiten. Dies war nach ihrem vierten Fohlen im Winter 1962/63, als sie während eines Jahres nicht trächtig war. Ich wollte eben wieder beginnen, sie zu reiten, als anfangs Dezember Schnee fiel. Ende März waren wir immer noch dabei, ihn vor unseren Türen wegzuschaufeln.

Nuki, die nun elf Jahre alt geworden ist, hat sieben Kinder und etwa 34 Enkel, von denen ich drei besitze. Außer zwei ihrer Kinder haben alle anderen sowie die meisten ihrer Enkel ihre Farbe geerbt. Bei ihr selbst ist das dunkle Eisengrau (fast schwarz) zu einer hellen, so auffallenden Äpfelung geworden, daß sie aussieht, als hätte ihr jemand Kreise aufgemalt, um ein Schaukelpferd nachzuahmen. Ihr Gesicht, das einst nur einen weißen Stern aufwies, ist nun ganz weiß. In der Tat weist sie in ihrem Äußeren wenig Ähnlichkeit auf mit dem dicken Faulpelz, den ich vor so vielen Jahren an der Stow Fair kaufte. In ihrem Charakter hingegen hat sie sich nicht um den kleinsten Bruchteil geändert.

Nauri, die erste von vielen

Nauri kam am 20. Mai 1959 um elf Uhr nachts zur Welt. Sie hätte zwei Wochen früher ankommen sollen, und während einer schier endlos scheinenden Zeit verbrachte Felicity Parry, die damals die Aufsicht über die Stallungen hatte, ihre Nächte vollständig bekleidet im Bett, eine Taschenlampe an ihrer Seite, und erwachte in regelmäßigen Abständen, um jeweils eine Kontrollrunde durchs Gelände zu machen. Nuki war während der letzten paar Wochen ihrer Tragzeit nicht mehr im Stall gehalten worden, sondern hatte zu einem großen Schuppen Zugang, wo sie sich gerne, vor den Fliegen geschützt, tagsüber aufhielt. Während der ersten zehn Tage nach dem vorausberechneten Abfohltermin (und ebenso jede Nacht der drei vorherigen Wochen) waren wir jede Nacht überzeugt gewesen, daß das Fohlen nun in der nächsten Stunde ankommen werde. Wir erkannten sämtliche Symptome: eingesunkene Beckenbänder, eingefallene Flanken, Harztröpfchen am Euter usw. Am 20. Mai hatte ich die Hoffnung schließlich aufgegeben und schaute Nuki nicht mehr an. Als Felicity ins Haus gerannt kam und rief: „Es ist da!" dachte ich, sie spreche vom Fisch-und-Chips-Wagen.

Wo es sich genau befand, war jedoch schwierig festzustellen. Gleich neben Nukis Schuppen wuchsen viele Nesseln, und der einzige Beweis für die Anwesenheit eines Fohlens war ein ungeheurer Tumult mitten auf dieser dunklen Stelle. Nuki stand da und starrte auf dieses Getümmel, schnaubte und wieherte von Zeit zu Zeit, war aber sonst ganz gleichgültig. Die Nacht war selbstverständlich stockfinster.

»Das kleine Ding wird dort drinnen ja vollständig zerstochen werden«, murmelte ich, »weshalb in aller Welt mußte Nuki genau jene Stelle aussuchen?« Es schien eine Ewigkeit, während der wir warteten. Momente der Stille wechselten mit weiteren Tumulten ab, aber noch immer konnten wir nichts sehen.

»Vielleicht ist es verletzt oder hat sich in etwas verfangen«, bemerkte ich. »Wir wissen ja gar nicht, was noch alles unter dem Gerümpel ist. Ich muß wirklich einmal nachsehen.«

Etwas unruhig und nervös begann ich mich vorwärts zu bewegen, die Taschenlampe in der Hand, war aber kaum durch das Tor gelangt, als ein dunkler Schatten vor den Nesseln erschien und Nuki im gleichen Moment die Ohren zurücklegte und mir bestimmt zu verstehen gab, daß ich hinaus sollte. Der Schatten schwankte, bewegte sich ruckartig von den Nesseln weg und torkelte die Hecke entlang, aus dem Bereich meiner Taschenlampe hinaus. Nuki folgte schnüffelnd und gurgelnd hinter ihm her. Glücklicherweise war die Nacht warm und trocken. Wir ließen Mutter und Kind allein und begaben uns ins Bett zurück, vor Stolz und Genugtuung überschäumend, als hätten wir selbst das Wunder vollbracht.

Am nächsten Morgen war es uns möglich, unser vollendetes Werk näher zu betrachten. Es war ein winzig kleiner, grauer Gegenstand, vollkommen proportioniert und hatte das niedlichste Köpfchen. Seine Beine wiesen dort immer noch Falten auf, wo sie während so langer Zeit im Mutterleib unter sich zusammengefaltet waren, aber es vermochte auf diesen unansehnlichen Spindeln bereits eine Anzahl Hüpfer und Verdrehungen auszuführen. Es war ein Stutenfüllen. Es stand an Nukis Seite in der Mitte der Weide, als wir zum ersten Mal hinausgingen, um es zu betrachten. Die große Frage war, wie nahe dürfen wir an die beiden herangehen? Mit einer großen Menge Pferdewürfeln bewaffnet, ging ich langsam auf sie zu und streckte ihnen eine Handvoll Würfel entgegen.

Bevor ich halbwegs über die Weide gegangen war, hob Nuki ihren Kopf vom Gras und begann, auf mich zuzukommen, während das Fohlen, gegen ihre Seite lehnend, daherholperte. Ich stand still und wartete, ein kaltes Prickeln im Nacken. Sollte ich davonrennen, bevor ich angegriffen würde, oder war dies ein freundschaftliches Herannahen? Nukis Verhalten verriet fast ausschließlich Freundlichkeit. Ihr Kopf war gesenkt, der Hals entspannt (vor einem Angriff hebt und wölbt sie ihn wie ein Hengst). In sanftem Flüsterton wieherte sie ihrem Fohlen zu, aber ich wußte, wie rasch Nukis zärtliches Wiehern in einen tückischen Angriff umschlagen kann und war deshalb nicht ganz unbesorgt.

Wenn ich jetzt zurückblicke, wird mir bewußt, daß meine Besorgnis absurd war. Nur ein einziges Mal hat Nuki mich gebissen, als sie ein neugeborenes Fohlen bei sich hatte und ich bin überzeugt, daß dies rein aus Versehen geschah. Ihr damaliges Fohlen, His Nibs, war in seiner linkischen Art gegen ein lästiges Blechstück gefallen und ich befürchtete, daß es sich geschnitten hatte. Ich ging nachschauen und während ich das Fohlen untersuchte, hatte ich den Rücken gegen Nuki gewendet und schob sie mit einer Hand weg.

Plötzlich schnappte etwas und ich fühlte, wie sich ihre Fänge um meine Finger schlossen. Hätte Nuki wirklich beißen wollen, so hätte ich jetzt keine Finger mehr, aber sobald sie Widerstand spürte, entspannten sich ihre Kiefer und ich erlitt nur eine ziemlich starke Quetschung.
Aber an jenem Morgen mit ihrem ersten Fohlen war Nuki wie jede andere stolze Mama nur allzusehr bestrebt, ihren Sprößling vorzuführen. Wie sie zu ihrer Genugtuung feststellen konnte, war ich vollbeladen mit Pferdegeschenken gekommen, und sie schob deshalb ihr Fohlen vorwärts und zu mir hin, damit ich mich mit ihr zusammen daran weiden konnte. Das Fohlen war nicht schüchtern und verstand den Wink. Sofort beschnupperte es meine Hand und knabberte an meinen Kleidern. Damals schien es mir absolut natürlich, daß es dies tun sollte. Erst später wurde mir bewußt, wie selten es ist, daß ein neugeborenes Fohlen so wenig Angst vor den Menschen zeigt.
Als mein Taschenvorrat an Pferdewürfeln erschöpft war, verlor Nuki ihr Interesse an mir und ging zum Zaun hinüber, um zu sehen, was Felicity als zweiten Gang zu offerieren hatte. Das Fohlen bummelte neben ihr her. Vollkommen furchtlos untersuchte es aufs genaueste Zaun, Gatter und sämtliche menschlichen Fragmente, die es auf der andern Seite erreichen konnte, während Nuki tüchtig zum wohlverdienten Futter griff.
Am nächsten Tag schlug Felicity vor, Nuki zur Fütterung in den Stall zu bringen, damit sich das Fohlen an das Betreten und Verlassen von Boxen gewöhnen sollte. Es folgte ihr fröhlich ins dunkle Innere der Stallungen und unterzog diese einer ebenso gründlichen Untersuchung wie der Weide draußen. Wir lehnten uns zurück und brüsteten uns abermals. Es gibt eigentlich gar keine Schwierigkeiten bei der Aufzucht von Fohlen, sagten wir uns; wenn man sie früh genug domestiziert, sind sie gar kein Problem. Zwei Tage später lernten wir, wie sehr wir uns geirrt hatten. Der Wassertank neben dem Weideeingang mußte an jenem Tag gereinigt werden, und so schrubbte ihn Felicity und legte ihn auf die Seite zum Trocknen. Als das Füllen ihn am nächsten Morgen in dieser Stellung sah, stand es bockstill und starrte ihn verwundert an. An seinem ersten Lebenstag hatte es vor diesem großen metallenen Tank nicht die geringste Angst gezeigt, doch jetzt in seiner neuen Lage schien es ihn für ein Ungeheuer zu halten. Seine neue Form schien die ganze Weide, seine Welt, geändert zu haben. Nichts auf der ganzen Welt konnte es dazu bringen, daran vorbeizugehen; wie oft auch immer wir Nuki ruhig daran vorbei und zum Tor hinausführten, das Fohlen blieb schreiend und schlagend entschlossen in der Sicherheit der großen Weide zurück. Schließlich mußten wir nachgeben, Nuki auf der Weide füttern und das

Fohlen sich beruhigen lassen. Das Füllen starrte etwa fünf Minuten lang auf den Tank. Ganz langsam senkte es dann den Kopf, ging zum Tank hin, beschnupperte ihn und wandte sich verächtlich ab. Am nächsten Tag ging es vorbei, als ob gar kein Tank dort wäre.

Diese kleine Episode scheint mir ziemlich wichtig. Sie zeigt, wie schnell das neugeborene Pferd, gleich wie einige der Vögel, die der Zoologe *Lorenz* beschrieben hat, den visuellen Plan seiner Umgebung erkennen lernt. Furcht war nicht des Fohlens sofortige Reaktion beim ersten Anblick des Tanks, sondern seine Reaktion auf dessen geänderte Stellung. Um aber festzustellen, *daß* sie verändert worden ist, mußte es innerhalb der ersten paar Lebensstunden genau gelernt haben, wie es aussah. Es war auch diese Episode, die dem Füllen seinen Namen gab, »Naughty« (»Unartig«), welches später zu »Nauri« abgeändert wurde, um das R des Namens ihres Vaters, Romany Air, und das I von Nuki einzuschließen.

Nauris Empörung gegenüber den geringsten Veränderungen in ihrer visuellen Umgebung dauerte eine Weile an. Dies war wahrscheinlich auch der Grund für die Schwierigkeiten, die wir hatten, als wir sie in den Pferdetransporter verladen wollten. Da Stuten sieben bis zehn Tage nach dem Abfohlen mit dem größtmöglichen Erfolg wieder gedeckt werden können, sollte Nuki schon eine Woche nach der Geburt von Nauri aufs Gestüt zurückgehen. Nauri war Nuki jeweils so ruhig in den Stall hinein und wieder heraus gefolgt, daß es mir gar nicht in den Sinn kam, daß sie ihrer Mutter nicht ebenso willig in den Transporter folgen würde. Wir hatten Nauri noch kein Halfter angelegt. Ein Arm um ihren Hals und ein anderer um ihr Hinterteil hatten bis jetzt meistens genügt, um sie dahin zu lenken, wo wir sie haben wollten. Ein ganz anderer Fall aber war es, als sie im Stallvorhof den Transporter entdeckte. Sie konnte unseren Armen mit demütigender Leichtigkeit ausweichen, und als wir sie schließlich bis an den Rand der Rampe herangebracht hatten, hüpfte sie unweigerlich wieder außer Reichweite, wieherte und rief Nuki zu, die die Rampe hinuntergepoltert kam, um sie zu suchen, dabei jeden Menschen, der zufällig in ihren Weg kam, unter ihren Füßen zertrampelnd. Nach einem Dutzend erfolgloser Versuche, Nauri im Freien zu verladen, und als unsere Gemüter ernsthaft gereizt, die Zehen gequetscht und die Kleider in Schweiß gebadet waren, gaben wir auf. Wir brachten Stute und Fohlen in eine Box, zu der wir das Fahrzeug rückwärts hinfahren konnten, ließen die hintere Rampe hinunter und trieben die beiden zusammen unter Rufen und Flüchen hinein.

Seit jenem Tag hat unsere Fohlen-Verlade-Technik viele Verbesserungen erfahren und ist jetzt ziemlich raffiniert. Glücklicherweise liebt Nuki den Transporter und freut sich immer auf eine Fahrt, so wie sich eine Landpomeranze auf einen Tag am Meer freut. Jetzt führen wir sie bis zum Fuß der Rampe, drängen das Fohlen (mit Halfter) dicht an ihre Seite und eilen dann mit ihm neben ihr hinein, bevor es eine Gelegenheit hat zu sehen, wohin es geht. Auf diese Weise können wir gewöhnlich garantieren, daß ein neugeborenes Fohlen auf den ersten Anhieb verladen wird. Dies heißt aber nicht, daß es sich nachher jedesmal verladen läßt, worüber ich später mehr berichten werde, aber wenigstens schien Nauri die Lektion begriffen zu haben. Als ich nämlich einige Monate später auf eine andere Farm umzog und etwas Geld zu sparen versuchte, indem ich die Möbel im Transporter selbst dahin fuhr, beschloß ich, um Zeit und Benzin zu sparen, Nauri und ihre Gefährtin mit der letzten Ladung Stühle und Schachteln mitzunehmen. Der für die Jährlinge übriggebliebene Platz war nicht groß, noch sah er sehr einladend aus. Nauri ging jedoch mit gespitzten Ohren hinein — und mußte tatsächlich noch mehrere Male hinein- und hinausgehen, bevor ihre ängstliche Kameradin dazu überredet werden konnte, ihr zu folgen.

Diese eben beschriebene Begebenheit ereignete sich erst, als Nauri viel älter und reifer war, aber sogar als wir sie sechs Wochen nach dem ersten Kampf vom Gestüt abholten, betrat sie den Transporter ohne jegliche Bedenken. Wie sehr hatte sie sich damals verändert von dem Baby, das von zu Hause weggegangen war. Nicht nur war sie gute 15 Zentimeter gewachsen, sondern hatte offensichtlich leider auch Felicity und mich vollständig vergessen. Anstatt heranzukommen, um zu schnuppern oder zu lecken, wie sie es vorher getan hatte, zog sie sich jetzt jedesmal zurück, wenn wir eine Hand ausstreckten. Anstatt die erste zu sein, die sah, was vorging, hielt sie sich so weit als möglich hinter Nuki und unter dem Schutz des Schweifes ihrer Mutter. Das freche Weibsbild hatte sich in eine schüchterne Nymphe verwandelt. Nur in einer einzigen Beziehung war sie unverändert geblieben: einen Streit liebte sie immer noch. Ich wollte nicht unbedingt mit ihr streiten, sondern zwei große wunde Stellen behandeln, die sie an den Hinterbeinen gerade unterhalb der Sprunggelenke hatte. Derartige Stellen scheinen sich bei Fohlen häufig aufzureiben, da sie sehr viel liegen. Da Nauri nicht freiwillig zuließ, daß ich in ihre Nähe ging oder sie berührte, beschlossen wir, sie einzufangen, ihr ein Halfter anzuziehen und die Wunden dann zu behandeln. Sie folgte Nuki ohne Zögern in die Stallungen, wo dies vollzogen werden sollte, aber sie dort in eine Ecke zu treiben und ein Seil um den Hals zu legen war so schwierig, wie wenn man einen riesengroßen, schlüpfrigen Aal im Netz einfangen wollte. Als uns dies endlich gelungen war, war die Schlacht aber noch nicht gewonnen. Während ich das Seil hielt, versuchte Felicity, das Halfter über ihre Nase und Ohren zu streifen. Nauri beschloß, daß diese Erniedrigung nicht zu dulden war. Sie hob sich auf die Hinterbeine, bis ihr Kopf fast bis zur Decke reichte, dann schleuderte sie sich zu Boden und schlug mit allen vieren wild um sich. Es war mehr auf Glück als auf irgend etwas anderes zurückzuführen, daß dieses Unterfangen schlußendlich gelang. Als das Halfter einmal an seinem Platz saß, standen wir etwas dahinter, zitternd, schwitzend und darauf wartend, daß das Ungeheuer seine Rache nehme. Nauri jedoch stand nur auf, tat einen tiefen Atemzug, schüttelte den Schmutz vom Fell, leckte sich die Lippen und kam auf uns zu, um wie in den Tagen vor ihrer Abwesenheit gestreichelt zu werden und herauszufinden, was wir ihr zu offerieren hätten. »So«, schien sie zu sagen, »ihr habt euch mit mir abmühen müssen, nicht wahr? Aber es war nicht, weil ich euch nicht mag; es war nur aus Spaß! Und jetzt laßt uns Freunde sein!«

Nauris Liebe zum Streit begleitete sie ihr ganzes Leben hindurch. Gewöhnlich scheinen die Dinge, denen sie sich zuerst am heftigsten widersetzt, ihr schließlich den größten Spaß zu bereiten. Am Tag nach unserer Schlacht um das Halfter ließ sie es mich so ruhig anziehen wie einem alten Esel. An jenem Tag wollte ich ihr etwas Salbe auf ihre Hinterbeine streichen. Es folgte ein fast einstündiger Kampf mit Schlägen und Zähneknirschen von Seiten des Pferdes wie auch des Menschen, bis sie es zuließ, daß ich eine Hand auf einem der beiden Hinterbeine ruhen ließ. Am folgenden Tag ließ sie mich beide Hinterbeine mit warmem Wasser waschen, während sie dastand und in völliger Ruhe meinen Rücken beschnupperte. Aber dann folgte eine weitere Kampfstunde, bis ich ihren Bauch bürsten konnte. Am nächsten Tag lehnte sie sich in freudiger Erwartung zur Seite, damit ich ihren Bauch bürsten konnte, fand aber eine andere Ausrede zum Streit. Unsere schlimmste Auseinandersetzung jedoch entstand wegen Jessica und dauerte über eine Woche. Nauri war sieben Monate alt und völlig abgesetzt, als Jess ankam. Nauri hatte den Sommer damit verbracht, groß und geschmeidig und wunderschön heranzuwachsen, wobei nur wenige Dinge ihre Muße unterbrachen oder ihre Oberherrschaft über die Weiden bedrohten. Allerdings erfreuten sich diese Oberherrschaft und die Muße nicht unbedingt *meiner* Zustimmung. Ich wollte Nuki und ihr Fohlen von der Farm entfernt halten, und als sie vom Gestüt zurückkehrten, nahm ich Nuki resolut von der Weide weg, die sie als die ihre betrachtete (jene nächst dem Hause) und brachte sie auf eine zweite, dahinterliegende Koppel. Diese war größer als »ihre«; sie war wohlversorgt mit Wasser und das Gras war süß. Aber weil sie etwas weit entfernt lag vom Hauptzentrum allen Betriebes sowie von ihren menschlichen Bewunderern, hatte Nuki eine starke Abneigung dagegen. Als ich sie das erste Mal darauf losließ, blickte sich mich mit verständnisloser Verwunderung an, und als ich das Tor hinter ihr schloß und mich daran machte, wegzugehen, wieherte und schnaubte sie Protest. Als sie erkannte, daß ich sie im Ernst zurücklassen wollte, beschloß sie, die Sache in die eigenen Hände zu nehmen. Ihr Kopf ging hoch, der Hals wölbte sich und ich sah, wie ihr ganzes Wesen vor Zorn zu kochen begann. Bald danach raste sie den Zaun entlang, hinauf und hinunter und umkreiste ihre Koppel in immer schnellerem Galopp, und bevor ich selbst das Haus erreichen konnte, raste sie mit Nauri dicht an ihrer Seite an mir vorbei, nachdem beide einen 1,20 Meter hohen Doppeloxer übersprungen hatten. Ich konnte keine Wiederholung dieser Begebenheit riskieren und so blieben Nuki und Nauri von da an in vollem Besitz »ihrer« Weide, während die arbeitenden Pferde weggehen mußten.

Außer an unseren zwei oder drei Ausflügen zu lokalen Veranstaltungen sah Nauri bis fast im Herbst keine anderen Pferde. Ich war darüber etwas besorgt, da sie eindeutig eines Spielkameraden bedurfte, den sie herumjagen und mit dem sie trainieren konnte. Ich begann deshalb für sie eine gleichaltrige Gefährtin zu suchen, mit der sie sich balgen und um die Wette laufen könnte, wenn beide abgesetzt sein würden.

In jenem Jahr schien es nicht so viele Fohlen zu geben und die einzigen, die zu verkaufen waren, erreichte mein bescheidener Standard nicht. Nachdem ich in Beantwortung von Inseraten von einem Ende des Landes zum andern gereist war, wollte ich beinahe verzweifelt aufgeben. Damals arbeitete ich für die Abteilung für Anästhesie in den Vereinigten Spitälern von Oxford an einer Untersuchung über die Wirkungen von Anästhesien auf ältere Leute. Diese Aufgabe brachte es mit sich, daß ich über ein Gebiet von Henley im Süden bis Northampton im Norden viel umherreisen mußte.

Als ich eines Tages über die Landsträßchen von Wiltshire nach einem Besuch nach Hause holperte, sah ich eine Stute mit Fohlen auf einer Weide stehen. Ich hielt an und begutachtete sie, denn dieses Fohlen entsprach genau dem Tier, das seit den letzten paar Monaten meine Träume heimgesucht und meinen Schlaf gestört hatte, indem es Nauri über fette Weiden jagte. Gedanken an Anästhesie und *geriatrische* Patienten entschwanden. Beim Weiterfahren dachte ich nur noch an Pferde. Vielleicht *wäre* das Fohlen zu verkaufen. Ich hielt wieder an. Es würde bestimmt nicht schaden, herauszufinden, wem es gehört! Ich wendete und fuhr zu einem kleinen Haus am Rande der

Weide zurück. Das Fohlen, erklärte mir der Bewohner, gehörte einem Bauern, der etwas weiter unten an derselben Straße wohnte. Dieser *hatte* davon gesprochen, es zu verkaufen; es war ein Stutenfüllen. Mein Gesprächspartner glaubte, daß es für den Verkauf in Newmarket angemeldet war, riet mir jedoch hinzugehen und zu fragen.

Ich ging. Oh ja, sagte der Besitzer, das Fohlen wäre zu verkaufen, und nannte einen so ungeheuer weit über meinen Mitteln liegenden Preis, daß ich nur leer schlucken konnte. Die Stute, fuhr er fort, war von Bois Roussel, dem führenden Zuchthengst von Mutterstuten in jener Flachrennsaison, und obwohl das Fohlen nur vom lokalen prämierten Hengst stammte (die Stute hatte vom ersten Hengst, der sie gedeckt hatte, nicht aufgenommen), war es trotzdem noch einen guten Preis wert. Ich versuchte abzubrechen und irgendeinen oberflächlichen Grund hervorzukramen, daß ich mich nicht mehr dafür interessierte. Was waren die Leistungen der Stute? War sie nicht etwas klein für Rennen? Die Stute war in der Tat nie im Training gewesen. Sie war als Jährling in einen Drahtzaun galoppiert, der ihr so arg in Brust und Vorderbein geschnitten hatte, daß sie seither nie mehr ganz kräftig geworden war. Dies hatte sie stark zurückgesetzt. Andere Mitglieder ihrer Familie waren normal groß.

Außer dem wahren Grund — daß es zu teuer sei — schienen keine anderen vorzuliegen, weshalb ich das Fohlen ausschlagen sollte und ich entschloß mich, dies zuzugeben.

»Es ist genau die Art Tier, die ich suche, um mit einem meiner eigenen Stutenfüllen auf der Weide auszulaufen«, sagte ich ihm, »aber leider kann ich mir den Betrag nicht leisten. Viel Glück mit ihm und wenn Sie etwas hören, das meinem Preis näher liegt, halten Sie mich auf dem laufenden.« Ich gab ihm meinen Namen und Adresse und warf noch einen letzten, sehnsüchtigen Blick auf Stute und Fohlen, bevor ich davonfuhr.

An jenem Abend zu Hause beschloß ich, daß Nauri eben ohne Kameradin auskommen müßte. Das Bild von Bois Roussels Enkelin wollte mir nicht mehr aus dem Sinn. Wenn ich sie nicht haben konnte, so wollte ich gar nichts. Ich besaß zu jener Zeit eine kleine Welsh-Pony-Stute, die eben etwa Nauris Größe hatte und die an die Stelle des Fohlens treten müßte. Über den Zaun hinweg schien Nauri sie recht gut zu mögen. Das Pony Periwinkle, so hieß es nämlich, wurde durch das Tor in Nukis und Nauris direkte Gegenwart gebracht und nach einigem Geknurr von Nuki fanden sich die drei Tiere bestens miteinander zurecht.

Periwinkle war ein Welsh Mountain Pony, das im Vorjahr in meinen Besitz gekommen war. Es war relativ spät zugeritten worden; nämlich erst, nachdem es zwei Fohlen gehabt hatte, die beide bei Ausstellungen viele Preise gewonnen hatten und war einer großen Familie, die nicht weit von Standlake wohnte, verkauft worden, die ein »erstes Pony« wollten für die Kinder zum Spazieren- und Jagdreiten. Peri schien während ihrer ersten zwei Wochen bei jener Familie ideal zu sein, aber dann begannen ihnen die Dinge über den Kopf zu wachsen. Sie fing an, etwas störrisch zu werden und sich zu weigern, den Stall zu verlassen; dann begann sie mit den Kindern heimwärts durchzugehen, wenn diese mit ihr weit fort wollten. Schließlich ließ sie sich von den Kindern nicht mehr einfangen. Um die Kinder vor Verletzungen und Peri vor dem Schlachthaus zu bewahren, bot ich mich an, das Pony zu kaufen. Es kam mir nie in den Sinn, daß ein paar Wochen strenger Behandlung sie nicht in Ordnung bringen würde und daß sie auch dann für irgendein anderes kleines Kind nicht ideal sein würde.

Am Morgen nach Peris Ankunft in Standlake legte ich ihr Sattel und Zaum an und beabsichtigte, für die erste Lektion mit ihr die Straße hinunterzugehen. Es war ein trüber, nasser Morgen, der Hof war vom Nebel schlüpfrig und wahrscheinlich war keiner von uns bei bester Laune. Peri beschloß, daß den Weg hinunterzutrecken das allerletzte sei, was sie begehrte. Sie grub ihre Zehen fest in den Boden und verweigerte jede Bewegung. Ich hatte eben so etwas erhofft und war mit allen meinen »treibenden Hilfen« darauf vorbereitet. Beim ersten Anzeichen von Widerstand gab ich ihr einen tüchtigen Klaps auf das Hinterteil und bohrte ihr die Absätze in die Seiten. Peri machte bei dieser unerwarteten Reaktion einen Luftsprung, aber als sie landete, schossen ihre Füße auf dem glitschigen Beton unter ihr auseinander, sie fiel auf die Seite und auf einen meiner Füße, der im Gummistiefel unter ihr im Steigbügel verwickelt war.

Dies war zweifellos die schmerzhafteste und zugleich die am meisten behindernde Verletzung, die ich mir je zugezogen hatte. Als ich mich wieder einigermaßen normal bewegen konnte, war der Winter beinahe zu Ende. Peri war von Felicity Parry übernommen und auf Herz und Nieren geprüft worden und hatte dann schließlich ihre wahre Persönlichkeit offenbart. Es wurde uns bewußt, daß sie klug wie eine Katze und unzuverlässig wie ein Affe war. Sobald sie wußte, daß ein fähiger Reiter auf ihrem Rücken saß, führte sie sich auf wie ein Engel. Sie trübte kein Wässerchen, keine Mühe war ihr zuviel. Aber setzte man ein wehrloses Kind in den Sattel, so verwandelte sich dieses Abbild der Tugend augenblicklich in eine Schlange. Sie ging dorthin, wo sie wollte und wann sie wollte. Sie tat genau, was sie wünschte, rücksichtslos! So wie ich sie bis dahin kennengelernt hatte, durfte ich sie unmöglich noch als Kinderpony empfehlen. Ich beschloß, daß sie am besten zu ihrer ersten Berufung, nämlich als Zuchtstute, zurückkehren sollte.

Im folgenden Frühling ging also Peri fort ins Walisische Bergland in die Obhut einer alten Familienfreundin, Daisy Broderick, deren Coed Coch-Gestüt bereits Weltruhm erreicht hat. Dort hat Daisy ihr Genie für die Zucht gezeigt, das ihr ein solches Ansehen eingebracht hat. Obwohl Peri nicht gerade ein Bild von Schönheit war, hatte ich zuversichtlich angenommen, daß Daisy aus Loyalität und Freundschaft zu mir Peri mit dem herrschenden, einheimischen Siegerpony, Coed Coch Madog, paaren würde. Daisy jedoch warf einen Blick auf Peri und sagte: »Madog wäre für sie hoffnungslos. Blaen Llewed ist ihr Hengst.« So blieb es bei Blaen Llewed, von dem ich bis dahin noch nie gehört hatte, und der Abkömmling dieser Verbindung entwickelte sich zu einem der besten Show-Ponys seiner Zeit. Aber zu jenem Zeitpunkt hatte ich wenig Optimismus und war fest entschlossen, Peri gleich nach ihrer Rückkehr zu verkaufen.

Jetzt aber war ihr eine andere Beschäftigung zugeteilt worden, nämlich als Gefährtin von Nauri, was sie auch aufs beste auszuführen versprach. Allerdings bewegte sie ihre junge Spielgefährtin nicht so ausgiebig, wie ich erhofft hatte (und dies erwies sich in der Folge tatsächlich als eine ernste Sache), aber wenigstens sorgte sie dafür, daß Nauri glücklich war, und als Nuki zur Absetzung weggenommen wurde, war Nauri durchaus zufrieden, mit Peri zusammenzubleiben.

Durch den Mangel an Bewegung hingegen wurde Nauri ernsthaft benachteiligt. Wir waren so ängstlich darum bemüht, Nauris Wachstum anzuregen, daß wir ihr große Mengen Hafer gegeben hatten, sobald sie fressen konnte. Das Ergebnis war, daß sie breiter und breiter (aber nicht höher) wurde und dann ganz plötzlich lahm ging. Es dauerte eine Weile, bis uns der wahre Grund einleuchtete und wir erkannten, daß sie Hufrehe bekommen hatte. Zum Glück konnte die Sache diagnostiziert und behandelt werden, bevor ihre Hufe ernste Mißbildungen erlitten. Anfangs Dezember waren Nuki, Peri und Nauri wieder gemeinsam auf der Koppel und gediehen friedlich.

Als ich eines Dezemberabends nach Hause kam, fand ich eine Nachricht vom Besitzer der Bois-Roussel-Stute für mich vor. Wenn ich das Fohlen noch haben wollte, so möchte ich doch sofort vorbeikommen und es abholen. Ich rief den Besitzer an und erinnerte ihn, daß ich unmöglich den von ihm geforderten Preis zahlen könnte. »Ich weiß«, antwortete er, »aber die Sache ist nicht so verlaufen, wie ich gehofft hatte. So wie es jetzt steht, möchte ich das Fohlen so bald als möglich loswerden und nehme, was Sie mir dafür bieten wollen."

Am nächsten Tag holte ich Jessica, wie wir das Füllen nannten, im Transporter ab, und nachdem ich Nuki und Peri sicher beiseite gebracht hatte, stellte ich sie Nauri vor. Arme Jess, welch eine Vorstellungszeremonie! Nauri warf einen einzigen Blick auf diesen Eindringling, tobte vor Wut und galoppierte zum entferntesten Winkel der Weide und trompetete trotzig herausfordernd. Als Jess ihr zögernd auf der Suche nach Kameradschaft nachtrabte, wandte sich Nauri zähnefletschend um, trieb Jess zurück und galoppierte wieder davon. Sie hielt erst an, als sie so nahe als möglich bei den von ihr getrennten, früheren Kameraden war. Jedesmal, wenn Jess sich bewegte, schoß Nauri mit zurückgelegten Ohren vor und trieb sie abermals in die Ecke. Jedesmal, wenn ich die Weide betrat, kam Nauri auf mich zugerast, stampfte vor mir mit den Füßen und verlangte die Rückkehr ihrer Mutter und Peri. Stundenlang dauerte die Situation ohne Anzeichen der Besserung so fort. Es begann dunkel zu werden und ich wagte nicht, sie in diesem Zustand die ganze Nacht allein zu lassen. Als es schließlich Abend geworden war, schlug ich Felicity vor, zwei nebeneinanderliegende Boxen vorzubereiten und die Fohlen Seite an Seite dort hineinzubringen, bis sie miteinander etwas freundlicher wurden.

Jess begrüßte uns wie ihre Retter. Sie folgte Felicity erleichtert in den Stall. Nauri einzufangen war jedoch eine ganz andere Angelegenheit. Obschon seit der Ankunft von Jess einige Stunden verstrichen waren, zeigte Nauris Zorn keine Spur der Verminderung. Sie stand starr am entferntesten Ende der Weide, als ich sie holen ging und bemühte sich absolut nicht, mir entgegenzukommen. Nach einer Weile ging ich auf sie zu. Sie blickte mich wild und empört an; dann, zum ersten Mal in ihrem Leben, aber auf genau die gleiche Weise, wie ihre Mutter es tat, wenn sie ungehalten war, schlug sie behend wie eine Katze mit dem Vorderbein gegen meine Brust aus und schnappte mit blitzenden Zähnen. Arme Nauri! Hätte sie mir nicht genügend Warnung gegeben, wäre ihr Angriff wahrscheinlich höchst wirksam gewesen; aber wiederum wie Nuki und eigentlich wie jedes andere Mitglied ihrer Familie, war sie zu ehrlich. Lange, lange bevor ein Hieb ausgeteilt wird, zeigen sie einem ganz deutlich, was sie im Sinn haben und wann sie es tun werden. Wenn sie es dann schließlich tun, legen sie eine ungeheure Behendigkeit und Absicht an den Tag, die sie manchmal zum Erfolg führen, aber trotzdem ist ihr Opfer in den häufigeren Fällen schon zum Gegenschlag oder zum Ausweichen vorbereitet. Und so war es auch dieses Mal. Nauris Zähne trafen lediglich auf eine Messingschnalle und einen breiten Lederriemen, der ihr ins Gesicht schlug, weil ich das mitgebrachte Halfter aus Selbstverteidigung vor mir schwenkte. Nauri zog sich zurück, starrte mich verwundert an und blieb ein paar Augenblicke wie gebannt stehen, als ich sie einfing. Dies war aber nicht das Ende der Schlacht. Ich mußte sie, quietschend und wie eine Wilde ausschlagend, den ganzen Weg bis zur Stalltüre schleppen, und als sie endlich eingesperrt war, verbrachte sie ihre Zeit damit, in der dunklen Ecke der Box zu schmollen, oder sie stürzte sich auf die Tür und schnappte in die Luft, die Sekunden zuvor noch über ihrer Feindin geschwebt hatte.

Es fiel mir nicht ein, daß Nauri und Jess während mehr als nur einer Nacht nebeneinander eingesperrt sein müßten, bevor sie Freundinnen würden. Gewöhnlich freundet sich ein Pferd ziemlich rasch mit einem anderen an, sofern keine Rivalen in der Nähe sind. Ich hatte die Tiefe von Nauris Groll unterschätzt. Es dauerte eine ganze Woche, bis sich ihr Zorn so weit gelegt hatte, daß man es riskieren konnte, sie mit ihrer wertvollen Kameradin zusammenzulassen. Während dieser Woche hatten wir auch die ausgezeichnete Gelegenheit, Jess selbst näher kennenzulernen.

Jess und Nauri glichen einander wie Tag und Nacht, aber nie waren diese Unterschiede zwischen den beiden so offensichtlich wie in jener ersten Woche. Für Jess war der Umgang mit Menschen völlig neu, außer daß sie am Tag, an dem ich sie abholte, an einem Halfter geführt worden war. Sie war noch nie geputzt worden, noch hatte irgend jemand ihre Hufe berührt. Ihre Reaktionen auf diese Tätigkeiten waren ziemlich stereotyp. Sie erwartete unser Herankommen in einer steifen Achtungsstellung, die Ohren seitwärts gelegt, die Augen leicht rückwärts blickend, jeder Muskel gespannt und tatbereit. Wenn man etwas unternahm, was vorher schon gemacht worden war und von dem sie wußte, daß es harmlos war, so blieb sie in jener Stellung. Wich man jedoch nur einen Bruchteil von der gewohnten Routine ab, schlug sie aus – nicht wie Nauri mit den Vorderbeinen, sondern wie die meisten Pferde mit den hinteren, indem sie sich blitzschnell umdrehte, auspfefferte und dann so weit als möglich außer Reichweite davoneilte. Mit Nauri wußte man genau und zu jeder Zeit, wann was kommen werde; bei Jess gab es nie einen Augenblick der Warnung. Nauri pflegte sorgfältig und ruhig eine Situation zu überblicken, bevor sie sich entschied, ob sie eine Reaktion verdiente; Jess handelte zuerst und dachte nachher darüber nach. Wenn etwas Neues eingeführt wurde (wie zum Beispiel Füße aufheben), hatte Nauri, wie schon beschrieben, einen furchtbaren Kampf gemacht; aber nachdem sie einmal nachgegeben hatte, machte sie nie mehr den geringsten Widerstand. Jess hatte eine furchtbare Angst vor dem Berühren ihrer Füße und es gab Tage, wo sie es mit verhältnismäßiger Ruhe geschehen ließ, aber an anderen schlug sie Funken, sobald sie berührt wurde. Es dauerte Monate, bis sie sich beim Ausräumen der Hufe genügend ruhig verhielt, so daß ihre menschlichen Pfleger nicht ständig in einer gewissen Gefahr schwebten. Nauri kannte keine Furcht, war aber anmaßend und aggressiv. Jess schien immer in einem ängstlichen Zustand zu verbleiben, aber war rührend in ihren Bemühungen, uns Freude zu machen.

Diese Unterschiede zwischen den beiden überlebten alle Erziehungsversuche. Als wir sie nach 18 gemeinsamen Monaten auf eine neue Weide brachten, ging Nauri den Rand entlang und untersuchte jeden Busch, jedes Hügelchen, jeden Stein. Als sie dann herausgefunden hatte, um was es sich handelte, begann sie um alles herumzugaloppieren. Jess pflegte zuerst ein dutzendmal herumzugaloppieren und nach allem auszuschlagen, falls es ihr weh tun könnte, und erst, als sich die Weide frei von Feinden erwiesen hatte, schickte sie sich an, sie zu erkunden. In ihren jungen Tagen auf der Rennbahn stand Jess jeweils vor Angst schlotternd und schwitzend in der Sattelbox, bis der Boden unter ihren Füßen zitterte. War sie einmal bestiegen, führte sie jeden Befehl mit absoluter Sanftheit und Gehorsam aus. Nauri stand beim Satteln ganz still und ging im Paddock umher wie ein alter Klepper, die Augen halb geschlossen, die Nase am Boden. Aber sobald ihr Jockey aufgesessen war und sie wußte, daß der Spaß nun beginnen werde, wurde sie wie verwandelt. Sie raste in riesigen Sprüngen zum Start hin und von dem Moment an, wo die Fahne gesenkt wurde, kämpfte sie um ihren Kopf, bis ihre Ausdauer zu Ende war.

Mit der Anschaffung von Jess wurde mir bewußt, daß Stones Farm mit seinen kompakten, aber beschränkten vier Hektar einfach zu klein war. Ich hatte bereits zwei Zuchtstuten (Nuki und Periwinkle) und zwei Fohlen (Nauri und Jessica), um nicht noch alles andere aufzuzählen. Im folgenden Jahr würde ich zwei Zuchtstuten, zwei neue Fohlen und zwei Jährlinge haben. Vier Hektar würden für diesen zunehmenden Bestand nicht ganz ausreichen. Zur gleichen Zeit waren einige Veränderungen in den Oxford Laboratorien eingetreten und mir bot sich die Gelegenheit, eine Studie zu machen, die mich schon lange interessiert hatte. Nahm ich diesen neuen Auftrag an, so würde die Zeit, die ich mit Pferden verbringen konnte, stark eingeschränkt werden. Die Lösung lag auf der Hand und in der Praxis stellte sie sich als eine sehr glückliche heraus. Ich verkaufte Stones Farm (mit einigem

Bedauern allerdings nach den vielen, glücklich dort verlebten Jahren) und erstand eine größere Milchwirtschafts-Farm in Gawcott, wo die Pferde genügend Raum zum Wachsen hatten und wo die Einnahmen von den Kühen die Gehälter für das erfahrene Ehepaar, das die Farm für mich verwaltete, deckten. Dies alles wäre natürlich nur theoretisch ideal gewesen, hätte ich nicht das Glück gehabt, das perfekte »Ehepaar« für diese Stelle zu finden. Es ist das alleinige Verdienst von John und Elizabeth Hunt, die diese schwere Aufgabe übernahmen und während der nächsten sieben Jahre für die Farm und die Kühe sorgten, daß diese Lösung in der Praxis so glücklich ausfiel.

Im Vorfrühling 1960 begannen wir mit dem Umzug und Mitte März waren Jess und Nauri miteinander auf einer neuen Sechshektar-Weide. Die Weiden in Gawcott werden von den mittelalterlichen Entwässerungsgräben und -dämmen durchzogen, ebenso sind viele von ihnen von Bächen durchkreuzt. Nauri war von diesen Hindernissen nicht im geringsten beeindruckt; ganz anders Jess, die die Bäche als ganz besondere Gespenster ansah. Stufenweise lernte sie, ihre Aktion den Hügeln und Dämmen anzupassen, aber sie faßte nie den Mut, die Bäche zu überqueren. Nauri folgte irgendwelchen Besuchern über die Weide (es bestand ja immer die Hoffnung auf einen Leckerbissen) und überquerte mit ihnen zusammen die Gräben. Jess folgte der Gruppe bis an den Rand eines jeden Baches, aber als sie sah, daß die anderen hinüberwollten, raste sie im Galopp zur nächsten Brücke, machte schreiend einen weiten Umweg und erreichte sie keuchend und abgekämpft wieder auf der anderen Seite.

Verlief das tägliche Leben gleichmäßig und ungestört, so benahmen sich Jess und Nauri weitgehend so ähnlich, daß Besucher kaum glaubten, daß sie verschieden sein könnten. Beide pflegten einem wie Hunde zu folgen, ließen sich ohne mit der Wimper zu zucken streicheln, anfassen und führen und waren einander gegenüber so sanft wie zwei alte Esel. Nachts teilten sie den gleichen Schuppen und fraßen aus derselben Krippe. Tagsüber tollten sie herum und spielten ohne Unterlaß. Aber sobald etwas Neues auftauchte, fiel jede in ihre Eigenheiten zurück.

Etwas später in jenem Frühling mußte sich Nauri einer ernsten Operation unterziehen, die sie sehr stark zurücksetzte. Drei Wochen nach ihrer Geburt waren die Zeichen eines Nabelbruches festzustellen, der trotz aller von Spezialisten gemachten Voraussagen langsam größer wurde, anstatt mit ihrem zunehmendem Alter zu schrumpfen. Er schien ihr jedoch keine Unannehmlichkeiten zu bereiten, aber es bestand die große Gefahr, daß irgendeinmal in ihrem Leben etwas schiefgehen könnte und der Darm abgeschnürt

würde. Es war klar, je schneller die Sache in Ordnung gebracht würde, desto besser. Herr Clive Haselden, der die Operation ausführte, nahm Nauri zu diesem Zweck auf seinen eigenen Hof und dort ließ sie sich nieder, als ob sie die Besitzerin wäre. Es lag ihr fern, etwas gegen die Klammern, Schrauben und Aderpressen einzuwenden, die an ihrem Bauch befestigt waren; sie schien sogar recht stolz darauf zu sein, ließ sie alle Tage ohne zu zucken nachziehen und begrüßte ihre Folterer jedesmal mit lautem Freudengewieher. Leider sprach ihr Fleisch nicht so positiv auf die Behandlung an wie ihr Temperament. Etwa zehn Tage lang stand es auf Messers Schneide, ob das Loch in ihrem Bauch schnell genug verheilen würde, um den Darm zu tragen. Sie ahnte nichts vom Bangen ihrer menschlichen Pfleger. Zum Glück wußte auch ich nichts davon, bis die Gefahr vorüber war. Einen Monat nach ihrem Weggang wurde sie, nach ihrer leichten Spitaldiät schlank und elegant wie ein Rennpferd, aber so temperamentvoll wie immer, zu mir zurückgebracht.
In der Zwischenzeit hatte Jess an Gewicht zugenommen und war in die Höhe gewachsen. Von einem stattlichen Fohlen war sie zu einem fabelhaften Jährling herangewachsen. Hätte ich Zeit oder Energie gehabt, sie vorzuführen, hätte sie sich auf Ausstellungen sicherlich einen guten Namen gemacht, aber das Einrichten auf der neuen Farm hielt mich vollbeschäftigt, so daß ich für andere Dinge wenig Energie übrig hatte. Vielleicht war es besser so, denn bis im frühen Herbst begann mein Schwan eher einem häßlichen Entlein zu ähneln! Im Spätherbst war ihr Kopf gegenüber allen anderen Proportionen ihres Körpers hinausgewachsen und sie glich einem oberlastigen Hammer am Ende eines Bambusrohres. Als sie zweijährig war, war Jess wohl das gewöhnlichste Pferd, das ich je gesehen hatte, aber glücklicherweise war damals bereits ihre Zukunft weitab vom Ausstellungsring gesichert.
Es war etwa Mitte jenes Sommers, kurz nachdem Jess und Nauri ihren ersten Geburtstag hatten, als ich einen Brief erhielt, der zu einem der Wendepunkte in meinem Leben wurde: es war die Offerte, Jess ins Renntraining zu geben, alle Kosten waren gedeckt. Es wurde abgemacht, daß sie kurz nach Weihnachten zu Peter Ashworth nach Epsom gehen sollte. Ich stellte nur eine Bedingung: Ich wollte sie vorher selbst zureiten.
Hierzu lagen zwei Gründe vor. Erstens wollte ich sehen, wie sie sich beim Zureiten verhielt, so daß ich ihre Reaktionen mit denen Nauris vergleichen konnte. Zweitens wollte ich, daß sie die Grundhilfen lernte, bevor sie auf die Rennbahn ging, für den Fall, daß sie für dieses Spiel zu langsam wäre und sich einer alltäglicheren Beschäftigung zuwenden müßte. Gegen Anfang November stellte ich Jess und Nauri in getrennte Boxen, für kurze Zeit

jeden Tag mit einem Gurt um die Brust und einem Gebiß im Maul. Jess hatte nichts gegen das Gebiß einzuwenden, aber als sie den Gurt um ihren Bauch sich verengen fühlte, sprang sie fast durch das Dach. In Sekundenschnelle war sie herumgewirbelt und wandte mir den Rücken zu wie in den ganz frühen Tagen. Nauri hatte nichts gegen den Gurt (am ersten Tag bereits konnte ich mich daran hinaufziehen, ohne daß sie mit der Wimper zuckte), aber das Gebiß war ihr ein ausgesprochener Greuel. Zuerst gab es einen Kampf, um es in ihr Maul zu bringen und in dem Augenblick, wo es an seinem Platz war, gelang es ihr, die Zunge darüber zu bringen statt darunter zu lassen, wo sie hingehört, wenn es das Pferd auf den Laden überhaupt spüren soll. Ich mußte Nauri eine Schultrense mit einteiligem Mundstück anpassen, während Jess bereits nach ein paar Tagen zufrieden an einer gebrochenen Trense kaute.

Der nächste Schritt war das Longieren. Keines der beiden Pferde hatte dies jemals zuvor getan und obwohl sich beide ruhig an dem Halfter führen ließen und die Worte »Hoho« und »Vorwärts« befolgten, hatten sie nicht die geringste Ahnung, was ich von ihnen wollte, als ich sie am Ende der Longe im Kreis um mich herumgehen hieß. Das Wetter war zu jener Jahreszeit auch keine Hilfe. Die Tage waren so kurz, daß es ganz unmöglich war, die Pferde vor acht Uhr früh, wo ich zur Arbeit gehen mußte, oder abends nach sechs Uhr, wenn ich heimkehrte, herauszunehmen. Dies bedeutete, daß die Ausbildung im Freien sich auf die Wochenenden beschränkte, an denen fast unweigerlich ein Sturm tobte oder es in Strömen goß. Um die ganze Sache noch zu verschlimmern, wurde der Boden schon im frühen Herbst morastig und überhaupt war der Platz, um junge Pferde auszubilden, in Gawcott damals noch sehr beschränkt. Als ich dorthin zog, mußte ich zuerst feststellen, daß es trotz der 42 Hektar im Vergleich zu den vier von Standlake sehr schwer war, einen geeigneten Platz zu finden, um mit jungen Pferden zu arbeiten. Die meisten Felder waren entweder von Vieh besetzt oder angebaut. Die restlichen lagen entweder an Hügelabhängen, waren von weichen Sumpfstellen bedeckt oder von so steilen Gräben und Dämmen durchzogen, daß es ganz unmöglich war, darauf mit Pferden zu arbeiten. Als ich Jess und Nauri einzureiten begann, gab es nur hinter den Stallungen eine kleine Koppel, wo ich mit ihnen hingehen konnte. Da diese neben den Schrebergärten des Dorfes lag, bestand immer die Gefahr, daß Erdschollen über den Zaun geflogen kamen; die Pferde lernten nur allzubald, auf diese zu warten und waren dort immer schreckhaft.

Sobald Jess einmal ihre Furcht vor dem Sattel überwunden hatte, war sie folgsam und sanft wie ein Lamm. Wie immer war sie rührend darum bemüht, mir Freude zu machen, hielt ihre Augen und Ohren stets auf mich gerichtet, wartete auf jeden Befehl und führte ihn jeweils aus, bevor er richtig ausgesprochen war. Als sie begriffen hatte, daß ein Gewicht im Rücken sie nicht umbringen würde, stand sie bockstill, während ich mich an ihren Seiten hinaufzog. Sie war aber gespannt wie ein Bogen und bereit zur Flucht oder einem Selbstverteidigungsschlag, sollte ich eine falsche Bewegung oder etwas Unerwartetes tun, aber so ruhig wie ein Felsblock, wenn alles gut ging. Nauri war genau das Gegenteil. Erst konnte nichts gleichgültiger sein, was unter, über oder gegen sie geworfen wurde, aber da sie voll Hafer war und nach einem Kampf dürstete, versuchte sie, jede Lektion in eine Auseinandersetzung zu verwandeln. Die ersten paar Tage ging sie ziemlich friedlich in die Koppel hinein, starrte gebannt auf die Männer in den Schrebergärten und hörte nicht auf zu starren, bis ich sie schließlich wieder hinausnahm. Ich mußte — und tat es auch — mich heiser schreien, sie anfluchen, bis mein Gesicht braunrot angelaufen war, ihr meinen Stock, die Longe — kurz: alles, was ich zur Hand hatte, anwerfen. All diese Bemühungen bewirkten nicht mehr als ein Zucken des Schwanzes, ein Stampfen mit den Füßen oder ein trotziges Schnauben. Sie machte ein paar Runden an der Longe und dann, ungeachtet des Befehles, den ich ihr auch geben mochte, stand sie wieder still und starrte. Ich hätte ebensogut gar nicht existieren brauchen bei all der Aufmerksamkeit, die Nauri mir schenkte.

So entmutigend meine Arbeit mit Nauri auch war, ich fuhr eine Weile damit fort in der Hoffnung, daß, wenn die Schrebergärten den Reiz der Neuheit verlieren würden, sie wieder zur Besinnung käme. Aber nichts von dem. Als der Reiz des Neuen schließlich nachließ, fand sie nur andere Ausflüchte zur Widersetzlichkeit und schließlich war sie nicht nur trotzig, sondern wurde auch aggressiv. Wenn Jess etwas nicht tat, was man von ihr verlangte, kam es daher, daß sie es nicht verstanden hatte. Wenn Nauri aber nicht gehorchte, war es, weil sie nur zu gut verstanden hatte und nicht gehorchen wollte.

Wie konnte ich das wissen? Wenn man mit einem Pferd irgendein neues Manöver beginnt, so hat es das Bestreben, alle bereits gelernten Verhaltensschemata eines nach dem anderen in schneller Folge zu durchlaufen, um zu sehen, ob eines davon paßt. Findet es kein passendes, so beginnt es, neue Taktiken zu probieren und fährt weiter, bis es etwas tut, das entweder durch eine Handlung des Trainers oder durch die Aufhebung einer unbequemen Lage belohnt wird. Diese Handlungsweise wird dann zusammen mit der dazu passenden Situationen dem übrigen Repertoire einverleibt, und jedes zukünftige Auftauchen dieser bestimmten Situation wird diese spezifische Handlung wieder hervorrufen. In psychologischen Laboratorien wird dieses Verhalten gezeigt, indem eine Katze in eine Labyrinthschachtel eingeschlossen wird, aus der sie sich durch Versuche und Fehlschläge schließlich zu befreien lernt. Als Jess longiert und eingeritten wurde, konzentrierte sie sich ständig auf mich. Von dem Augenblick an, wo eine ihrer Handlungen paßte und sie gelobt wurde, entspannte sie sich und fuhr damit fort, bis sie zum Aufhören aufgefordert wurde. Allerdings umfaßte das Repertoire, das sie durchlief, bevor sie auf eine passende Handlung stieß, eine Anzahl Selbstverteidigungsschläge, aber sobald sie »verstanden« hatte, verschwand ihre Tendenz zum Schlagen und Streiten.

Nauri andererseits schritt in die Mitte der Koppel mit den Augen und Ohren in Erwartung von Belohnungen auf meine Taschen fixiert. Wurde ihr ein neuer und unbekannter Befehl erteilt, leuchteten ihre Augen auf, sie durchlief ihr altes Repertoire, probierte alle neuen Streiche aus und wie Jess hielt sie alle ihre Sinne wach, um die »passende Handlung« zu erkennen. Aber im Augenblick, wo sie diese erkannte, wo sie ihre Belohnung erhielt, wo sie ihr Problem gelöst hatte, verschwanden Milde und Interesse. Anstatt sich zu entspannen und die erfolgreiche Handlung zu wiederholen, schloß sie mich völlig aus dem Bezirk ihrer Wahrnehmung aus und begann, sich nach anderen Dingen umzusehen. Wenn der Befehl wiederholt wurde, so tat sie etwas, von dem man ihr zwei Minuten vorher gesagt hatte, daß es falsch sei. Wenn dann meine Stimme, die »Nein!« schrie, lauter und barscher wurde, spitzte sie die Ohren, in ihren Augen blitzte der Schalk auf, der Schwanz ging hoch und sie blickte mich an, wie sie andere Pferde anblickt, wenn sie dabei ist, sie von ihrem Futter wegzujagen. Wiederholten sich meine Nein-Rufe, so wandte sich Nauri von der Koppel weg, legte die Ohren fest zurück und kam auf mich los. Hob ich einen Stock zur Selbstverteidigung, sah sie mich äußerst beleidigt an und schien zu sagen: »Ohnmächtiger, alter Spielverderber!«

Drei Wochen bevor Jess nach Epsom weggehen sollte und genau an dem Tag, bevor ich zum ersten Mal mit ihr ausreiten wollte, trat sie während einer ihrer morgendlichen Spielereien auf einen spitzen Stein und spaltete sich die Hufsohle. Während sie Tag für Tag mit heißen Kleieumschlägen stehen mußte, sich grämte und abnahm, wurde Nauri, ihrer Kameradin beraubt, immer ungezogener. Zur Weihnachtszeit war der Boden der Koppel zu tiefem Morast geworden und während Nauri um mich herumtanzte, war es mir fast unmöglich, auf den Beinen zu bleiben. Es war ganz unumgänglich: sie begann in unseren Scharmützeln den Sieg davonzutragen. Jedesmal erlaubte sie sich mehr und lernte eine neue Ausweichmethode nach der anderen. Da Jess außer Gefecht gesetzt war und Vergleiche zwischen den beiden Pferden sowieso entfielen, sah ich wenig Sinn darin, Nauri weiter zu fordern. Es war besser, sie bis zum Sommer in Ruhe zu lassen, um zu sehen, ob anstelle von Hafer gewöhnliches Gras sie wieder vernünftig werden ließe.

Zum Glück war die Verletzung von Jess nicht ernst und sie konnte wie vorgesehen ins Training gehen. Während ihrer Abwesenheit verbrachte Nauri ihre Zeit in Gesellschaft einer anderen Stute. Ich begann erst im folgenden Juni wieder mit Nauri zu arbeiten. Damals waren endlich auch die letzten Nachwirkungen ihrer Bruchoperation verschwunden und obgleich sie neben ihren Altersgenossen sehr klein und zart aussah, nahm sie schnell zu.

Mit lebhaften Erinnerungen an ihr Benehmen auf der Koppel neben den Schrebergärten beschloß ich, an einem anderen Ort mit ihr zu arbeiten. Das Land von Leyland Farm wird durch eine Straße fast halbiert. Diese war ursprünglich ein kleiner Pfad gewesen und hat dessen Merkmale beibehalten – keine Randsteine und hohe Hecken. Wie in den meisten Teilen Englands ist leider auch hier der Verkehr stark über das Fassungsvermögen eines Pfades hinausgewachsen. Autobusse, Lastwagen, Motorräder und Personenwagen bilden einen ununterbrochenen Strom, wobei ihre Reifen und die Sonne den Teer aufweichen und ihn zu einer glitschigen, glasähnlichen Schicht auf der Straßenoberfläche machen. Der Hof öffnet sich einen Abhang hinunter direkt zu dieser lebensgefährlichen Stelle. Einige der Pferde werden auf die Weiden auf der anderen Seite gebracht, und wenn sie einmal drüben sind, bin ich nicht sehr darauf erpicht, sie häufiger als nötig wieder herüberzubringen.

Nauri verbrachte jenen Sommer mit zwei anderen Pferden jenseits der Straße und ich beschloß, sie dort zum ersten Mal zu reiten. Ich habe dort drei getrennte Koppeln, die meistens untereinander nicht abgeschlossen werden. Es war eine ganz einfache Sache, Nauri in eine von diesen zu bringen, das Tor hinter uns zu schließen, um die anderen Pferde draußen zu behalten, und sie auf dieser neuen Weide zu longieren. Als ich die Longe befestigte, tat sie, als hätte sie sie noch nie zuvor gesehen. Meine Befehle wurden genau wie im Winter vollständig unbeachtet gelassen. Etwa zehn Minuten lang schlug sie aus, stürzte umher und tat, als ob sie furchtbare Angst hätte, allein auf einer Weide zu sein und an nichts anderes denken könnte, als zu ihren lärmenden Freundinnen zurückzukehren. Als dann der erste »Dampf« zu vergehen begann, geruhte sie ein paar unsichere Ellipsen zu machen. Wenn ich mit jungen Pferden zu tun habe, habe ich immer meine Tasche voll »Cowcake«, eine Art Mais-Öl-Kuchen in Würfelform, und teile großzügige Belohnungen aus, wenn sie verdient werden. Als Nauri entdeckte, daß sie auf ihrer abgetrennten Koppel Kuchen erhielt und ihre Kameradinnen nicht, überkam sie eine vollständige Wandlung. Sie konnte nicht hart genug arbeiten, um sich zusätzliche Rationen zu verdienen. Ferner wurde sie gegenüber mir und dem Sattelzug, den Symbolen ihrer Begünstigung, wahnsinnig besitzgierig. Wenn sie mich beladen mit Sattel und Zaum, Longe und Bandagen über die Straße kommen sah, galoppierte sie mir wiehernd entgegen und jagte all die anderen Pferde davon. Wenn ich sie nach der Arbeit absattelte und durch die gemeinsame Koppel zurückging, folgte mir Nauri mit der Nase gegen den Sitz des Sattels gepreßt und blickte die anderen Pferde wütend an, wenn sie es wagten, in unsere Nähe zu kommen.

Sie lernte mit einer schmeichelhaften Schnelligkeit, was von ihr verlangt wurde. Im Gegensatz zu ihrem Halbbruder Gamesman, der im nächsten Kapitel beschrieben wird und mit dem man jede Lektion hundertmal wiederholen konnte, bis sie eingesickert war, mußte man Nauri eine Sache nur einmal sagen und sie hatte begriffen. Aber wie so viele, die schnell von Begriff sind, wurde es ihr auch rasch langweilig und dann begann sie, neue Streiche auszutüfteln, um sich zu unterhalten. Innerhalb einer Woche nach Wiederaufnahme der Arbeit mit ihr konnte ich sie ganz ruhig im Schritt rings um die Koppel herumreiten, anhalten, anreiten und auf- und absteigen, ohne daß sie sich außer auf Befehl auch nur um einen Zoll bewegte. Mitte der zweiten Woche war aber die Neuigkeit verblaßt. Warum sollte sie immer um die *gleichen* Koppeln herumgehen? Warum nur *Schritt*? Sie begann unruhig zu werden, wenn sie stehen sollte, sie trabte anstatt Schritt zu gehen – ja sie wartete nur auf einen Befehl, um dann absichtlich etwas anderes tun zu können. Wir schienen genau wieder mitten in unsere winterlichen Auseinandersetzungen zurückversetzt zu sein.

Der beste Weg zur Vermeidung von Unannehmlichkeiten wäre gewesen, Nauri anderswo zu bewegen, und zwar so intensiv zu bewegen, daß ihr der Teufel ausgetrieben worden wäre, bevor die eigentlichen Lektionen begannen. Im Grunde genommen wollte ich weder das eine noch das andere tun. Meine anderen Weiden waren entweder von Stuten oder Fohlen besetzt oder angebaut und Nauri war noch zu klein und zart, um viel harte Arbeit zu ertragen. Bereits das bißchen Longieren hatte ihre Beine anschwellen lassen. Wiederum wählte ich des Feiglings Lösung und hörte mit ihrer Arbeit auf, bevor es zu einer regelrechten Schlacht kam.

In der Praxis wirkte sich dies gut aus. Im folgenden Frühling war Nauri dreijährig und zu einem ziemlich robusten, vor Energie überschäumenden Geschöpf herangewachsen, die alle ihre Kameraden halb verrückt machte, indem sie sie unablässig herumjagte. Eines schönen Abends nahm ich Sattel und Zaum zu ihr hinaus, legte sie ihr mitten auf der Weide schnell auf und ritt ohne mit der Wimper zu zucken mit ihr davon. Obwohl seit ihrer letzten Lektion fast zwölf Monate vergangen waren, erinnerte sie sich an jede Hilfe und ging auf Kommando so ruhig vorwärts, wie wenn sie in der Zwischenzeit jeden Tag geritten worden wäre.

Dies war am ersten Abend; der nächste und die darauffolgenden waren nicht ganz so einfach. Wie schon gesagt, platzte Nauri damals fast vor Energie und Lebensfreude. Konnte sie keines der anderen Pferde dazu gewinnen, mit ihr im Galopp um die Weiden zu rasen, gab sie sich einem kleinen Spiel hin, das sie sich selbst ausgedacht hatte. Sie wählte eine Stelle am Boden aus – wo sie vielleicht eben gefüttert worden war oder sich gewälzt hatte oder wo eine besonders große Distel wuchs, pirschte sich mit tiefem Kopf und weitgeöffneten Nüstern heran, bäumte sich auf und schoß mit den Vorderbeinen und Zähnen darauf hinunter. Dann verbrachte sie etwa fünf Minuten damit, den Gegenstand, den ihre Phantasie erschaffen hatte, zu verstümmeln. Waren die Hinterbeine am Boden, wirbelte sie mit den vorderen in der Luft herum. Waren die Vorderbeine am Boden, schlug sie hinten aus. Als ich dies zum ersten Mal sah, konnte ich nicht glauben, daß der Boden vor Nauri wirklich leer war. Ich rannte hinüber in der Erwartung, irgendeine elende, heimatlose Katze (oder schlimmer noch, einen meiner eigenen Hunde) zu Tode getrampelt zu finden, aber ich sah nur eine sehr schmutzige und vollkommen leere, zertretene Grasstelle. Nauris Kriegstänze wurden ein allabendliches Schauspiel und zeigten eindeutig, daß sie für ihre Energie irgendein Ventil brauchte. Sie fand dieses Ventil in unseren Ausritten.

Obwohl sie sich beim Satteln am ersten Tag kreuzbrav verhalten hatte, war der zweite Tag schon eine ganz andere Sache. Ich führte sie auf die Koppel, auf der sie im Vorjahr geritten worden war und wollte dort aufsitzen. Aber jener Ritt kam nie zustande. Nauri schien plötzlich überall auf den Koppeln teuflische Gespenster zu sehen. Sie tat keinen Schritt, ohne entweder in die Luft zu springen, mit schreckenerfülltem Schnauben davonzurasen oder sich plötzlich aufzubäumen. Es wäre Wahnsinn gewesen, sie zu reiten versuchen, während sie in einer solchen Stimmung war. Da ich völlig unvorbereitet war für solche Ausbrüche, hatte ich weder Longe noch Peitsche bei mir, womit ich sie vom Boden aus hätte unter Kontrolle bringen können. Nachdem ich mich eine halbe Stunde lang abgemüht hatte, sie zwanzig Meter weit zu führen, gab ich schließlich auf und zog mich entwaffnet zurück. Am nächsten Tag überquerten wir wieder die Straße. Diesmal war ich mit der vollen Einreitausrüstung bewaffnet (Longen, Kappzaum, Peitsche und Leckerbissen). Zudem war mein Blut in Wallung geraten und ich war bereit, es mit ihr aufzunehmen. Mit der allen weiblichen Wesen, ob Mensch oder Pferd, eigenen Falschheit tat Nauri diesmal ohne Zögern alles, was ich von ihr verlangte, und leckte sich selbstgefällig die Lippen, als wollte sie sagen: »Warum all die Aufregung? Ich werde heute nichts falsch machen!«

Dies wurde während jenes ganzen Sommers zum Muster für Nauris Verhalten und hat sich eigentlich mit dem Alter nicht wesentlich geändert. In jenem Sommer ging ich mit ihr, sobald sie auf einer der Koppeln »daheim« ruhig herumging, auf eine etwas weiter entfernt gelegene. Während der gesamten ersten dortigen Lektion wehrte sie sich, schlug aus und drohte, sich auf den Boden zu werfen. Das zweite Mal tat sie, als ob sie nie im geringsten davon beeindruckt gewesen war. Als ich anfing, mit ihr ins Gelände auszureiten, erwartete ich das gleiche Theater, aber dann begann glücklicherweise ein weiterer Faktor mitzuspielen und der hat uns beiden bestimmt etliche Knochenbrüche erspart, nämlich Nauris Neugier. Sobald sie sich etwas wirklich Neuem gegenübersah, war sie hingerissen. Die Freude übertraf alles andere. Ihre Tänze hörten auf, denn jetzt konzentrierte sie all ihre Energie auf das Untersuchen des neuen Bodens, der seltsamen Stein- oder Kieshaufen, Sümpfe oder Gräben, an denen wir vorbeikamen. Meine Gegenwart bildete den einzigen Kontakt mit der ihr bekannten Welt, meine Befehle waren ihre einzigen sicheren Anhaltspunkte. Sie ging kühn ins Unbekannte hinaus, war aber immer aufmerksam und gehorchte allen meinen Befehlen.

Bevor ich einige von Nukis anderen Abkömmlingen geritten hatte, hielt ich Nauris Entzücken über neue Pfade und Wege für einmalig. Wie die meisten Reiter wissen, verlassen Pferde im allgemeinen ungern die Umgebung des Stalles und ziehen das ihnen bekannte Gelände vor; während man sie in Richtung vom Stall weg immer treiben und stoßen muß, schreiten sie freudig aus, kaum daß man kehrt gemacht hat. Nicht so Nauri. Vom Stall weg ging sie mit fröhlicher Ungezwungenheit vorwärts, tanzte über Stock und Stein, schnupperte in der Luft, trug den Kopf erhoben und die Ohren gespitzt. Sobald sie merkte, daß wir den entferntesten Punkt unseres Ausrittes erreicht hatten und uns auf dem Heimweg befanden, ging ihr wie bei einem Ballon die Luft ab. Sie ließ den Kopf hängen, begann am Boden herumzustöbern und suchte irgendwelche Gründe aufzutreiben, um die Expedition zu verlängern. Es saß ihr z. B. eine Fliege auf der Flanke, nach der sie schnappen mußte; ein Zweig lag ihr im Weg oder sie entdeckte ein Loch, in das sie absichtlich trat, damit sie anhalten und sich wieder sammeln mußte. In jenem Sommer hatte ich ein Nachbarkind überredet, mich auf meinen Spazierritten mit ihrem ruhigen, 130 Zentimeter hohen Pony »Cloudy« zu begleiten, und sie war eine unschätzbare Gefährtin. Aber irgendwie schienen wir nie zusammen zu sein. Beim Weggehen schritt Nauri weit voraus, während Cloudy hinterherschlurfte, auf dem Rückweg war Cloudy fast zu Hause, als Nauri immer noch dahertappte wie ein Kind, das sich mit Widerwillen auf den Schulweg macht. Wie schon gesagt, glaubte ich, daß Nauri in dieser Eigenschaft einmalig sei, bis ich Nukis drittes Fohlen, His Nibs, ritt. Zu meinem Erstaunen zeigte er genau das gleiche Bestreben und so hat es auch später Nukis vierter Sprößling, Nuit, getan.

Aber die Dinge bleiben nicht sehr lange neu! Schon nach zwei Ritten den gleichen Weg entlang glaubte Nauri, das Gelände gut genug zu kennen, um wieder Streit zu suchen. Ihre größte Ausrede dazu waren Schweine. Bis zum heutigen Tag habe ich noch nicht herausgebracht, ob sie wirklich eine »Schweinephobie« hat oder ob ihre Reaktion gegenüber Schweinen auf eine unkluge Handlungsweise meinerseits zurückzuführen ist. Als ich zuerst mit Nauri allein ins Gelände ausritt, hatten wir auf meiner Farm keine Schweine. Sie hatte diese Tiere weder je gerochen noch ihr etwas beunruhigendes Quieken und Grunzen gehört. Das erste Schwein, das sie in ihrem Leben sah, war eine dicke Sau, die in einem der nahen Wälder am Rande eines recht schmalen Pfades nach Eicheln wühlte. Bei ihrem Anblick wurde Nauri steif vor Schrecken und zum allerersten Mal wollte sie rechtsum kehrtmachen und nach Hause davonlaufen. Hätte ich nicht im nächsten Dorf eine Verabredung gehabt, zu der ich unterwegs war, hätte ich es vielleicht nicht an Ort und Stelle zu einer Entscheidung kommen lassen und auf strategische Weise den Rückzug angetreten, um sie zu einem zukünftigen und günstigeren Augenblick mit Schweinen bekannt zu machen. Aber jetzt beschloß ich, meine Stellung zu halten und zu warten, bis das Schwein weitergehen würde.

Dies war nicht so einfach. Ob das Schwein meine Absicht ahnte und einfach widerborstig sein wollte, oder ob ich auf einer Stelle mit besonders verlockenden Eicheln stand, weiß ich nicht. Etwa zehn Minuten lang weigerte es sich, auch nur ein bißchen vorwärts zu gehen und keuchte und grunzte nur von Zeit zu Zeit. Als es sich doch anschickte, sein Quartier zu verlegen, wogte es schnaubend und taumelnd direkt auf uns zu. Nauri war vor Entsetzen fast außer sich. Jeder Laut, den die Sau von sich gab, ließ sie am ganzen Leib erzittern und sie versuchte auszureißen. Sogar in den Abständen zwischen jedem Grunzen zitterte Nauri in Erwartung des nächsten Lautes. Als die Sau endlich aus unserem Weg getorkelt war, weigerte sich Nauri glattweg, die Stelle zu passieren, bis ich abstieg, sie vorbeiführte und dabei versuchte, sie so sehr zu beruhigen und ermutigen, wie dies ein Mensch eben kann. Ich befürchte aber, daß sie weder beruhigt noch ermutigt war. Von jenem Augenblick an setzte es nicht nur unweigerlich einen Kampf ab, Nauri in jenes bestimmte Gehölz zu zwingen, sondern überall ließ sie nur schon der Anblick oder Geruch von Schweinen erzittern und zur Flucht ansetzen.

Es ergab sich dann, daß am Ende des Sommers Schweine gute Erträge einbrachten und daß ein jeder unserer Nachbarn mindestens eine Sau auf seinem Gut hatte. Ferkel tummelten sich auf jedem Hof, alte Eber wühlten an sämtlichen Wegrändern und in den Feldern. Wohin ich auch gehen mochte, kreuzten Schweine meinen Weg. Ihre Besitzer standen da und schauten belustigt Nauris Unfug zu. Der Kampf dauerte ein paar Wochen an; dann begann ich zu spüren, daß Nauri etwas zu gut gelernt hatte, auf den Hinterbeinen zu balancieren. Ihre Possen waren nicht mehr nur ein Tänzeln. Sie bäumte sich auf und winkte mit den Vorderbeinen, aber nicht nur zufällig, sondern weil es sie eine gute Form der Unterhaltung dünkte. Von da an befand ich mich in einer verzwickten Lage. Sollte ich nachgeben und absteigen, sobald sie sich aufzuspielen begann, oder sollte ich mit ihr auskämpfen und zulassen, daß sie dieses uralte Laster des Steigens während unserer Auseinandersetzungen übte? Schlußendlich entschied ich mich zu einem unsicheren und nicht ganz befriedigenden Kompromiß. Ich trieb und schob sie so fest vorwärts, wie ich nur konnte, aber gab sie das leiseste Anzeichen von Steigen, sprang ich sofort ab und führte sie vorwärts. Meine Gegenwart neben ihrem Kopf schien sie zu ermutigen und zu beruhigen. Solange sie mich *sehen* konnte, hatte sie nicht das Gefühl, dem Teufel allein begegnen zu müssen. Obschon ängstlich, folgte sie mir. Langsam begann ich zu bereuen, daß ich nicht schon früher »nachgegeben« hatte. Der Mensch glaubt sich eine Blöße zu geben, wenn er ein Tier nicht jederzeit seinem Willen beugen kann. Ist er nicht imstande, ein Pferd dorthin zu bringen, wo er will, wann er will, und zwar ohne jede Zuflucht zur Bestechung, so muß etwas mit *ihm selbst* nicht in Ordnung sein. Es ist »unwürdig«, absteigen zu müssen und ein Pferd zu führen, wenn man auf seinem Rücken sitzen sollte. In der Nähe von Gawcott aber waren zwei Schweinebestände, an denen ich Nauri gleich von Anfang an vorbeigeführt hatte. Später erwiesen sich diese Schweine als die einzigen in der ganzen Gegend, an denen sie widerstandslos vorbeiging. Wäre ich bei den anderen früher schon abgestiegen, hätte ich mir und ihr unendlich viele Unannehmlichkeiten ersparen können? Ich weiß es nicht, aber Nauris Furcht vor Schweinen war bei Sommerende so tief verwurzelt, daß sie sich nie mehr gänzlich davon befreien konnte. Als wir schließlich uns selbst dem Schweinehandel anschlossen und auf Leyland Farm unsere eigenen Ferkel aufzogen, legte Nauri die Gewohnheit nicht ab, bei allen anderen Schweinen zu scheuen. Sie knabberte zu Hause fröhlich rund um die Schweinepferche am Gras, führte dann aber den Straßen entlang ihre üblichen Possen auf. Diese Gewohnheit behielt sie leider auch bei, nachdem sie Gawcott verlassen hatte. Als sie vierjährig war, ging Nauri nach Somerset und fuhr fort, bei jedem Schwein, das sie antraf, zu scheuen und verallgemeinerte dies später auch auf Schafe.

Nauris Angst vor Schweinen war nicht einzigartig. Viele Pferde werden durch die Gegenwart dieser Tiere verstört. Obwohl Nauri bis jetzt von Nukis Abkömmlingen die einzige mit dieser Gewohnheit ist, habe ich das Gefühl, daß ihr vierter Sprößling Nuit dasselbe getan hätte, wenn sie nicht von Geburt an Schweine gewohnt gewesen wäre. Nuit spürte die Gegenwart von Schweinen meilenweit voraus, wenn wir auf Jagden waren, und ich fühlte, wie ihr Rücken sich versteifte und ihre Nackenhaare sich aufstellten, wenn wir näherkamen.

In jenem Sommer habe ich Nauri nicht nur die Gegend gezeigt, sondern sie auch mit anderen Pferden bekannt gemacht. Außer an einer oder zwei Ausstellungen als Fohlen und einer als Zweijährige hatte Nauri wenige Vertreter ihrer eigenen Art gesehen und es war bereits August des Jahres 1962, bevor sie zu ihrer ersten öffentlichen Veranstaltung ging. Mit Cloudy als Begleiter und Rettungsanker besuchten wir einige Pony-Club-Gymkhanas und Konkurrenzen in der Nachbarschaft. Zuerst befürchtete ich, daß sich diese Ausflüge eher katstrophal als nützlich auswirken würden. Bei unserer ersten Veranstaltung fanden wir einen sehr kleinen und engen Transporterpark und Abreitplatz und es war ein Kunststück, den winzigen Kindern, die unweigerlich kreischend von hinten herangerannt kamen, aus dem Weg zu gehen. Daß Nauri eigentlich niemanden verletzt hatte, schien mir damals ein Wunder. Sie wechselte ab zwischen erstarrter Unbeweglichkeit und Stadien von hypermanischer Aufregung, wobei alle Teile ihres Körpers sich gleichzeitig in verschiedenen Richtungen bewegten, ihre Beine Muster in die Luft strickten, der Schwanz peitschte und ihr Kopf auf- und abschlug. Von Zeit zu Zeit, als meine Energie und Widerstandskraft nachließen, versuchte ich, sie allein in den Transporter zurückzustellen, während Cloudy an den verschiedenen Konkurrenzen teilnahm. Nauri sah aber, daß sich alle anderen draußen amüsierten und wollte absolut nichts davon wissen. Sie stampfte auf den Boden oder schlug mit solcher Beharrlichkeit gegen die Seitenwände, daß ich es nicht wagte, sie lange drinnen allein zu lassen. Zum Glück aber war dies, im Gegensatz zur Schweine-Episode, eine vorübergehende Phase. Bereits an unserer dritten Veranstaltung nahm Nauri die ganze Sache mit einer blasierten Unbekümmertheit hin, und als wir uns nach einem halben Dutzend solcher Konkurrenzen an die erste Jungfuchsjagd der Saison wagten, zeigte sie die Gelassenheit eines alten Praktikus.

Zu jener Zeit entdeckte ich plötzlich, daß Nauri wieder zu wachsen begonnen hatte. Bis dahin hatte sie ihr ganzes Leben lang eher einem Stück Dresdener Porzellan geglichen als einem brauchbaren Pferd. Sie war wunderschön proportioniert und meine ganze Hoffnung für ihre Zukunft lag darin, daß sie ein Ausstellungspferd würde und in dieser Absicht hatte ich sie in einer Schauklasse angemeldet. Zu meinem Schrecken, aber in gewissen Beziehungen doch zu meiner Freude, wurde sie aus dem Ring verwiesen, da sie über 155 Zentimeter groß war. Mit fortschreitendem Winter begann ich beim Auf- und Absteigen einige Schwierigkeiten zu haben, und als ich den Maßstab neben sie stellte, las ich ihre Höhe bei 160 Zentimetern ab. Am Ende des folgenden Sommers maß sie 164 Zentimeter.

Im Herbst ihres dritten Jahres begann ich Nauri über Stangen zu longieren. Jessica war damals wieder nach Leyland Farm zurückgekehrt und ich wollte unbedingt die beiden Pferde miteinander vergleichen. Die Rennkarriere von Jess als Zweijährige hatte indessen nicht zu einem glänzenden Erfolg geführt. Bei ihrem ersten Versuch drehte sie sich am Start um, wurde hundert Meter zurückgelassen und gelangte als Letzte ins Ziel. Beim zweiten Mal lief sie recht gut und eine Achtelmeile vor dem Ziel lag sie an zweiter Stelle, als sie ihre Beine kreuzte und fast zu Fall kam. Am dritten Rennen zeigte sie schon die Spuren der konzentrierten Arbeit und sah mager und abgekämpft aus, so daß beschlossen wurde, sie nicht zu stark zu forcieren. Trotz dieser nicht vielversprechenden Ergebnisse dachte ihr Trainer, Peter Ashworth, man sollte sie als Dreijährige nochmals versuchen. Etwa Mitte Juli, nachdem sie sieben Monate in Epsom verbracht hatte, holte ich sie wieder heim und ließ sie auf die Weide in der Hoffnung, daß sie dick und faul werden würde.

Die Rennerei hingegen hatte Jess's Furcht vor dem Leben im allgemeinen gerade noch die Krone aufgesetzt. Bevor sie ins Training ging, hatte sie sich nur vor dem Unbekannten gefürchtet; jetzt hatte sie auch noch vor dem Bekannten Angst, war mißtraurisch gegen jede Bewegung, sprang bei jedem

Laut davon. In ihren ersten zwei Lebensjahren war sie nur auf unebenem oder schwierigem Boden über die eigenen Füße gefallen; jetzt tat sie es schon beim Verlassen ihrer Box.

Als ich mit den beiden Pferden die Longierarbeit über Stangen und Baumstämme auf der Koppel neben den Schrebergärten begann, machte es Jess ein bißchen besser als Nauri. Solange die Balken nicht mehr als fünfzehn Zentimeter hoch waren und die Stangen direkt auf dem Boden lagen, ging es bestens mit Jess. Allerdings wurde ihr bei deren Anblick übel, und so behielt sie Kopf und Augen nach oben gerichtet. Trotzdem trabte sie jedesmal fehlerlos über die Stangen ringsum. Für Nauri andererseits war die ganze Sache ein Riesenspaß und ich konnte sie nicht überreden, dies ernst zu nehmen. Sie trabte ein paar Schritte mit dem Kopf am Boden, hielt an, beschnupperte das Hindernis und schob es dann entweder mit der Nase oder den Füßen nach vorn. Als sie vorwärtsgetrieben wurde, erfand sie ein Spiel, bei dem sie jedesmal *auf* statt über die Stangen trat.

Nachdem die Stangen einige Tage lang auf dem Boden gelegen hatten, erhöhte ich eine davon mit Ölkannen, so daß sie ungefähr dreißig Zentimeter ab Boden war. Nun mußten die Pferde ihre Beine etwas anheben, um darüber zu kommen, obwohl sie immer noch nur traben durften. Ich versuchte es zuerst mit Nauri. Wie erwartet schlug sie in der ersten Runde hart auf die Stange und stürzte fast zu Boden inmitten von splitterndem Holz und tönenden Kannen. Bei der nächsten Runde hingegen ging sie mit gut sechzig Zentimeter Abstand darüber und entdeckte zum ersten Mal, daß sie springen konnte. Diese Entdeckung stieg ihr in den Kopf. Das Springen wurde bald zum Hauptinhalt ihres Lebens. Sie wollte nicht mehr aufhören. Sie konnte nicht aufhören. Sie führte einen Freudentanz auf, wenn wir in den Springgarten gingen. Kaum wurde die Longe herausgelassen, ging sie im Galopp davon, auf ein Hindernis nach dem anderen zu und sprang alle unaufgefordert. Sie fuhr trotz allen Protestes und Hoho-Rufen unaufhörlich damit fort, bis ihr schließlich die Energie ausging oder ich die Longe wieder so weit zurückfassen konnte, um sie zum Stehen zu bringen.

Die Reaktionen von Jess waren ganz, ganz anders. Wie Nauri hatte auch sie sich auf der ersten Trabrunde an der erhöhten Stange angeschlagen, aber dies bedeutete für Jess eher das Ende als der Anfang. Es war die letzte Bestrafung, nicht ein Ansporn für erneute Anstrengungen. Sobald sie wieder auf den Beinen war, eilte sie weg, um die größtmögliche Distanz zwischen sich und diesen neuen Schrecken zu bringen. Als ich sie bis auf eine Länge wieder an die Stange herangelockt hatte, blieb sie plötzlich stehen, wandte sich blitzschnell um und wollte nach Hause davonjagen. Auch, als ich die Stützen entfernt hatte und die Stange wieder auf dem Boden lag, ließ sich Jess nur dazubringen, langsam, mißtrauisch und voller Angst, im Schritt darüberzugehen. Sie zitterte wie Espenlaub. Sie konnte sich immer noch nicht überwinden, die Stangen anzusehen. Während der restlichen Herbsttage, als Nauri über Hürden, Strohballen und Reisigbündel umherflog, mußte ich Jess dazu verlocken, über eine einzige, am Boden liegende Stange zu traben. Meine Hoffnungen, aus ihr ein Jagdpferd oder einen Hürdenrenner zu machen, sanken sehr, sehr tief. Glücklicherweise verflüchtigte sich dieses psychologische Trauma mit der Zeit. Nach einer weiteren kurzen Saison auf der Flachrennbahn (wo sie aus drei Starts zweimal als Zweite hervorging) versuchte sie Peter Ashworth über niedere Hürden. Ob vielleicht Rennpferde im allgemeinen noch weniger fähige Springer sind als Jess oder ob meine geduldigen Bemühungen mehr Früchte getragen hatten, als es im Moment den Anschein gemacht hatte, weiß ich nicht, aber Peter war begeistert über die Anstrengungen von Jess. Er nannte sie ein natürliches Springtalent und sagte ihr eine große Zukunft für Hürdenrennen voraus. Ich freue mich zu sagen, daß diese Voraussage erfüllt wurde. Jess mußte allerdings bei den ersten paar Rennen mit Scheuklappen laufen, damit sie die Hürden überhaupt ansah, aber sie wurde sehr gewandt in diesem Spiel. In ihrer zweiten Saison, als Vierjährige, lief sie in zehn Rennen durchwegs gut, gewann eines davon und kam in vier anderen Fällen unter die ersten drei. Während ihrer nächsten zwei Saisons brachte sie weitere Siege ein. Damals aber gehörte sie eigentlich nicht mehr mir, denn da ich mit einer so nervösen Stute nicht züchten wollte, hatte ich sie einem Nachbarn verkauft, mit dem ich ihre Triumphe verfolgte und teilte.

Nauri fuhr fort, den ganzen ersten Sommer unter dem Sattel brillant zu springen. Was für ein Hindernis es auch war (Graben, Baumstamm, Hürde oder Rick), sie jagte mit Freuden darauf los und schleuderte sich wie eine Rakete in die Luft. Was dann schief ging, weiß ich bis zum heutigen Tage nicht. Zuerst hielt ich es für meinen Fehler, weil ich sie zu viel sich selbst überlassen hatte. Gegen Ende des Sommers begann sie beim Absprung herumzutrödeln und schien nicht mehr zu wissen, ob sie sich strecken sollte, wenn sie ein Hindernis nicht richtig angegangen hatte, oder ob sie noch einen zusätzlichen Galoppsprung machen sollte, der sie unweigerlich zu nahe heranbrachte. Ich verlangte keine hohen Sprünge von ihr, aber auch eine einzelne, sechzig Zentimeter hohe Stange kann ein Pferd zu Fall bringen, wenn es seine Beine nicht aufhebt. Nauri begann eben dies zu tun — und dann schien sie ihr Mut völlig zu verlassen. Jedesmal, wenn wir ein Hindernis angingen, fühlte ich, wie sie überlegte: Soll ich hier noch einen Sprung machen oder nicht? Unfähig, aus diesem Dilemma herauszukommen, verfehlte sie es allzuoft, überhaupt abzuspringen. Um dann der Sache letztlich den Ausschlag zu geben, landete sie am ersten Tag, als wir eine Jagd ritten, mitten auf einer versteckten Stange, wodurch ihr Bauch so stark geprellt wurde, daß sie zehn Tage lang wirklich krank war. Nachher kam sie vom Regen in die Traufe. Bald gelangten wir zu dem Punkt, wo sie, sobald sie auf einer Jagd eine Hürde vor sich sah, vor Furcht zu schwitzen begann und sich entweder weigerte, daran heranzugehen oder dann so schnell darauf losstürzte, daß wir unweigerlich in einem Haufen mitten drin landeten. Es hatte eindeutig keinen Sinn mehr, so weiterzumachen. Als einzige Lösung dachte ich daran, für den Rest der Saison gänzlich mit den Jagden aufzuhören und zu Hause wieder langsam mit ihr die bekannten Sprünge zu üben. Danach sollte die Arbeit vollständig eingestellt werden, damit die Wunden genügend Zeit hätten zum Ausheilen.

Im folgenden Frühling hatte sich mein »Gestüt« so sehr vergrößert, daß ich kaum mehr wußte, was ich mit allen machen sollte. Die Weiden waren mit Pferden überfüllt; John Hunt begann die unumgängliche Klage (die er einige Zeit mannhaft zurückgehalten hatte) vorzubringen: »Was geschieht mit meinen Kühen?« Meine eigene Zeit wurde mehr und mehr eingeschränkt und ich hatte das Gefühl, daß ich Nauri nie die ihr zukommende Aufmerksamkeit schenken könnte. Als ich hörte, daß David Biddlecombe ein Pferd suchte, mit dem er Jagden und Querfeldeinrennen reiten könnte, habe ich ihm Nauri zu leihen angeboten.

David selbst hatte noch nie ein Rennen geritten. Seit Generationen hatte sich seine Familie mit Pferden und Rennen beschäftigt, aber da David als Junge zu groß gewachsen war, um je Hoffnungen auf eine Karriere als Berufsjockey hegen zu können wie seine beiden Vettern Tony und Terry, wurde er von seinem Vater dazu überredet, sich weiterhin mit der Landwirtschaft zu befassen. Zwei Jahre lang hatte David seine Zeit dem Bauernhof gewidmet, während sein Vater, ein brillanter, besonders für Jagdhunde bekannter Tiertrainer, sich darauf konzentrierte, seine Fleischhandlung in Bridgwater zu fördern. Davids Herz jedoch war damals nicht im Geschäft und auch nicht sehr fest in der Landwirtschaft verwurzelt. Er wollte Rennen reiten. Und so ging Nauri im Juni 1963 nach Bridgwater, um ihm zu helfen, sein Ziel zu erreichen. Es sollte drei Jahre dauern und viele Schmerzen kosten, bis jene Siegesträume Wirklichkeit wurden.

Die Ruhe und Änderung in der Umgebung hatten Nauris Springvertrauen wiederhergestellt, obwohl sie immer noch zeitweise schlechte Tage hatte. In einem aufgeregten Telefongespräch nach ihrer ersten Taunton-Vale-Jagd erzählte David, wie er und Nauri das einzige Paar gewesen waren, die einige der Hürden nehmen konnten und wie sie das übrige Feld angeführt hatten. Aber nicht lange nachher gingen sie eines Tages in eine Gegend, die durch tiefe, offene Gräben anstatt Hecken aufgeteilt war. In seiner späteren Beschreibung sagte David: »Ich wußte nicht, daß ein Pferd so rasch anhalten konnte! Wir flogen im Galopp nur so daher, und in zwei Sprüngen stand sie bockstill. Aber nicht ich! Ich landete mitten im Graben. Das war bestimmt der Tag, an dem ich korrekt fallen lernte. Ich muß ein dutzendmal auf dem Boden gelandet sein. Aber wir sind schlußendlich gut über alle hinweggekommen, allerdings waren wir bei einigen weit hintendrein. Nun, dann bin ich heimgegangen und habe mir droben auf den Hügeln meinen eigenen Graben mit Hecke gebaut, einen richtig großen, und habe dort ein wenig mit ihr gearbeitet. Jetzt haben wir gar keine Schwierigkeiten mehr. Mit Pam Clyde-Smith (die sie in verschiedenen Rennen geritten hatte) geht sie überall hin. Pam geht auf einer Jagd mit ihr eine Hürde an, nun ja, einige Male, und wenn es eine Hürde ist, die höher ist, als die, wo das übrige Feld durchgeht, so läßt Pam sie die höhere springen oder den breiteren Graben; diese Nauri hat auf Jagden einfach unheimlichen Mut!«

Nauris einziger Nachteil als Hunter war ihre Erregbarkeit. »Die Schwierigkeit war, daß sie die Jagden einfach viel zu sehr liebte«, berichtete David. »Sie wurde ganz verrückt, flog durch die Luft, sprang Tore mit fünf Stangen, wo es keine gab; man konnte sie einfach nicht auf dem Boden behalten. Man konnte sie nicht anhalten, und als sie nach Hause kam, fraß sie wochenlang nicht mehr.« Und so war Nauri tatsächlich am Anfang der Point-to-point-Saison, anstatt hart und zäh auszusehen, wenig mehr als Haut und Knochen und erwartungsgemäß vermochte sie die drei Meilen des Point-to-point-Parcours nicht durchzuhalten.

Die große Frage war aber, ob Nauri genügend schnell sei, um Rennen zu gewinnen. Beim Anblick von Nuki würde niemand glauben, daß sie die Mutter von Point-to-point-Siegern sein könnte und Nauri als Dreijährige war nicht vielversprechend. Im Schritt und Trab schien sie glänzende Gänge zu haben, ebenso war ihr Canter nicht schlecht. Verlangte man aber Galopp von ihr, ging ihr Kopf in die Tiefe, sie lehnte seitwärts und wogte daher.

Während des Winters, in dem ich mit Nauri Jagden ritt, konzentrierte ich mich meistens darauf, ihren Kopf hoch und ihren Körper im Gleichgewicht zu halten und sie zu zwingen, sich in einer Geraden zu bewegen. Wir mühten uns ab durch Morast und über gepflügte Äcker und kamen im langsamen Canter daher, während die anderen im Galopp an uns vorbeijagten; wenn sie im Canter seitwärts zu lehnen begann, parierte ich zum Trab durch. Es schienen mir endlos viele Wochen zu vergehen, während denen ich die anderen an mir vorbeiströmen ließ und mit Nauri kämpfte, daß sie ihren Kopf oben hielt und nicht wie ein Krebs seitwärts lief. Ich konzentrierte mich so intensiv auf diesen Kampf, daß ich erst bei unserer zweitletzten Jagd mit den Hunden merkte, daß sich etwas ereignet hatte. In unserem langsamen Canter wurden wir nicht mehr von den anderen Pferden im Galopp überholt, sondern wir überholten sie. Nauri, die noch ein Zoll gewachsen war, hatte sich endlich geradegerichtet und ihre Schulter war zum ersten Mal in ihrem Leben auf fast der gleichen Höhe wie ihre Kruppe.

Nun bestand kein Zweifel mehr, daß Nauri Schnelligkeit besaß, aber ob sie die Distanz durchhalten könnte, war eine andere Sache. Ihre Hauptschwierigkeit war immer noch zweifellos ihre Ungezogenheit. Was man auch von ihr verlangte, sie tat automatisch das Gegenteil. Versuchte ihr Reiter sie zurückzuhalten, so drängte sie in Sprüngen und Sätzen vorwärts, wodurch mindestens drei Viertel ihrer Energie verlorengingen, bevor sie auch nur halbwegs gekommen war. Aber als David eines Tages beschloß, seine Gerte zu Hause zu lassen, um mit zwei ganzen Händen die Zügel halten zu können, weigerte sich Nauri, auch nur einen Meter vorwärts zu gehen. »Haha!« schien sie zu sagen, »jetzt kannst du überhaupt nichts von mir verlangen!« Zugegeben, da sie ihre Energie gespart hatte, beendete sie das Rennen noch bei voller Kraft, aber nichts konnte sie dazu bringen, das gleich vor ihr laufende Pferd zu überholen.

Mit ihrem von Natur aus zierlichen Körperbau und ihrer selbstauferlegten Einschränkung im Fressen war Nauri immer noch so leicht, daß sie sich eindeutig besser eignete für ein Damenrennen (69,5 kg) als für das der Herren (80 kg). Das Problem war nur, würde eine Dame je mit ihr fertig werden? Während langer Zeit erlaubte David keiner seiner Freundinnen, auf Nauri ihren Kopf zu riskieren. Als sie dann aber bereits halbwegs durch ihre zweite Saison hindurch war, überredete ihn Pam Clyde-Smith, sie Nauri ausprobieren zu lassen. Abermals bestätigte sich Nauris Querköpfigkeit. Anstatt Luftsprünge zu machen und davonzurasen, wie es ihre Gewohnheit geworden war, beruhigte sie sich augenblicklich für Pam und war so friedlich wie ein Mietpferd. Es war übrigens nicht nur mit Pam, daß sie so ruhig ging, obwohl dieses Paar eine einmalige Partnerschaft einging. Nauri ver-

suchte nie, mit einem Mädchen »durchzugehen«, wie sie es mit einem Manne tat.
»Ich erinnere mich an einen Tag«, erzählte David, »da kam ein Freund von mir, der früher beim Hundezwinger Pfleger gewesen war, für einen Ferienaufenthalt hinunter und wollte eine Jagd reiten. Ich hatte ein junges Pferd hier, das ich nahm und er ritt Nauri, und plötzlich ging sie mit ihm durch. Er konnte überhaupt nichts machen mit ihr. Er war leichenblaß. Er konnte einfach nicht mehr. Ich konnte nicht mit ihm wechseln, weil ich dieses junge Pferd ritt. Aber da war ein Mädchen auf einem ruhigen alten Pferd an jenem Tag dabei; sie wechselte mit ihm. Sie hatte Nauri noch nie zuvor geritten, hatte aber keinerlei Schwierigkeiten. Nauri war mit diesem Freund durchgegangen, ich glaube nicht, daß er sie je hätte davon abhalten können; aber dieses Mädchen stieg auf, hatte sie nie vorher geritten und hatte nicht die geringste Mühe.«
Was hatte dies bewirkt? David glaubte, daß es auf Nauris frühe Erfahrungen zurückzuführen sei. Da sie von mir, einer Frau, zugeritten worden war, betrafen ihre ersten Erfahrungen eine Frau. Ich bin nicht überzeugt, daß dies der einzige Grund ist. Mir scheint, daß die meisten Frauen auf andere Art reiten als die Männer und daß einige Pferde unter Frauenhand besser gehen als unter Männerhand. Frauen neigen dazu, ihre Pferde zu bitten, Männer treiben sie. Frauen fragen, Männer befehlen. Frauen kämpfen nicht, Männer wohl. Und wenn jemand mit Nauri kämpfte, so zögerte sie nicht im geringsten, sich zu wehren. Aber im Falle von Nauri mag noch ein anderer Grund vorliegen für ihr Verhalten. Es scheint, daß viele Schimmel eine mangelnde Hämoglobinbildung aufweisen, welche sie blutarm macht. Wo dies der Fall ist, muß das Herz schneller als normal pumpen, um alle Gewebe mit dem für die intensive Bewegung nötigen Sauerstoff zu versorgen. Nauri mag unter dieser Mangelerscheinung gelitten haben und sich bewußt geworden sein (wenn nicht auf bewußter, so auf physiologischer Ebene), daß sie mit dem zusätzlichen Gewicht eines Mannes an Bord einen größeren Blutvorrat brauchte, um durchzuhalten; einige ihrer »Verdrehungen« könnten durch dieses Bedürfnis ausgelöst worden sein.
Es gab bestimmte Beweise dafür, daß ihr physisch etwas fehlte. Es kam immer wieder vor, daß sie während ihrer zweiten und am Anfang ihrer dritten Rennsaison, sogar mit Pam im Sattel, plötzlich etwa zwei Hürden vor dem Ziel anhielt, als ob ihr der Dampf ausgegangen wäre. Obwohl sie sich fast immer noch muhsam plazieren konnte, gaben wir schließlich alle Hoffnung auf, daß sie einmal ihren Weg unter die Sieger finden würde und ich ver-

anlaßte, daß sie nach Hause kommen sollte. Ihr letztes Rennen sollte am Ostermontag 1966 das Taunton-Vale-offene-Damenrennen sein. Als wir auf der Rennbahn ankamen, war der Boden fast unter Wasser. David fand, es wäre dumm, sie überhaupt starten zu lassen, aber auf Pams Bitten hin willigte er ein, daß sie einen letzten Galopp haben sollte, »so lange du sie zurückhältst und sie nicht erschöpfst. Sie haßt tiefen Boden.«

Aber Nauri in ihrer gewohnten Querköpfigkeit hatte andere Ansichten. Je mehr Pam sie zurückhalten wollte, desto schneller lief sie. Am Ende der ersten Runde war Nauri ihren Rivalen über ein Feld weit voraus und das Pferd, das »tiefen Boden haßt«, segelte mühelos durch diesen hindurch, während ihre Gegner sich abrackerten. An jenem Tag ging ihr zum ersten Mal der Dampf *nicht* aus und sie kam als Siegerin mit 25 Längen Vorsprung ins Ziel.

Anstatt unter einem schmachvollen »ferner liefen« zurückzukehren, konnte Nauri wenigstens mit der so sehr begehrten Aufschrift »Sieger eines offenen Rennens« heimkommen.

Eine Woche später ging sie aufs Gestüt, aber sogar noch als potentielle und eigentliche Mutter zeigte sie weiterhin ihre Eigensinnigkeit. Als sie auf dem Gestüt ankam, das wir für sie ausgewählt hatten, war ihr Kopf noch so voll des Rennfiebers, daß es vielleicht nicht erstaunlich war, daß Sex sie nicht anzog. Als sie dem Hengst, den ich persönlich für sie ausgesucht hatte, vorgestellt wurde, wollte sie nichts mit ihm zu tun haben. Dies hielt sie aber nicht davon ab, alle anderen Pferde dort umherzujagen. Wie ihre Mutter Nuki entwich sie mit der größten Regelmäßigkeit von jeder Weide oder aus jedem Stall, in die sie eingekerkert werden sollte, aber wenn sie sich decken lassen sollte – nein! Es wurde Ende Juni, bis die Paarung schließlich zustande kam, aber es wurden über den Erfolg dieser Handlung so viele Zweifel geäußert, daß ich einigermaßen erstaunt, obschon hocherfreut war, als sie bei einer späteren tierärztlichen Untersuchung als trächtig befunden wurde.

In jenem Herbst kehrte Nauri nach Leyland Farm zurück und verbrachte die Wintermonate mit anderen Stuten und jungen Pferden auf den Weiden. Hätte ich nicht vom Tierarzt die Versicherung gehabt, so hätte ich einige Zweifel gehegt über ihre Schwangerschaft. Sie sah weder »trächtig« aus, noch machte sie irgendwelche Anzeichen dafür, daß sie einen guten Milchvorrat produzieren würde. Sie neckte, jagte und belästigte andauernd und erbarmungslos ihren jüngeren Halbbruder und ihren Vetter, klaute all ihr Futter und gedieh natürlich prächtig bei diesen zusätzlichen Rationen.

Nach unseren Berechnungen sollte das Fohlen nicht vor Ende Mai ankommen und am Abend des ersten Mai sah Nauri noch wie alles andere als eine werdende Mutter aus. John Hunt war völlig verblüfft, als er am nächsten Morgen zu den Kühen hinausging und Nauri über einem großen, fuchsfarbenen Stutenfohlen stehen sah, das bei seinem Näherkommen auf die Beine sprang und neben Nauri über die Weide davongaloppierte! Nymphette, wie dieses unerwartete Produkt später genannt wurde, hatte unter den bei ihrer Ankunft fehlenden Zeremonien nicht gelitten, und obwohl ihre Abstammung etwas zweifelhaft war, hatte sie selbst nicht die geringsten Bedenken über ihre Rechte.

Noch hatte Nauri irgendwelche Zweifel über die Pflichten einer Mutter, als sie sie erst einmal erkannt hatte! Innerhalb von zwölf Stunden begann ihre Milch zu fließen und sie fügte sich in die neue Aufgabe der Mutterschaft mit dem ganzen Eifer, den sie allen ihren anderen Betätigungen zukommen ließ. Es stimmt allerdings, daß das Kinderhüten schon nach kurzer Zeit seinen Reiz für sie verlor und daß sie ihrem Fohlen mehr Freiheit und Unabhängigkeit gewährte als die meisten Mütter (siehe S. 178), aber von dem Augenblick an war es Nymphette, die zum Schrecken des Stammes wurde. Nauri hingegen wurde als eines der friedlichsten und zugänglichsten Tiere auf der Farm betrachtet.

Bei ihrem nächsten Besuch auf dem Gestüt akzeptierte Nauri die Aufmerksamkeiten ihres auserwählten Partners ohne Beanstandung und nahm schon beim ersten Deckakt auf. In der Tat scheint sie gleich vielversprechend (darf ich es wohl sagen!) zu sein wie ihre Mutter, indem sie so regelmäßig und mit ebensowenig Schwierigkeiten ihre Fohlen gebärt und aufzieht wie jene. Inwiefern sie ihr gleichen werden, wird sich erweisen.

Gamesman

Als Nuki mit der einwöchigen Nauri zum zweiten Mal auf Mr. Maundrells Gestüt ging, war der Anlaß, Game Rights zu besuchen, einen dunkelbraunen Hengst von Big Game, den Mr. Maundrell gekauft hatte, um seinen herrlichen alten Gay Scot zu ersetzen. Wie viele andere Leute fand auch ich, daß Game Rights alles hatte, was man von einem Hunterhengst verlangen konnte: Größe, Tiefe, Kraft, Temperament und gute Gesundheit. Seine Rennleistungen waren ausgezeichnet und seine Abstammung weitaus besser als diejenige der meisten prämierten Hengste. Ich reservierte für Nuki sofort einen Platz, als ich von ihm hörte, und sie nahm entgegenkommenderweise bei der ersten Paarung auf.

Ich war bereits auf Leyland-Farm, als das Fohlen ankommen sollte. Nuki und das Welsh-Pony Periwinkle, ebenfalls trächtig, teilten zusammen eine Entbindungsabteilung auf der Koppel hinter dem Haus (jene, welche den Schrebergärten entlangläuft). Felicity und ich gingen wochenlang Tag und Nacht alle paar Stunden dorthin, bevor sich etwas ereignete. Anfang Mai kam Felicity eines Nachmittags um etwa 16.30 Uhr ins Haus gerannt mit der Nachricht, daß Peris Fohlen da sei. Es war eben erst zur Welt gekommen, als Felicity es sah. Aber in der Zeit, die ich brauchte, um einen Mantel überzuwerfen und zum obersten Teil des Gartens hinaufzueilen, war es schon auf den Beinen und trabte um seine Mama herum und wäre sogar bereit gewesen, zwanzig oder dreißig Meilen über die wilden walisischen Hügel zu galoppieren.

Nuki schaute mit recht eifersüchtigem Erstaunen zu, während Peri abwechslungsweise aufgeregt ihrem Fohlen zuschnüffelte und warnende Seitenblicke auf Nuki warf. Felicity und ich befürchteten, daß es zwischen den beiden Stuten zu einer Schlägerei kommen könnte und hielten es für sicherer, Peri, die nun ihre wichtige Aufgabe erfüllt hatte, wegzuholen und sie und ihr Fohlen für die Nacht in eine Box zu bringen.

Die Vorstellungen eines Pferdes über Komfort weichen jedoch weit ab von denen des Menschen. Kaum hatte Peris Fohlen unsere beiden Gestalten erblickt, die sich vom Tor her näherten, warf es seinen kleinen Kopf hoch und raste in wildem und erstaunlich gut koordiniertem Galopp davon, Peri folgte hintendrein und knirschte im Vorbeiweg Nuki mit den Zähnen an. Wir standen still, um sie nicht zu erschrecken und hofften, daß sie sich bald wieder beruhigen würden. Peri war nicht immer das leichteste Tier zum Einfangen gewesen, aber seitdem sie trächtig geworden war, üppig lebte und über alle Maßen verwöhnt worden war, war sie nur allzu freundlich gewesen. Jetzt aber wollte sie uns nicht kennen. Wir brauchten nur einen Finger zu bewegen, damit sowohl sie als auch das Fohlen wieder davonjagten. Das einzige Tier, das in unsere Nähe kam, war natürlich Nuki und so entschieden wir uns, unseren Plan umzukehren und, anstatt Peri und ihr Neugeborenes über Nacht unter Dach zu bringen, entfernten wir Nuki.

Am folgenden Morgen hatte sich Peri soweit beruhigt, daß sie zu uns herankam und Leckerbissen in Empfang nahm, aber das Fohlen blieb in mindestens zehn Meter Entfernung stehen. Zuerst machten wir uns darüber keine allzu großen Sorgen, aber als das Fohlen nach drei Tagen sich immer noch mit Bestimmtheit weigerte, in unsere Nähe zu kommen, wurden Felicity und ich besorgt. Peri mußte vor dem zehnten Tag nach dem Abfohlen wieder auf das Gestüt. Würde es uns bis dahin gelingen, sie mit dem Fohlen in den Transporter zu bringen? Die beste Lösung wäre, Peri in einen Stall zu führen und das Fohlen dort einzufangen; aber sogar dieser Plan wurde fast vereitelt. Das Fohlen folgte Peri wunderbar bis zum Tor, aber dann war es aus. Sobald es sich auf fremdem Boden fand, wandte es sich rasch um und raste glattweg an das obere Ende der Koppel. Wir mußten es aus der Weide herauslocken, das Tor hinter ihm zuschlagen und es mehr oder weniger mit einem Lasso einfangen, wenn es wieder zurücklaufen wollte. Auch dies war nicht einfach. Als ich Leyland Farm kaufte, hatte sie während der letzten hundert Jahre herzlich wenig bauliche Erneuerungen gesehen. Die Ausdrücke »Tor« und »Stall« waren übertrieben. Das Gebäude, in das wir Peri bringen wollten, war ein kleiner Schuppen aus Sperrholz, der Kaninchen und Hühnern gedient hatte (die anderen Ställe waren aus Betonblöcken und eisernen Bettstellen für Rinder und Kühe gebaut). Das »Tor«, bei dem wir das Fohlen fangen wollten, bestand aus über einen starken Stahlrahmen gespanntem Drahtgeflecht und war viel zu schwer für den kleinen Pfahl, an dem es befestigt war, so daß die ganze Konstruktion unweigerlich auf die Seite in den Morast kippte, wenn man es bewegen wollte. Mir schlug das Herz bis zum Hals, als ich Peri auf der Seite hielt und Felicity zusah, wie sie sich mit dem Fohlen gegen diese unzulängliche Schranke abmühte. Für einmal jedoch

blieb das Tor jetzt aufrecht stehen. Es gelang Felicity, eines der Seilenden um den Hals des Fohlens zu legen und mit dem anderen Ende seiner Seite nachzufahren und um das Hinterteil zu legen. Mit dieser Hilfe vermochten wir schließlich, das Fohlen hinter Peri in den Kaninchenschuppen zu drängen.
Die Ponys waren seit über drei Wochen auf dem Gestüt, als Nuki uns mit ihrer eigenen Produktion erfreute. Um sieben Uhr früh eines Morgens bestand noch nicht das geringste Anzeichen dafür. Um 7.30 Uhr und um 8 Uhr ging Felicity zuoberst hinauf in den Garten und konnte von da aus Nuki allein friedlich auf der Koppel grasen sehen. Um 8.15 Uhr ging ich selbst schnell nach ihr sehen, bevor ich zur Arbeit fuhr, und fand sie etwa zwanzig Meter vom Stahltor entfernt am Boden liegen und etwas Großes, Schwarzes unter ihrem Schwanz hervorschauen. Als sich das schwarze Ding bewegte, sah ich, daß es der Kopf und die Vorderbeine eines Fohlens waren, die in dicken Eihäuten eingehüllt waren. Nuki schien unbeirrt und ganz gelassen und zwischen Seufzern und Grunzen führte sie gelegentlich Preß- und Stoßbewegungen aus (und hielt regelmäßig inne, um einen Grashalm vor ihrer Nase abzuzupfen), und in weniger als fünf Minuten war das ganze Fohlen da. Es war immer noch von den dicken Eihäuten umgeben und hielt sich zu meinem Schrecken verdächtig, ja entsetzlich still. Mir kamen all die Bücher in den Sinn, in denen ich von Fohlen gelesen habe, die erstickten, weil sie nicht rechtzeitig aus den Eihäuten befreit worden waren. Sollte ich schleunigst hingehen und helfen? Wie lange sollte man warten? Eine, fünf oder dreißig Sekunden? Plötzlich begann die ganze schleimige Masse sich zu rühren und erzitterte. Innerhalb einer Sekunde guckte eine kleine schwarze Nase durch den Schleim, dann begannen zwei lange Beine auf den Boden zu klopfen; ein Kopf sah heraus, hob sich vom Boden ab — und wieherte! Die Metamorphose von totem Schleim zu lebendigem Fohlen war so unmittelbar, daß ich zusammenfuhr.
Als Nuki die Stimme ihres Fohlens hörte, blickte sie zurück, wieherte ihm leise zu und legte sich dann auf die Seite, um ein paar Augenblicke auszuruhen. Aber nicht für lange Zeit. Um 8.30 Uhr, fünfzehn Minuten nach den ersten Anzeichen der Geburt, war Nuki auf den Beinen, schüttelte sich und blickte tatenlustig umher. Nicht so das Fohlen. Im Gegensatz zu Periwinkles Sprößling, dessen Vorfahren während Generationen in den walisischen Bergen sich selbst überlassen waren, war dieser Abkömmling der menschlichen Domestizierung bei der Geburt nur verhältnismäßig halb geformt. Als Nuki neben ihm herumzustampfen und -gehen begann, hob es sich auf eine Seite, wieherte nochmals und begann mit den Vorderbeinen zu winken, aber es

dauerte über eine Stunde, bis es ihm schließlich gelang, sich vom Boden aufzuheben und auf seinen spindeldürren Beinchen zu balancieren.

Jene Stunde war eine der interessantesten, manchmal der qualvollsten, die ich je erlebt habe. Denn es schien mir, als ob ich zusehen könnte, wie geistiges Leben langsam in einen Körper eindrang und davon Besitz ergriff. Eine Handlung nach der anderen wurde in genau der gleichen Weise wie der Körper selbst »geboren«. Jedes Verhaltensschema entfaltete sich in Reaktion auf seine spezifischen Anregungen, fast genau gleich wie sich die kleinen Beine, fünf Minuten nachdem das Fohlen zum ersten Mal Luft eingeatmet hatte, zu entfalten begannen.

Das allererste, was die Aufmerksamkeit des Fohlens erregte, waren seine Vorderbeine. Ein paar Sekunden lang hatte es gewunken und kleine, ruckartige Bewegungen gemacht, zuerst mit dem einen, dann mit dem anderen, bevor seine Aufmerksamkeit davon gefesselt wurde. Dies geschah nämlich, weil das eine Bein, das eben bewegt worden war, auf dasjenige zu liegen kam, das nun bewegt werden sollte, mit der Folge, daß, als das Fohlen das erste wieder bewegen wollte, sich nichts ereignete. Dies war hochinteressant. Es spitzte die Ohren, blickte auf seine Füße hinunter und beobachtete genau, wie es zuerst das eine, dann das andere Vorderbein zu bewegen versuchte. »Ah«, man konnte seine Gefühle erraten, »also dort fehlt es!« Sachte entfernte es das obere der gekreuzten Beine und schüttelte sie beide leicht. Dann schloß es die Augen und legte sich für eine kleine Ruhepause nieder.

Es hatte seine Vorderbeine während fast einer halben Stunde bewegt, bevor sich eine vergleichbare Bewegung in den hinteren Gliedmaßen zeigte. Dann war es aber bereits die zwanzig Meter bis zum Tor abwärts gerutscht und geschlittert und lag jetzt dicht neben dessen sehr wackligem Rahmen. Von Zeit zu Zeit konnte man sehen, wie ein ungeheurer Kraftaufwand wie eine Wellenbewegung die Wirbelsäule entlanglief bis zu den Lenden, die sich ein paar Zentimeter vom Boden abhoben und das Fohlen auf seiner Nase noch weiter vorwärts stießen. Ich hatte das Gefühl, einem Tier mit gebrochenem Rücken zuzusehen, das sich bemüht, aufzustehen, und jeder Nerv und jeder Muskel in meinem eigenen Körper spannte sich unter höchster Mitempfindung. Nach einer riesenhaften Anstrengung ruhte das Fohlen ein paar Sekunden, blickte zurück und wieherte Nuki zu, die ganz nah bei ihm stand und jeden Versuch zum Aufstehen mit einem ermunternden Schubser begrüßte, die das Fohlen aber dummerweise nur noch weiter hinab dem Tor zuschoben. In den Momenten zwischen diesen Anstrengungen untersuchte das Fohlen, die Ohren gespitzt und einen Ausdruck von tiefem, wissenschaftlichem Interesse auf dem Gesicht, den Boden unter seinen Füßen und seinem Körper. Als es ganz unten beim Tor angelangt war, boten ihm die Steinmauer und das Tor selbst etwas Neues zum Untersuchen, und dies beschäftigte es während der nächsten fünf Minuten so intensiv, daß es völlig vergaß, weitere Anstrengungen zum Aufstehen zu unternehmen. Als es sich an seine Aufgabe erinnerte, gereichten ihm die Folgen der Ruhepause und der zusätzlichen Reife fast zum Erfolg. Zum ersten Mal schienen seine Hinterbeine auf die Anstrengungen anzusprechen, taten dies aber mit solcher Wucht, daß seine Vorderbeine ihren Halt verloren und das Fohlen nach vorn mit der Nase gegen die Mauer purzelte. Dabei gerieten seine Vorderbeine so unter das Tor, daß, wäre niemand dort gewesen, um es zu befreien, es den ganzen Tag so hätte daliegen können.

Mit einigem Herzklopfen entdeckte ich, daß ich von meinem Posten außerhalb des Tores das Fohlen überhaupt nicht befreien konnte. Es war unbedingt erforderlich, zu ihm auf die Weide hineinzugehen und es herauszuziehen. Was würde Nuki auf eine solche Einmischung hin sagen und tun? Sie hatte tatsächlich selber ganz klar die Notwendigkeit dazu erkannt; weit davon entfernt, über meine Anstrengungen besorgt oder aufgeregt zu sein, dankte sie mir mit sanftem Gewieher.

Das Fohlen fand inzwischen meine Gegenwart von höchstem Interesse; sowohl mit den Augen als auch mit dem Maul untersuchte es meine Arme aufs genaueste, leckte den rauhen Tweed meines Mantels und schnupperte an meinen Beinen. Dann brachte es ein weiterer gewaltiger Stoß fast auf die Beine, aber im letzten Moment knickte es vorne zusammen und tat einen Sturz, der bei einem erwachsenen Tier unweigerlich zu einem gebrochenen Nacken geführt hätte. Dem Fohlen hingegen schien es nichts gemacht zu haben. Sein Gesicht zeigte einen leicht erstaunten Ausdruck, als es seine unansehnlichen Beinchen ausstreckte und aufmerksam beobachtete, wie jedes sich auf Befehl bewegte, und als es festgestellt hatte, daß alle seine Anhängsel noch da waren, entfuhr ihm ein schwerer Seufzer und es legte sich zu einer Ruhepause nieder. Es war inzwischen 9.15 Uhr geworden. Nun war eine ganze Stunde vergangen, seit das Fohlen geboren war, aber immer noch war es unfähig, für sich selbst zu sorgen. Es wurde tatsächlich 9.30 Uhr, bis es endlich auf allen vier Beinen balancieren konnte, und nach weniger als einer halben Minute in aufrechter Stellung fiel es wieder zusammen wie ein Kartenhaus. Eine kurze Ruhepause (flach auf der Seite liegend, die Augen geschlossen) versorgte es wieder mit Energie und beim nächsten Versuch gelang es ihm auf den ersten Anhieb, eine aufrechte Stellung einzunehmen. Es hatte

eine der wichtigsten Aufgaben im Leben gelernt: nämlich, wie man aufsteht. Die nächste Aufgabe war: »Wie man ißt.« Nachdem Nuki über eine halbe Stunde neben ihrem Buben gestanden war, ihm zugeschaut und ihn ermuntert hatte, hatte sie schließlich aufgegeben und war ein bißchen abseits gewandert, um ihr unterbrochenes Frühstück fortzusetzen. Aber sobald sie ihn auf den Beinen stehen sah, eilte sie zurück und wieherte ihm aufmunternd zu. Das Fohlen hatte ihr inzwischen fast unablässig zugerufen. Nuki stellte sich strategisch neben ihr Baby hin, mit dem Euter so nah wie möglich bei seinem Kopf, und gab ihm mit der Nase einen kleinen Puff. Das Ergebnis davon war aber gar nicht das erwünschte. Der Puff hatte das Fohlen an der lebenswichtigen Stelle vorbei und gegen die Mauer dahinter geschoben. Dort öffnete es die Lippen und begann an einem Stein zu saugen. Speichel lief aus seinem kleinen Maul und an seinem Kinn hinunter, als es der Mauer entlang von Stein zu Stein ging. Nuki stieß es immer wieder mit ihrem Kopf und versuchte, ihm den Weg mit dem Schwanz abzuschneiden, aber auch als das Fohlen zurückblickte und seine Lippen an ihr anstatt an der Mauer ansetzte, konnte es die richtige Stelle nicht finden. Einmal saugte es an ihrem Oberschenkel, einmal am Schwanz oder am Sprunggelenk. Nach und nach gab es aber der Mauer den Vorzug und nach jedem zaghaften Versuch kehrte es zu seinen Steinen zurück.
Um 10.15 Uhr, zwei Stunden nach dem Beginn dieser großartigen Geschichte, hatte das Fohlen die Milchbar immer noch nicht gefunden und Nuki, die auch um der Mutterpflichten willen ihre eigene Erquickung nicht vernachlässigen wollte, gab ärgerlich auf und wanderte davon, um zu fressen und rief im Gehen dem Fohlen noch zu, als wollte sie sagen: »Ich bin dann hier drüben, wenn du mich brauchst.« Das Fohlen raffte sich mit einer gewaltigen Anstrengung auf und während seine Beinchen in allen Richtungen ausschlugen und sich spreizten, krabbelte es hinter ihr her. Sie vermochten es nur zehn bis zwanzig Meter weit zu tragen und sogar dies war zuviel. Bei seiner Ankunft klappten des Fohlens Beinchen zusammen wie diejenigen eines kleinen Hampelmannes, wenn die Fäden nicht mehr gespannt sind, und es lag wie ein müdes Bündel da. Doch nur für ein paar Augenblicke. Plötzlich hob es den Kopf, sprang auf, als ob es seit Wochen dieses Manöver geübt hätte, torkelte an Nukis Seite heran, legte den Kopf gegen sie — und trank ohne das geringste Zögern!
Als ich an jenem Abend von Oxford nach Hause zurückkehrte, waren Trinken und Aufstehen bereits vielgeübte Fertigkeiten und das Fohlen war daran, ein neues Abenteuer zu wagen: Galoppieren. Jedesmal, nachdem es gesaugt

hatte, zog es sich langsam zu seiner vollen Höhe empor, warf sein Gewicht auf die Hinterbeine zurück und sprang nach vorn, wobei sich seine Beinchen in alle Richtungen bewegten und sich häufig in der Luft verhaspelten. Trotz seines torkelnden Ganges kam es aber nicht mehr ungewollt zu Fall; obwohl es viel Zeit auf dem Boden liegend verbrachte, bestand kein Zweifel, daß es diese Stellung absichtlich einnahm und beim ersten Anzeichen von Gefahr oder auf den ersten Ruf seiner Mama aufspringen könnte.

In ihren Beziehungen zu uns Menschen bildeten Nuki und ihr Fohlen einen willkommenen Gegensatz zu Peri. Nuki war nur allzu stolz und erfreut, mich an jenem Abend zu begrüßen und das jüngste ihrer Kinder zur Schau zu stellen. Wie sie es schon mit Nauri getan hatte, begann sie das Fohlen gegen mich vorwärts zu schieben. Sie hätte sich nicht sorgen brauchen! Dieses Kind war genau wie sein Vorgänger selbst vorwitzig genug. Die winzige, weiche Schnauze ging sofort meine Arme hinauf und hinunter auf Entdeckungsfahrt und wie ich meine Hand auf seinen Rücken legte, wölbte es lediglich den Hals und drückte sich näher heran, anstatt fortzuspringen. Wegen den Gesichtern, die es schnitt, und in einem Versuch, den Namen seiner Eltern zu vereinen, nannte ich es »Nung« oder »Nudge« und für mich ist es immer noch Nung. Es wurde aber reklamiert, daß »Nudge« nach einem sehr schweren Pferd töne; »Nung« sei kein Name, der »ziehe«. In seinen späteren Jahren wurde das Pferd den meisten Leuten als »Gamesman II« bekannt und so soll es von nun an Gamesman genannt werden.

Äußerlich war Gamesman als Fohlen keine große Schönheit. Er schien aus drei aneinandergefügten Rechtecken zu bestehen. Sein Körper war rechteckig statt keilförmig und auch sein Kopf war ein großes Rechteck, das an einer Ecke dieses Körpers durch ein weiteres Rechteck, den Hals, befestigt war. Obwohl nicht schön, waren diese Rechtecke doch kräftig und die vier starken Beine, die von den unteren Ecken dieses viereckigen Körpers ausgingen, versprachen sowohl Kraft als auch Dauerhaftigkeit. Besonders auffallend und für mich ermutigend war die Länge seiner Oberschenkel- und Vorarmknochen, denn jene müssen die Arbeit des Pferdes ausführen. Die Röhren darunter sind lediglich Zentren für Schwierigkeiten und Lahmheit, und je kürzer sie sind, desto besser. Bei Gamesman waren diese besonders kurz und die Hauptlänge seiner Gliedmaßen befand sich oberhalb des Vorderknies und des Sprunggelenkes.

Als Gamesman 24 Stunden alt war, beherrschte er diese kräftigen aber widerspenstigen Glieder schon ziemlich gut und übte kleine Sprünge und Sprints. An jenem Abend kam ein Sturm auf und das Wetter wurde plötzlich so kalt, daß ich beschloß, ihn für die Nacht unter Dach zu bringen. Nun zeigte er genau die gleichen Eigenschaften, die ich bereits bei Nauri und bei Peris Fohlen beobachtet hatte, nämlich die Erkennung des eigenen Territoriums und die Angst vor irgendeiner Veränderung darin. Er kam ohne Widerstand bis zur Grenze seines Territoriums, aber sobald man von ihm verlangte, darüber hinauszugehen, kehrte er um und eilte um Hilfe schreiend zurück. Man könnte fast sagen, daß er gelernt hatte, wie die Geborgenheit aussah, und er war allem anderen gegenüber mißtraurisch. Genau wie Peris Fohlen mußte er von uns gegen das Tor in die Enge getrieben werden und mittels Seil und Armen in den Stall befördert werden. Als er jedoch einmal drinnen war, kehrte alle seine alte Freundlichkeit zurück und ohne jeglichen Groll machte er sich daran, uns sowie seine neue Umgebung ebenso eifrig zu untersuchen, wie er es mit der vorherigen getan hatte. Von da an bis Nuki eine Woche später wieder aufs Gestüt ging, wuchs Gamesman rasch. Tagsüber verbrachte er immer weniger Zeit am Boden liegend und immer mehr damit, kleine Sprints zu üben oder einen Holzstoß zu erklimmen, der in der Ecke seiner Koppel war. Von Zeit zu Zeit schlossen seine Sprints einen riesigen Sprung über einen vermeintlichen Zaun ein; und einmal, zum Schrecken von uns allen und von ihm selbst trug ihn einer seiner Sprünge halbwegs das Tor hinauf und aus seiner Koppel hinaus, wobei er auf der äußeren Seite hinunterpurzelte. Glücklicherweise verhinderte die Weichheit seiner Knochen in jenem Alter irgendeine Verletzung — außer an seiner Psyche. Gamesmans Panik, als er erkannte, daß er seine Mutter verloren hatte und Nukis, als sie erkannte, daß sie ihren Sohn nicht mehr hatte, machte es für uns Menschen (die Panik immer ansteckend finden) sehr schwierig, die beiden wieder zu vereinen. Das Tor, über das Gamesman gefallen war, konnte — wie alle Tore auf Leyland Farm — unmöglich aufgemacht werden, und als Ergebnis seiner groben Behandlung hatte es sich nur noch verschlimmert. Eine erschöpfende halbe Stunde verlief, bis Mutter und Sohn wieder vereint waren, aber dieses Ereignis hatte den Sohn nicht im geringsten eingeschüchtert. Schnell einmal saugen, sich schütteln und seufzen. Dann, nur um zu sehen, ob alles in Ordnung und nichts gebrochen war, richtete er sich zu seiner vollen Höhe auf, machte einen Schritt zurück, um seine Schenkel unter sich zu balancieren, und — »Achtung, fertig, los!« — fort war er dem Koppelrand entlang auf seiner 50-Meter-Rennbahn und versuchte, den Rekord abermals zu brechen.

Nuki war jenes Jahr nur für eine Woche fort auf dem Gestüt. Gawcott liegt in bezug auf Hengste sehr günstig; es gibt nicht weniger als drei Gestüte, die man im Transporter in einer Stunde erreichen kann, und übrigens besucht der lokale H.I.S.-prämierte Hengst jede Woche den Bezirk und testet die Stuten, die von ihm gedeckt worden sind. Dieses Mal ging Nuki zu Mr. Mannings »Border Legend«, dem prämiierten Hengst für Buckinghamshire, und nachdem sie dort gedeckt worden war, wurde sie zu Hause regelmäßig während der nächsten sechs Wochen besucht. In der Zwischenzeit herrschten sie und das Fohlen in uneingeschränkter Pferdemacht über die Kühe auf den Weiden hinter dem Haus auf Leyland Farm, gediehen bei dem kurzen Klee und wurden mit jedem Tag kecker und selbstbewußter.

Als Gamesman einen Monat alt geworden war, hatte ich das Gefühl, es sei an der Zeit, ihm ein Halfter anzuziehen. Felicity war damals gerade dabei, mich zu verlassen, um sich selbständig zu machen. Da ich nicht genug Pferde in der Arbeit hatte, daß es sich gelohnt hätte, die freiwerdende Stelle neu zu besetzen, hielt ich es für besser, wenn ich Dinge wie das An-das-Halfter-gewöhnen selber unternehmen würde. Ich band Nuki am Tor fest, gab ihr eine Schüssel Hafer, damit sie glücklich und zufrieden sei und machte mich mit Halfter und Seil hinter Gamesman her. Ich hatte keinen Erfolg. Gamesman, der immer allzubereit war, meine Kleider zu fressen, betrachtete das Seil mit kaltem Mißtrauen und sobald er es um seinen Hals spürte, begann er sich rückwärts unter Nukis Kinn hindurchzudrücken. Augenblicklich war ihre Schüssel mit Hafer ausgeschüttet und das Seil von Nukis eigenem Halfter verfing sich im Schweif des Fohlens. Nachdem ich Nuki und ihren Hafer wieder in Ordnung gebracht hatte, machte ich einen zweiten Versuch, aber mit genau dem gleichen Ergebnis. Gamesman beharrte darauf, sich unter Nukis Brust zu drücken und verwickelte sich und sie ein zweites Mal.

Am nächsten Tag probierte ich eine andere Taktik. Ich nahm wiederum eine Schüssel Hafer für Nuki, stellte sie aber jetzt in die Mitte der Weide auf den Boden und ließ sie frei daran fressen, während ich mich mit Gamesman herumschlug. Obschon er heftig nach rückwärts zerrte, sobald er das Leder hinter den Ohren spürte, konnte ich neben ihm hergehen, bis ich die Schnalle geschlossen hatte. Die einzige Schwierigkeit war jetzt, daß wir uns etwa zwanzig Meter von Nuki entfernt befanden, die hin- und hergerissen war zwischen der Sorge um ihr Kind und ihrer Freßgier. Sie löste diesen Konflikt, indem sie hin- und herpendelte; jedesmal, wenn sie in meine Nähe kam, ließ sie Drohungen von Gewalttätigkeit und Rückzahlung hören, eilte dann aber sogleich zu ihrem Futter zurück, damit es nicht blitzschnell abserviert werden könnte.

Gamesmans Tendenz zum Rückwärts- statt Vorwärtsgehen hielt einige Minuten lang an, und ich konnte ihn einzig dadurch nach vorwärts locken, daß ich einen Arm um sein Hinterteil legte und ihn sanft nach vorn stieß. Jedesmal, wenn ich dies tat, begleitete ich den Schub mit dem ausgesprochenen Befehl »Vorwärts!«, und innerhalb von Minuten machte er Anzeichen dafür, nach vorwärts zu gehen, sobald, wenn nicht sogar schon vorher, er meine Hand gegen seinen Schwanz nach hinten fahren sah.

Diese bestimmte Begebenheit hatte an einem frühen Morgen stattgefunden und ich konnte am Abend die Lektion wiederholen. Zuerst schien es, als hätte Gamesman alles, was er zuvor gelernt hatte, bereits wieder vergessen, aber in der Zeit von weniger als fünf Minuten ging er nicht nur so gut wie vorher, sondern schon viel besser. Am nächsten Morgen kam er gleich zu mir, um sich einfangen zu lassen, stand ohne das kleinste Zucken still, als das Halfter umgelegt wurde, und nach auch nicht dem geringsten Widerstand gehorchte er allen Hoho- und Vorwärtsbefehlen. Nachher hatten wir nur einen kleinen Rückfall zu verzeichnen, als ich ihn von der rechten statt von der linken Seite führen wollte und er dabei tat, als hätte er mich noch nie gesehen. Dies ist, wie ich damals entdeckte und jetzt jedesmal erwarte, für ein Fohlen ein vollständig neues und aus irgendeinem Grund besonders gefährliches Erlebnis, worüber ich später mehr berichten werde.

Am Anfang hatte ich die uralte Gewohnheit befolgt, das Halfter zwischen den Lektionen nicht auszuziehen, aber es schien ihn den ganzen ersten Tag so zu stören, daß ich am Abend beschloß, es wegzunehmen. Als ich dies tat, fragte ich mich, wieso ich es überhaupt angelassen hatte. Die offensichtliche Begründung war, daß ich ihn wieder leichter fangen konnte. Eine dumme Begründung! Er hatte nie die geringste Mühe gemacht beim Einfangen. Er hatte nie gezögert, heranzukommen oder sich zurückgezogen, wenn ich einen Arm um seinen Hals legen wollte. Eine weitere Begründung wäre, daß er sich an das Gefühl des Halfters auf dem Kopf gewöhnen sollte. Aber dies war auch dumm, denn wenn er sich an das Gefühl gewöhnte und merkte, daß er mit angezogenem Halfter hingehen konnte, wo er wollte, was würde dann geschehen, wenn ich ihn durch einen Zug daran anhalten wollte? Es wäre das gleiche, wie wenn man versucht, ein Pferd durch das Gebiß anzuhalten, nachdem es sich die Gewohnheit des Durchgehens angeeignet hatte. Nein, nach gründlicher Überlegung schien es mir nichts als eine dumme Gewohnheit, einem Fohlen das Halfter anzulassen, wenn es nicht unter menschlicher Kontrolle war. Meine Pferde sollten lernen, daß sie, sobald sie ein Halfter trugen, genau das tun mußten, was ich von ihnen verlangte. Hätte ich gleich von Anfang an auf diese Art gehandelt, hätte ich mir wahrscheinlich viel Umherzerren von wilden jungen Pferden ersparen können.

Ich muß aber sofort bemerken, daß sich diese Begründung, obgleich ich mich von jenem Augenblick an streng an dieses Prinzip hielt, nicht immer als zuverlässig erwiesen hat! Als Gamesman erwachsen war, war er selbst manchmal mit dem Halfter so schwierig zu beherrschen wie ein zwei Tonnen schwerer Tank. Wenn seine Gedanken anderswo weilten oder wenn ihm das nicht paßte, was ich von ihm verlangte, so ging er langsam, ohne jegliche Hast, davon und schleppte mich einfach mit der gleichen Unbekümmertheit, wie es seine Mutter mit Lindsay getan hatte, mit.
In jenen frühen Tagen ahnte ich wenig über Gamesmans zukünftigen Eigensinn. Als Fohlen war er zugänglich wie ein Lamm und das sanfteste Hengstfohlen, das ich je gesehen hatte. Obgleich er leidenschaftlich gern an Kleidern knabberte, mußte er nur zwei- oder dreimal leicht auf die Nase geklopft werden, um zu begreifen, daß man diese Aufmerksamkeit nicht schätzte und dann versuchte er nie mehr zu beißen. Gamesmans Sanftheit war unter Nukis Abkömmlingen, von denen ich auch bis auf den heutigen Tag nicht allen traue, fast einmalig. Ihre Stutenfohlen scheinen besonders aggressiv. Wenn Nauri glaubt, daß jemand etwas hat, das sie will, zögert sie nicht, anzugreifen. In allen meinen Beziehungen mit Gamesman hat er aber nur ein einziges Mal seine Ohren im Zorn zurückgelegt, und zum Glück scheinen seine Nachkommen eher ihm als ihrer Großmutter nachzuschlagen.
Kehren wir zum Anfang zurück. Als Nukis Trächtigkeit bestimmt festgestellt worden war, brachten wir sie und ihr Kind auf einige, etwas von der Farm entlegene Matten, um Periwinkle und ihrem Sprößling Gesellschaft zu leisten. Die Wiedervereinigung war alles andere als freundschaftlich. Die beiden Stuten starrten sich an, schnaubten und trotteten davon. Da die Matten aber nicht unbegrenzt waren, standen sie sich bald wieder von Angesicht zu Angesicht gegenüber. Noch mehr Schnauben, noch mehr Schwanzpeitschen, und eine von beiden begann davonzugaloppieren. Dann rasten sie alle davon, beide Kinder nah an der Mütter Seite und beide Mütter versuchten so weit als möglich von der anderen wegzubleiben; und doch hatten sie Angst, daß sie etwas, das die andere hatte, verpassen könnten, wenn sie zu weit auseinander waren. Die Matten waren durch eine alte, sehr vernachlässigte und fast nicht mehr gegenwärtige Hecke getrennt, neben der die Überbleibsel eines Baches flossen. Als sie dies zum ersten Mal sah, ging Nuki mit gestellten Ohren und tiefem Kopf darauf zu und segelte darüber, ohne ihren Gang zu verlangsamen. Gamesman spitzte ebenfalls die Ohren, betätigte aber ganz kurz vor dem Absprung noch seine Bremsen und hüpfte schließlich etwas amateurhaft darüber. Periwinkle bremste noch stärker als Gamesman und

sprang dann aus dem Stand, während ihr Sohn Peregrine, wie er damals bereits genannt wurde, glatt »refüsierte«.

Nach zwei oder drei Galopprunden, während denen die Fohlen nach und nach ihren Springstil verbesserten, ließen sich die zwei Familien je in einem separaten Teil der Weide nieder und begannen zu grasen. Gelegentlich guckten sich die Fohlen unter den Schweifen ihrer Mütter hindurch an, aber es dauerte drei Tage, bevor sie sich so weit vom Schutz der Mutter wegwagten, um ihre Nasen aneinanderzureiben und zu plaudern. Während dieser Zeit war Gamesman so freundlich wie immer mit uns Menschen und ließ sich sein Halfter umlegen und ihn zu unseren »Abendlektionen« um seine Mama herumführen. Peregrine dagegen war mißtrauisch wie immer und obwohl er alles mit Falkenaugen beobachtete, ließ er es nicht zu, daß man ihn anfaßte. Dann war plötzlich das Eis gebrochen und die Flut ausgelöst. Die beiden Fohlen trafen sich, beschnupperten sich von Nase bis Schwanz und eilten davon, um zu spielen. Von jenem Moment an waren sie unzertrennlich; die Mütter gaben ihren Kampf auf und fügten sich in ihre Rollen als »Nahrungsmittelfabriken«. Die beiden Fohlen balgten und boxten sich, galoppierten umher und verließen einander nie außer zum Saugen. Als ich jeweils hinausging, um Gamesman seine abendliche Lektion zu erteilen, kam Peregrine bis auf etwa einen halben Meter an uns heran und folgte uns, wie wir auf der Weide herumgingen, aber sobald ich die Hand ausstreckte, um ihn zu berühren, zog er sich zitternd zurück. Gamesmans Gehorsam in jenen Situationen war erstaunlich. Obwohl er fort wollte, um zu spielen, versuchte er nie, sich loszureißen. Obwohl er nicht von Peri wegwollte, wenn ich es von ihm verlangte, weigerte er sich nie, wenn auch langsam und ungern, nachzugeben. Vor allem wehrte er sich nie. Er mochte wohl manchmal etwas langsam und etwas starrköpfig gewesen sein, aber er legte nie die Ohren zurück und sagte: »Ich will nicht!« Es war nie mehr als ein »Muß ich?«.

Der kleine Peregrine hingegen schien auf dem besten Weg zu sein, die Ungezogenheit von zweien zu entwickeln. Wenn er in Reichweite kam und mir unvorsichtigerweise ermöglichte, ihn mit der Hand zu berühren, legte er augenblicklich seine Ohren zurück und fegte blitzschnell zur Selbstverteidigung mit den Hinterbeinen aus. Gleichzeitig aber brannte er darauf zu sehen, was Gamesman an mir so fesselnd fand. Noch keines der beiden Fohlen konnte oder wollte Leckerbissen nehmen, und so verabreichte ich meine »Belohnungen« in Form von Streicheln oder Kraulen. Dem Widerrist entlang oder auf der Kruppe gegen den Schweif hin gekratzt zu werden, scheint einem Fohlen ebensoviel Freude zu bereiten wie jede Menge Futter, und sicherlich freute sich Gamesman auf diese Belohnungen. So lange ich kratzte, blieb er mit halbgeschlossenen Augen stehen. Peregrine war fasziniert. Seine Nase kam näher und näher und seine Augen wurden immer runder. Dann kam der große Tag, an dem er sich entschloß, *mich* zu beschnuppern. Ich hielt mich bewegungslos, während er mich von der Schulter bis zum Fuß beschnupperte. Er war wie gebannt. Da rührte ich mich, um die Hand auszustrecken. Er flitzte wie eine Kugel davon, kam aber gleich wieder zurück, um nochmals zu schnuppern. Ich wartete, dann bewegte ich mich abermals. Wieder war er fort, ging aber diesmal nicht so weit weg und kam schneller zurück. Bei meinem dritten Versuch stand er seinen Mann; meine Hand erreichte seinen Widerrist und ich begann zu kratzen. Klein-Peri, wie er später genannt wurde, preßte sich dagegen. Er drehte sich um, bis meine krauelnden Finger oben auf seiner Kruppe waren, wo sich Fohlen besonders gern kratzen lassen, da das Fell dort sehr dick ist. So fest er konnte, drückte sich Peri gegen mich. Er war glückselig. Von jenem Augenblick an konnte man ihn nicht mehr loswerden. Kaum erschien ein Mensch auf der Weide, so raste er herbei, hielt schlitternd an und fegte auf eher beängstigende Weise sein Hinterteil herum, um seinen Schwanz kraueln zu lassen.

Während jenes Sommers grasten und wuchsen die beiden Familien in ziemlich ungestörtem Glück miteinander. Ich spreche absichtlich von »wachsen«, denn das fette Gras von Gawcott verwandelte Periwinkle in einen Ballon und im Herbst begann ich mich um ihre Gesundheit zu sorgen. Zum Glück wollte Felicity, die in ihren Heimatbezirk im New Forest zurückkehrte, die kleine Wurst mitnehmen, und da das Gras dort weit weniger fett ist als in den Midlands, hat sich alles zum Guten gewendet. Periwinkle hat seither weitere Junge zur Welt gebracht und gedeiht prächtig.

Die Schreckens-Zwillinge in Gawcott unterbrachen ihr Boxen und Spielen nicht. Nachdem sie die Bitterkeit des Absetzens überwunden hatten (die trotz all ihres Lärms und Aufhebens keinem von beiden einen Verlust an Kondition zu verursachen schien), dachten sie nur noch an einander. Obwohl Peri gute zehn Zentimeter kleiner war, war er zweifelsohne der Chef. Er war es, der sagte: »Jetzt galoppieren wir!« und vorauseilend den armen Gamesman zurückließ, der ihm nachpolterte. Er war es — nachdem er sich versichert hatte, daß John Hunt nicht in der Nähe war — der sagte: »Jagen wir die Kühe umher!«. In ihrem gemeinsamen Schuppen für die Nacht und in ihrer gemeinsamen Krippe war es Peri, der den Löwenanteil des Futters für sich nahm und Gamesman zur Seite schob. Ich dachte, daß dies der Grund sei, warum im folgenden Frühling Peri rund und geschmeidig war wie ein Ball, während Gamesman mager und aufgeschossen war wie ein Windhund. Jetzt aber kann ich sehen, wie alle von Gamesmans Kindern genau die gleichen Phasen durchlaufen und ihm als Fohlen, als Jährlinge und als ausgewachsene Pferde gleichen und komme zu dem Schluß, daß die Natur sie eben so geschaffen hat.

Gamesmans magere Gestalt als Jährling war eher enttäuschend, denn ich hatte im Sinn gehabt, den Sommer etwas zu beleben, indem ich ihn in der Jung-Hunter-Klasse vorführte. Es war offensichtlich, daß er keine großen Gewinnchancen hatte, wenn er nicht etwas zunehmen würde, aber ich war trotzdem der Auffassung, daß ihm das Erlebnis guttun würde. In der Folge haben John und Elizabeth Hunt, die zu ihrer vielen Arbeit auf der Farm noch die Pflege der Pferde übernommen hatten, mir geholfen, den Jährlingen beizubringen, was sie zu tun hätten. Beide Pferde hatten als Fohlen an zwei Ausstellungen teilgenommen, aber es war eine ganz andere Sache, in jenem Alter ihren Müttern zu folgen oder jetzt allein mit einem Gebiß im Maul herumzugehen.

Wie zu erwarten war, machte Peri in unseren ersten Lektionen Schwierigkeiten. Während Gamesman gutmütig aber etwas schwerfällig daherkam, tanzte Peri zuerst auf dem einen Paar Beinen, dann auf dem anderen und machte seiner Entrüstung in hohen Quietschlauten Luft. Wenn allerdings Gamesman beschloß, etwas nicht zu tun, was man von ihm verlangt hatte oder wenn er einen Befehl nicht verstanden hatte, konnte man ihn unmöglich halten. Er tat aber weiter nichts, als zu seinem Stall zurückzuschreiten und mich hinterherzuschleppen. Beide Jährlinge waren noch nicht kastriert, denn abgesehen davon, daß die frühe Kastration noch nicht allgemein üblich geworden war, wollte ich sehen, wie sich die beiden entwickelten, bevor ich diesen unwiderruflichen Schritt unternehmen würde.

Der große Tag unserer ersten Ausstellung kam. John Hunt blieb zu Hause, um die Kühe zu melken, für das Baby zu sorgen und die Farm für uns in Betrieb zu halten, und Elizabeth und ich machten uns bei Tagesanbruch mit den beiden Jährlingen auf den Weg. Noch eine Weile nach unserer Ankunft benahmen sich beide mustergültig. Durch all die neuen Eindrücke waren sie überwältigt und standen gebannt Seite an Seite. Wir brüsteten uns, daß unsere intensive (wenn auch ziemlich kurze) Trainingsperiode äußerst wirksam gewesen sei. Dann wurde Gamesmans Klasse aufgerufen und während Elizabeth Peri auf die Seite führte, folgte ich den anderen Hunter-Jährlingen in den Richterzirkel. Wir waren nicht weit gekommen, als Peri einen schrillen Schrei ausstieß. Gamesmans Kopf schoß hoch. Plötzlich wurde ihm bewußt, daß er allein war und dies gefiel ihm ganz und gar nicht. Er gab einen tiefen, heiseren Laut von sich, um Peri zu trösten, drehte sich um und marschierte zu ihm zurück. Ein paar Augenblicke lang konnte ich überhaupt nichts machen, um ihn davon abzuhalten. Ich hätte ebensogut gar nicht existieren können. Zug aufs Gebiß, Klopfer auf die Nase, Flüche – alles rollte ihm wie Wassertropfen über Kopf, Hals und Flanken. Gamesman erreichte den Ausgang des Ringes und war schon halbwegs hindurchgegangen, bevor ich in sein Bewußtsein eindringen konnte und ihm klarmachte, daß man dies nicht tun darf. Aber die Lektion haftete nicht. Während der nächsten halben Stunde – eine der härtesten, an die ich mich erinnern kann – rannte Gamesman entweder in blindem und taubem Schmerz gegen die Ringseite an oder balancierte auf zwei Beinen, während die anderen beiden in der Luft herumwirbelten. Der einzige Funken Trost, der mir noch blieb, war, daß er für die Beraubung seines Gefährten keinen Groll gegen mich persönlich zu hegen schien. Er versuchte weder mich anzugreifen noch zeigte er irgendwelchen Zorn. Sein vollständiges Nichtbeachten meiner selbst versprach – verglichen mit dem, was er hätte tun können – wenig Gefahr.

Bei Gamesmans Aufbäumen und Aufbegehren wagte ich nicht, ihn mit den anderen Pferden zusammen aufzustellen, und da man von den Richtern kaum erwarten konnte, daß sie ihm einen besonderen Besuch abstatten würden, hielt ich es für besser, uns zurückzuziehen, bevor wir irgend jemandem schweren Schaden zugefügt hatten. Einer meiner Hauptgründe für die Teilnahme an dieser Ausstellung war, ihn mit eigenen Augen mit anderen Huntern seines Alters vergleichen zu können und in dieser Beziehung wurde ich nicht enttäuscht. Dies, zusammen mit der Tatsache, daß Gamesman auch in seinen schlimmsten Augenblicken nicht die geringste Spur von Bösartigkeit gezeigt hatte, ließ mich den endgültigen Entschluß fassen, ihn auf keinen Fall vor einem weiteren Jahr zu kastrieren.

Was hatte Peri in der Zwischenzeit gemacht? Er, der zu Hause immer der Anführer zu allem Unfug war und nie eine Gelegenheit zu Schelmereien verpaßte, stand jetzt da wie ein Lamm. Als die Reihe an ihn kam, vor den Richtern aufzumarschieren, ging er fehlerlos Schritt und Trab und stellte sich aufmerksam mit erhobenem Kopf und ausgestreckten Beinen hin wie ein Veteran. Er war es, der alle Ehren aus dem Ausstellungsring davontrug und bei dem alle Leute stehenblieben und fachmännisch bemerkten: »Er wird einmal ein wunderbares Kinderpony werden, hat genau das richtige Temperament!«

So ging es den ganzen Sommer hindurch. Zu Hause konnte Gamesman kein

Unrecht und Peri kein Recht tun, aber sobald sie von zu Hause fort und im Wirrwarr einer neuen Umgebung waren, verlor Gamesman völlig den Kopf, während Peri das »ideale Kinderpony« wurde. Zu Hause galoppierte Peri stundenlang um seinen Gefährten herum und versuchte, ihn zu einem Spiel anzuspornen, während Gamesman im langsamen Trab daherkam, sich nie einen Zentimeter weiter bewegte, als er mußte oder schneller ging, als er für nötig hielt. Auswärts blickte Peri interessiert aber ruhig um sich, ging an einer losen Leine neben seinem Führer Schritt oder Trab, während Gamesman sich wie eine Marionette aufführte, deren Spieler an Veitstanz litt. Diese Expeditionen verloren bald jeglichen unterhaltsamen Charakter und lösten sich in qualvolle und erschöpfende Stunden im Fegefeuer auf. Elizabeth und ich gelangten bald zu dem Entschluß, daß wir genug hatten davon. Peri wurde in jenem Herbst an Mrs. Binne verkauft, die ihn im folgenden Frühling mit viel Erfolg vorstellte, und Gamesman durfte sich entspannen und mit seinem Halbbruder His Nibs aufwachsen.

Im Herbst, als er fast zwei Jahre alt war, begann Gamesman wirklich zu wachsen und zuzunehmen. Sein gewaltiger Rahmen begann sich zu einer massiven Maschine auszufüllen und gleichzeitig entwickelte er eine Schelmenhaftigkeit und eine Energie, die er vorher nicht gezeigt hatte.

Vorläufig schienen weder die Schelmerei noch die Energie mit dem Geschlechtlichen zusammenzuhängen. Er war mit Menschen oder anderen Pferden ruhig und freundlich wie immer, empörte sich über nichts und nahm irgendwelche Schmach mit schmerzlicher Resignation hin. Bemerkte er aber ein fesselndes Stück Papier auf der Straße, einen neuen Morastflecken oder ein ungewohntes Fahrzeug, so veränderte sich das Bild augenblicklich. Die meisten Pferde schrecken bei solchen Stimulanzien zurück oder nehmen in der Angst Reißaus. Aber nicht Gamesman. Stattdessen ging er heran, um sie zu untersuchen und ich konnte am anderen Ende des Seiles überhaupt nichts ausrichten, um ihn davon abzuhalten. Glücklicherweise kam mir John Hunt zu Hilfe. Johns 90 kg wohldisziplinierter Muskeln hatten mehr Einwirkung als mein Gewicht. Kaum hatte Gamesman John mit einem langen Stock herankommen sehen, so verbreitete sich ein Ausdruck von heiliger Ruhe über seinem Gesicht und er tat augenblicklich, wie ihm geheißen worden war.

Sobald sich das Wetter gegen den Frühling hin besserte und Gamesman gerade erst zwei Jahre alt geworden war, beschloß ich, mit dem Einreiten zu beginnen, um ihm etwas rudimentären Gehorsam beizubringen, bevor er unmoglich groß geworden war. In den Anfangsstadien verlief alles ohne jegliche widrige Zwischenfälle. Gamesman war in seinem Stall immer die

Freundlichkeit selbst und zeigte weder beim Putzen noch beim sonstigen Umgang den geringsten Widerstand. Als er sogar anfangs jenes Winters Huffäule entwickelte als Folge von Schmutz, der ihm durch einen Spalt in den Huf eingedrungen war, machte er bei der Behandlung absolut keine Schwierigkeiten. Während der Tierarzt den Huf zurückschneiden mußte, um etwa einen halben Liter Eiter herauszulassen, wurde Gamesman vor Schmerz fast ohnmächtig, aber er zuckte nicht einmal und zeigte nie den leisesten Groll.

Es bereitete jetzt auch keine Schwierigkeiten, ihn im Stall zu satteln und zu zäumen, und als sogar der lose befestigte Gurt beim ersten Longierversuch wegrutschte (so daß das Polstermaterial darunter in alle Winde verweht wurde), stand Gamesman lediglich da und schaute mir zu, wie ich die Stücke zusammenlas oder versuchte, bei der Jagd nach den fliegenden Säcken mitzuhelfen. Das einzige, das ihm widerstrebte, war, als ich an seinen Seiten auf- und abzuspringen versuchte. Als ich ihn das erste Mal etwas Gewicht spüren ließ, legte er die Ohren zurück und ich dachte, es müßte ein Versehen sein. Er war in jeder anderen Hinsicht so außerordentlich sanft und zugänglich; es kam mir nicht im Traum in den Sinn, daß er es ernst gemeint haben könnte, als er sagte: »He! Tu das nicht!« Aber beim zweiten Mal war es unmißverständlich. Es hieß ganz deutlich: »Ich mag das nicht!« und diese Abneigung dauerte während einiger Wochen an.

Ich bin nicht ganz sicher, ob man dies auf ein ganz spezifisches Erlebnis zurückführen kann oder nicht. Kurz nachdem ich angefangen hatte, Gamesman im Stall zu satteln und zäumen, ließ ich ihn eines Tages mit dem Sattel und hinaufgezogenen Steigbügeln stehen. Ich entfernte mich nur zwanzig Meter, um meine Taschen mit Hafer zu füllen, aber als ich mich umwandte, um zu ihm zurückzukehren, war in Gamesmans Box ein riesiges Durcheinander und Stroh flog in allen Richtungen. Es war ihm gelungen, einen der Steigbügel mit dem Maul zu fassen und jetzt war sein Kiefer zwischen den Stahlrändern eingeklemmt.

Als ich ihn erreichte, hatte Gamesman den Sattel halbwegs an seiner Seite heruntergezogen und den Stand verloren; jetzt lag er am Boden, schlug nach allen Richtungen aus und hatte den Kiefer immer noch im Bügel eingeklemmt. Einen Augenblick lang war ich von Panik ergriffen wie er, denn ich sah keine Möglichkeit, ihn zu befreien. Nun aber war es die gute alte Nuki-Eigenschaft, die uns zu Hilfe kam. Kaum vernahm Gamesman meine Stimme, wehrte er sich nicht mehr und blieb bockstill liegen, bis ich den Gurt aufgemacht hatte. Als er befreit war, bewegte er ruhig seinen Kiefer hin und her, um sicher zu sein, daß er noch funktionierte und stand auf. Ich legte den Sattel sofort wieder auf und führte ihn spazieren. Er schien nicht im geringsten aufgeregt, und wenn seine Abneigung vor dem Bestiegenwerden irgend etwas mit dieser Begebenheit zu tun hatte, so war die Reaktion sehr verspätet. Während all der weiteren Prozeduren war Gamesman sehr ruhig und zugänglich, so lange wir im Schneckentempo vorwärtsgingen und man nie von ihm verlangte, daß er mehr als ein neues Ding lernen mußte. Wollte ich aber schneller vorangehen, stieß ich bald auf Schwierigkeiten; keine schlimmen, keine Zornausbrüche, nur Schmollen. Gamesman zeigte bald, daß seine intellektuelle Aufnahmegeschwindigkeit sehr beschränkt war und sobald ich etwas von ihm verlangte, das er nicht verstand, senkte er den Kopf, ließ die Ohren hängen, verzog das Maul und wanderte in den Stall zurück. Neue Aufgaben brauchten eine lange Zeit, um durchzusickern. Manchmal brauchte er sogar sehr lange, um zu merken, daß ihm etwas nicht gefiel. Als ich das erste Mal eine zweite Longe an der Trense befestigte, um ihn von hinten zu treiben (s. S. 148), zappelte er, zeigte aber eigentlich nicht, daß es ihm mißfiel. Am zweiten Tag ließ er mich damit nicht hinten um seinen Schwanz herumgehen. Am dritte Tag beruhigte er sich und am vierten hatte er sich gefügt. Als ich etwas später zum ersten Mal versuchte, ihn mit herunterhängenden Steigbügeln zu longieren, so daß sie gegen seine Seiten klopften, wurde er plötzlich ganz Hengst: er stand still und begann den Stuten zuzurufen. Am nächsten Tag weigerte er sich überhaupt, mit herunterhängenden Bügeln zu traben. Ich konnte ihm einzig ein bißchen langsamen Schritt entlocken, indem ich statt hinter ihm neben seinem Kopf stand. Am folgenden Tag tat er nicht einmal mehr dies und als ich es mit Drohungen statt mit Überredungskunst versuchte, zeigte er sich das erste und einzige Mal in seinem Leben zornig. »Bei diesem Spiel können zwei mitmachen!« schnappte er und ging mit Vorderfüßen und Zähnen auf mich los. Ich beschloß, bei der Psychologie statt der Gewalt zu bleiben und schnallte die Bügel wieder hoch, bis wir genau dorthin zurückgekehrt waren wie vorher. Dann ließ ich sie langsam über Wochen hinaus Tag für Tag ein Loch ums andere hinunter. Im Gegensatz zu Nauri, die alles blitzartig gelernt hatte und der alles ebenso blitzartig verleidet wurde, wurde es Gamesman nie langweilig, immer wieder die gleiche Routine zu wiederholen. Er schien nie glücklicher, als wenn er genau wußte, was kommen werde und was er als nächstes zu tun hatte. Seine unglaubliche und manchmal zermürbende Langsamkeit im Lernen hatte einen großen Vorteil: was er an einem Tag gelernt hatte, wurde am nächsten nicht durch eine neue Lektion ausgelöscht. Es haftete.

Aus diesem Grund war ich besonders darum besorgt, daß er nie Gelegenheit haben sollte, etwas Falsches zu machen oder sich eine schlechte Gewohnheit anzueignen. Fühlte ich, daß er nicht in der richtigen Weise auf eine Aufgabe ansprach, hörte ich sofort damit auf, bis ich mir einen besseren Weg ausdenken konnte, um sie ihm beizubringen. Jegliche erwünschte Reaktion, und sei sie auch noch so zufällig produziert worden, wurde augenblicklich durch Leckerbissen belohnt (begleitet von einem lauten »Brav!«, welches schließlich selber eine Belohnung wurde) und es bestanden keine Zweifel, daß er unsere Lektionen genoß. Sobald er mich mit der Ausrüstung auf den Stall zukommen sah, wieherte er leise vor Freude. Dies betrachte ich als wesentlich, denn obschon er kaum zwei Jahre alt war, war Gamesman bereits groß und stark genug, um jedes Kräftemessen zu gewinnen, auf das ich mich hätte einlassen wollen.

Im Verlaufe der Wochen wehrte er sich immer weniger gegen eine Bewegung seinen Flanken entlang. Ich konnte am Sattel hängend auf- und abspringen, ohne daß er mit einem Muskel zuckte. Am 30. März 1962 kletterte ich das erste Mal auf ihn herauf und setzte mich ein paar Augenblicke ruhig auf seinen Rücken. Nachdem er mein Gewicht spüren und meine Füße in den Bügeln sehen konnte, drückte ich seine Seiten mit den Schenkeln und sagte »Vorwärts!«

An jenem ersten Tag gehorchte er augenblicklich. Aber als bis zum dritten Tag sein Erstaunen vergangen war und er sich zu wundern begann, ob das Gerittenwerden überhaupt eine gute Sache sei, stand er still und stampfte ein paarmal, als ich ihm zuerst befahl, vorwärts zu gehen; aber er hatte bis dahin gelernt, mir genügend zu vertrauen, um anzunehmen, daß meine Befehle nur Dinge verlangten, die in Ordnung waren und daß diese zudem von Belohnungen gefolgt sein würden. Und so ging er vorwärts. Von jenem Moment an hatten wir nie mehr die geringste Schwierigkeit oder Uneinigkeit. Ein nasser, stürmischer April wurde von einem sehr beschäftigten Mai in Oxford abgelöst, so daß ich nichts mehr mit Gamesman machen konnte, als ihn etwa alle zehn Tage hinauszunehmen. Diese langen Pausen zwischen den Lektionen hätten den meisten Pferden die Gelegenheit geboten, alles bisher Gelernte zu vergessen. Hier erwies sich Gamesmans langsame Gehirntätigkeit von Vorteil. Dinge, die einmal eingedrungen waren, kamen nie mehr heraus. Es kam überhaupt nicht darauf an, wie lange die Pause war. Sobald er Sattel und Zaumzeug sah, war er genau an dem Punkt, wo wir das letzte Mal aufgehört hatten. Wurden zudem die richtigen Umstände jedesmal genau hergestellt, schien es ihm nicht darauf anzukommen, was er unter anderen

Umständen tat. Als wir später mit ihm auf die Rennbahn gingen, war diese Eigenschaft Gamesmans größter Vorzug. Damals hatte er nämlich bereits eine Saison auf dem Gestüt verbracht, nach der sein Verhalten in der Nähe von anderen Pferden so unmöglich war, daß es eine Zeitlang nicht mehr in Frage zu kommen schien, ihn zu reiten. Aber dies geschah, als Gamesman fast sechs Jahre alt war. Er wurde das erste Mal Vater, als er erst drei Jahre alt war.

Ich hatte nicht vor, mit Gamesman zu züchten, bevor ich mich davon überzeugt hatte, daß seine Gesundheit und seine Ausdauer so gut waren wie sein Temperament. Die meisten britischen Experten waren schockiert von der Idee, überhaupt mit ihm zu züchten. Während die Halbblutstute seit langer Zeit als die ideale Grundlage für hunterartige Reitpferde angesehen wird, ist der Nicht-Vollblut-Zuchthengst ein Fluch. Aber 1962 waren die Halbblutstuten bereits so selten wie Diamanten und es erforderte keine statistische Untersuchung, um herauszufinden, daß beim gegenwärtigen Rückgangstempo diese innerhalb von etwa zehn Jahren ausgestorben sein würden. Mit deren Rückgang trat aber eine entsprechende Zunahme der rein gezogenen Stuten auf dem Markt ein, so daß es möglich war, eine Vollblutstute von gutem Exterieur, Abstammung und Leistungszeugnis zu einem vernünftigen Preis zu erstehen. Mir schien der offensichtliche Weg, um die Hunter-Rasse zu fördern, mit einem Halbbluthengst und Vollblutstuten zu züchten. Ich hatte aber nicht die Absicht, so etwas die nächsten sechs Jahre zu tun. In der Zwischenzeit war es mir bei großem Kostenaufwand gelungen, noch eine Halbblutstute anzuschaffen, die wir immer Muff nannten. Muff war für Jagdritte die größte Enttäuschung (ich werde später noch viel mehr über sie berichten) und für die Zucht nahezu eine Katastrophe. Nachdem sie im ersten Jahr nicht aufgenommen hatte, trat im nächsten Frühling bei ihr überhaupt keine Rosse ein. Mitte Juni hatte sie mich bereits ein Vermögen gekostet für Gestütsgebühren und Futter und war immer noch so weit davon entfernt, ein Fohlen zu produzieren, wie als ich sie zu einem ausgefallen hohen Preis erstand. In meiner Verzweiflung beschloß ich, sie mit Gamesman auf die Weide zu lassen, um zu sehen, was er erreichen könne.

Damals waren Gamesman (zweijährig) und sein Halbbruder His Nibs (einjährig) miteinander auf der Weide und die besten Freunde. Nibs hatte weder Gamesmans Aussehen noch seine Ruhe geerbt und war bereits kastriert worden. Wir brachten diese beiden zusammen mit Muff auf die von der Straße entferntesten Weiden, wo Gamesman und Perl als Fohlen gelebt hatten. Während des ganzen ersten Abends wurde in einem zufriedenen *ménage à trois* geschnuppert, gequietscht und ausgeschlagen. Obwohl Gamesman offensichtlich ein Neuling war, bemühte er sich sehr, sich mit dieser Dame richtig zu benehmen und blickte unaussprechlich schmerzerfüllt drein, wenn Muff bei allen Annäherungsversuchen ihm Schläge auf Brust und Schulter hageln ließ. Nach jeder Salve zog er sich ein paar Augenblicke zurück, um von seinem Bruder getröstet zu werden, und wandte sich dann erneut dieser wichtigen Aufgabe zu.

Zu welchem genauen Zeitpunkt sich das allgemeine Schema ihres Verhaltens geändert hat, weiß ich nicht. Am 16. Juni ließ ich sie etwa um zehn Uhr nachts allein. Am folgenden Morgen um acht Uhr graste His Nibs gute 100 Meter von den anderen entfernt für sich allein auf einem Teil der Weide. Wenn er irgendeine Bewegung machen wollte, warf er zuerst einen furchtsamen Blick in Gamesmans Richtung und war immer fluchtbereit. Muff und Gamesman schienen in ihren Beziehungen zueinander noch wenig vorangekommen zu sein. Gamesman bewegte sich jedesmal hoffnungsvoll, wenn Muff ihren Kopf vom Boden hob (was zugegeben nur etwa jede halbe Stunde einmal vorkam) und erhielt immer noch für jede Annäherung ein Paar Hinterhufe in die Brust. Während Gamesman und Muff an jenem Abend immer noch *status quo* waren, war der arme kleine His Nibs mehr und mehr zu einem Ausgestoßenen geworden und wir brachten ihn eilends in eine angenehmere Umgebung weg. Am nächsten Morgen folgte die Auseinandersetzung zwischen Gamesman und Muff.

Leider hatte ich der Vorstellung nicht beiwohnen können, aber deren Beschreibung durch die Hunts war haarsträubend genug. Muff hatte sich irgendwie auf die andere Seite eines Stacheldrahtzaunes gezwängt und als die Hunts nach ihnen schauen gingen, raste Gamesman auf seiner Seite hin und her und versuchte, zu ihr zu gelangen. Muff wurde eingefangen und auf die Koppel zurückgebracht, worauf Gamesman wütend auf sie losstürzte, sie sich aber sofort davonmachte und wieder über den Zaun sprang. Nachdem sie das zweite Mal eingefangen worden war, kannte Gamesmans Erregung keine Grenzen. Er flog nochmals auf sie zu und trotz ihres abwehrenden Sperrfeuers an Schlägen jagte er sie herum, bis sie aus reiner Erschöpfung in einem Graben zusammenbrach und ihm ausgeliefert war.

Nach John und Elizabeth Hunts Beschreibung von Gamesmans Verhalten während dieser Begebenheit befürchtete ich, daß das Pferd nun seine Kraft und Gewalt auch gegenüber Menschen sowie anderen Tieren anwenden würde. Ich ergriff eilig ein Halfter, füllte meine Taschen mit Pferdewürfeln und machte mich auf zur Koppel, um Gamesman an meine Autorität zu erinnern, während er, wie ich hoffte, sich noch von seinen morgendlichen Anstrengungen erholte. Zu meiner ungeheueren Erleichterung schien sich das Drama bereits gelöst zu haben. Die beiden Tiere grasten friedlich dicht beieinander, als ich mich der Weide näherte und auf mein Rufen hin kamen sie Seite an Seite heran. Zudem begann Muff ihm vorwurfsvoll zu rufen, als ich Gamesmans Halfter angelegt hatte und begann, ihn herumzuführen. Gamesman blickte bei jedem Ruf zu ihr zurück, aber durch einen scharfen Befehl konnte sich die Gewohnheit des Gehorsams wieder behaupten und er blieb nicht stehen.

Im folgenden Herbst schien er sich auch nicht allzusehr zu sorgen, als er und Muff getrennt wurden, nachdem die Stute als trächtig erklärt worden war. Sobald Muff weg war, teilten Gamesman und His Nibs wieder eine Weide und wurden erneut die besten Freunde; und als ich im folgenden Frühling Gamesman wieder zu reiten begann, handelte es sich lediglich darum, den Sattel aufzulegen und die Sache dort aufzunehmen, wo wir aufgehört hatten. Unsere nächste Serie von Lektionen behandelten das Erlernen des Canters und des Springens. Ich hatte ihn im vorherigen Sommer eher zufällig mit diesen beiden Notwendigkeiten bekannt gemacht. Ich ritt ihn eines Tages auf einer Gruppe von Koppeln umher und beschloß, auf dem Heimweg über einen Graben zu gehen, dessen Bach durch einen kürzlichen Regenfall angeschwollen war und seine Brücke überflutet hatte. Gamesman senkte den Kopf tief hinab, bevor er durch die große Pfütze gehen sollte und um sein Gleichgewicht nicht zu stören, gab ich ihm die ganze Länge der Zügel hin. Aber statt wie ich erwartet hatte im Schritt durchzugehen, fand er die Pfütze einen Sprung wert und im letzten Augenblick nahm er einen Satz, der mich völlig überraschte und ihm mein Gewicht in den Rücken warf. Als Gamesman auf der anderen Seite der Pfütze landete und dies spürte, senkte er den Kopf noch tiefer und bockte. Dadurch war mein Gleichgewicht völlig gebrochen und bevor ich die Zügel wieder aufnehmen konnte, um die Herrschaft wieder zu gewinnen, hing ich in einer unmöglichen Stellung um seine Ohren. Es gab nur noch eines — abspringen und nochmals beginnen.

Als ich ihm zu Füßen auf dem Boden landete, ging Gamesman reiterlos im Galopp davon, während die Bügel an seine Seiten schlugen und ihn noch mehr antrieben. Ich stellte mir bereits vor, wie er über das Tor springen und für immer verloren sein würde. Beim Tor jedoch hielt er an, stieß einen Hilfeschrei aus und als er mich in der Ferne am Boden stehen sah, canterte er zu mir zurück, hielt an meiner Seite an und rief flehend um Trost und Beruhigung. Sobald diese genügend eingeflößt worden war und sein Zittern nachgelassen hatte, stand er bockstill, bis ich wieder auf seinen Rücken geklettert war. Man hört immer wieder Geschichten von Pferden, die einmal einen Weg gefunden haben, ihre Reiter abzusetzen und nicht zögern, dies so oft wie nur möglich zu tun. Ich nahm es als ein Zeichen des Erfolges, mit welchem ich Gamesman beigebracht hatte, daß Reiten Spaß ist, daß er während des restlichen Tages und sogar während der nächsten paar Tage sorgfältig wie ein Seiltänzer balancierend umherging, um mich nicht wieder zu verlieren. Aber Erbgut mag sogar hier mitspielen, denn Gambit, sein ältester Sohn, hat genau das gleiche getan, nachdem ich mich das erste Mal von ihm getrennt hatte.

Nachdem ich entdeckt hatte, wie verstört Gamesman war ob des Verlustes seines Reiters, fand ich es an der Zeit, ihm beizubringen, daß ich mich im Sattel tatsächlich bewegen *konnte* (und sogar von seinem Rücken herunterspringen, während er in Bewegung war), ohne daß etwas Schreckliches folgen mußte. Ich begann damit, ihm fliegenden Galoppwechsel beizubringen und dann trabten wir über am Boden liegende Stangen, Büchsen etc. Als ich im folgenden Frühling zu reiten begann, war somit die Bodenarbeit erledigt und wir mußten nur noch den letzten Schliff anbringen.

Wir hatten immer über die Art von Springpferd spekuliert, das Gamesman einmal werden würde. Hengste sollen häufig so große Angst haben, daß sie sich anschlagen können und gehen oft nicht einmal in die Nähe eines Hindernisses oder wenn sie springen, dann beharren sie darauf, jedes Hindernis mit einem sehr großen Abstand zu nehmen. Gamesmans Verhalten bei jedem neuen Hindernis war respektwürdig, denn er setzte über die kleinste Stange, wie wenn sie eine zwei Meter hohe Mauer wäre. Als er das Hindernis aber kannte, wich sein Respekt. Beim dritten oder vierten Versuch wandte er nie mehr als das Minimum auf für ein Hindernis, ging im Trab statt im Canter heran, wenn er dies durfte, und hielt so bald als möglich auf der anderen Seite an.

All seine Tätigkeiten wurden in jener Zeit durch eine Sparsamkeit im Aufwand charakterisiert. Es mag sein, daß dies zum großen Teil auf einen Mangel an Hafer zurückzuführen war, denn ich wollte nichts provozieren. Zwei Wochen, bevor ich ihn zu reiten begann, bekam er gar keinen Hafer mehr, gedieh aber bestens mit Kalbswürfeln und Kleie. Als wir später seine Haferration wieder erhöhten, fühlte ich in der Tat, wie sich eine gewisse Tendenz zu »Versuchen wir's einmal!« in sein Verhalten einschlich. Aber der Mangel an Hafer konnte nicht ausschließlich für seine Milde verantwortlich sein. Ich habe andere Pferde zugeritten, die Monate, bevor ich mit ihnen zu arbeiten begann, keinen Hafer mehr bekamen und die sich ganz anders verhielten. Gamesmans Lethargie stammte von etwas viel Tieferem, nämlich einem strengen Sinn für Sparsamkeit. Von den ersten Wochen seines Lebens an schien er schon dazu zu neigen, seine Energie für Dinge aufzusparen, auf die es wirklich ankam. Beim Spielen mit Peri hatte er nie einen Schritt mehr als nötig getan; bis er drei Jahre alt war, hatte ich Gamesman in seinem ganzen Leben nur zweimal voll galoppieren sehen. Das erste Mal wurde dies durch die Erscheinung eines Mähdreschers und das zweite Mal durch eine Heckenschneidmaschine auf den Feldern neben seiner Koppel ausgelöst. Aber als er einmal angefangen hatte, konnte er nicht mehr aufhören. Ohne sein Tempo zu verlangsamen oder Ermüdungserscheinungen zu zeigen, umkreiste er unablässig die Weiden, bis der Schweiß in Bächen an ihm hinunterfloß. In allen anderen Fällen schien ihm ein bummelnder Canter zu genügen. Torkelnd, stolpernd und schlurfend ging er überall hin, wo er wollte — und auf diese Art liebte er es auch, leider, unter dem Sattel zu gehen.

Als Zweijähriger schien Gamesman vielversprechende Gänge zu entwickeln. Anfangs hatte er das Bestreben zu schlurfen, wie natürlich alle Pferde, wenn sie das erste Mal geritten werden, aber stufenweise fand er sein Gleichgewicht, und sein Trab war angenehm fließend. Die Kraft und der Schub aus der Hinterhand waren für ein so junges Pferd enorm und ich war sehr optimistisch. Jetzt, da er fast dreijährig war, war sein Trab immer noch gut und der Schub von hinten größer denn je, aber es war leider allzu offensichtlich, daß er nicht einen Meter weit cantern konnte. Sobald dies von ihm verlangt wurde, senkte er den Kopf und begann mühsam vorwärts zu kriechen, so wie dies Nuki und Nauri im gleichen Alter auch getan hatten. Das war eine traurige Enttäuschung, weil ich gehofft hatte, daß er im Herbst auf die Rennbahn könnte. Ich hatte bereits mit Peter Ashworth abgemacht, daß er ihn im Sommer ins Training nehmen sollte.

Peter nahm ihn, aber bereits nach zwei Wochen läutete er an und sagte, daß das Pferd mindestens drei Monate regelmäßige Arbeit und Wachstum brauche, bevor es für irgend etwas bereit sei. Er schlug mir vor, ihn einem Bauern in hügeligem Gelände zu geben, der mit ihm vier bis fünf Stunden pro Tag beim »Eintreiben der Schafe« gleichmäßig arbeiten würde! Ich wußte nicht, ob solche Leute heute noch existieren (wo es einfacher ist, die Schafe mit Jeep und Hund einzutreiben). Mit Bestimmtheit wußte ich nur das eine, nämlich, daß ich keinen kannte; wenn ich auch einen gekannt hätte, hätte ich ihm nicht vorschlagen mögen, Gamesman, einen grünen, trotzköpfigen Hengst zu übernehmen, der sich von einem Moment zum anderen auf und davon machen könnte, um eine benachbarte Stute zu besuchen. Die einzige in Frage kommende Person war David Biddlecombe, und als ich meinen nächsten Besuch bei Nauri abstattete, brachte ich ihm mein Problem vor. David zögerte nicht länger, als es die Höflichkeit erforderte. Es bedeutete für ihn eine große Herausforderung, mit einem Hengst zu arbeiten und Jagden zu reiten (sein Vater hatte eine ganze Anzahl Araberhengste für Zirkusnummern zugeritten) und er willigte ein, Gamesman zu nehmen, sobald ich ihn hinbringen könnte.

Ich holte Gamesman an einem Sonntag bei Peter Ashworth ab und brachte ihn am nächsten Tag gleich nach Gloucester, um David dort zu treffen. In den drei Wochen im Rennstall war mein knutschiges, dickes Baby verschwunden. An seiner Stelle fand ich einen wild blickenden, sich aufbäumenden Wahnsinnigen, mit Hafer gesättigt und den Kopf voller Gedanken an Rennbahn und Frauen; Muskeln begannen an die Stelle des Fettes zu treten, seine Augen starrten in die Ferne. Trotzdem verlief die Reise ruhig; in Gloucester verließ er den Transporter und blickte mit leichtem Erstaunen um sich. Um seine Tiere zu transportieren, besaß David damals einen ziemlich havarierten und primitiven alten Viehwagen, der aussah, als ob er nicht einmal ein Dutzend Schafe fassen könne, geschweige denn ein Pferd. Ich machte mir Sorgen, daß Gamesman ihn nicht willig betreten würde, war aber sehr erleichtert, als er nicht nur geradewegs die Rampe hinaufging, sondern drinnen ruhig mit gesenktem Kopf stehen blieb, um angebunden zu werden. Die Rampe wurde gehoben und an ihrem Platz befestigt. David und ich standen ruhig da und tauschten Klatsch aus, als es plötzlich losging. Mit einem gewaltigen Empörungsschrei gab Gamesman seinen Wunsch bekannt, herausgelassen zu werden und begann den Transporter so zu rütteln, daß er umzustürzen drohte.

»Adieu!« rief David, »ich hau' ab!«, ließ den Motor aufheulen und machte sich schwankend, rüttelnd und krachend auf seine 250 km lange Reise.

Anscheinend hatte sich Gamesmans Zorn während einer guten Stunde nicht abgeregt, aber David fuhr ohne Anhalten oder Zurückschauen weiter. Als sie schließlich ihr Ziel erreichten, hatte sich Gamesman in seine mißliche Lage geschickt.

Dieses Verhalten war für Gamesman ziemlich typisch während der ganzen Zeit, in der er bei David war. Er kämpfte mit allen Mitteln gegen etwas, das er nicht tun wollte, aber wenn er schließlich nachgab, tat er es nicht nur mit gutem Willen, sondern auch frohgemut und von da an immer bereitwillig.

Die Biddlecombe-Stallungen befinden sich ca. hundert Meter vom Haus entfernt am unteren Ende der Einfahrt. Am Ende dieser Einfahrt vor der Straße befindet sich ein kleines, etwa ein Meter breites Viehgitter, über das ein Pferd mühelos hinübertreten kann, wenn es einmal gelernt hat, wie. Trotzdem verursacht dieses Gitter bei jenen Tieren, die nicht daran gewöhnt sind, einige Aufregung. Nauri wurde durch dieses Gitter sehr aus der Fassung gebracht und noch einige Wochen nach ihrer Ankunft pflegte sie schon von weitem zu schnauben in Erwartung des großen Sprunges, den sie machen müßte, wenn sie schließlich angelangt war. David war auf die gleichen Schwierigkeiten gefaßt, als er das erste Mal mit Gamesman auszureiten beschloß. Aber sie gelangten überhaupt nicht bis zum Gitter. Sie kamen tatsächlich kaum einen Meter vom Stall weg. Sobald ihm bewußt wurde, daß man ihn von den anderen Pferden wegführte, widersetzte sich Gamesman und bäumte sich auf. Drei Tage lang kämpfte er. Schließlich stand Davids Vater mit einer Jagdpeitsche hinter ihm und gab ihm jedesmal eine gehörige Tracht Prügel, wenn er stehenbleiben wollte. Sobald Gamesman sich dann die Einfahrt hinauf in Bewegung gesetzt hatte, spitzte er die Ohren und ging mit Bestimmtheit vorwärts. Er überschritt das Gitter, ohne es überhaupt anzusehen und gelangte auf die Straße. Er ging ohne Zögern an Schweinen, Verkehr und Schafen vorüber und außer einem gelegentlichen Zucken der Ohren zögerte er nie mehr.

David begann bald nach Gamesmans Ankunft im Wald mit ihm über kleine Balken und Baumstämme zu springen und das Pferd zögerte oder scheute nie. Einzig liebte er es nicht, wenn er ein Hindernis, das er gut gesprungen hatte, nochmals nehmen mußte. Im Gegensatz zu Nauri, die durch die tiefen, breiten Gräben im Süden des Landes ganz aus der Fassung gebracht worden war, sprang sie Gamesman vom ersten Tag an ohne die geringsten Schwierigkeiten und streckte sich in freudiger Ungezwungenheit über einen gähnenden Abgrund nach dem anderen.

Als sich David zum ersten Mal mit den Hetzhunden hinauswagte, war er begreiflicherweise etwas ängstlich. Er war völlig darauf gefaßt, bevor der Tag um war, von seinem Pferd getrennt zu werden, so daß er in langen Hosen und Gummistiefeln auszog statt in üblicher Reitbekleidung, während er von einem Jeep gefolgt wurde, in dem er Seile und Ersatzsattelzeug verstaut hatte. Seine Befürchtungen stammten teilweise von einer Begebenheit, die sich ein paar Wochen vorher abgespielt hatte, als er einem der Hengste begegnete, die frei in den Quantock-Hügeln umhergehen, um die dort lebenden Ponystuten zu decken. Als David und Gamesman eines Tages ausgeritten waren, begegneten sie einer Gruppe dieser Bergponys und innerhalb

Sekunden rasten die beiden Hengste zu wildem Kampf aufeinander los. Wie es David damals gelungen war, Gamesman wegzulocken, weiß er bis zum heutigen Tag nicht. Von dem Augenblick an, wo er den anderen Hengst gesehen hatte, war Gamesman auf den Hinterbeinen, schlug wie wild mit den Vorderbeinen in der Luft herum und schrie vor Wut.

»Ich kann dir sagen, an jenem Tag zitterte ich wie Espenlaub«, erzählte David zwei Jahre später, »ich zitterte so fest, daß ich kaum das Tor aufmachen konnte, als ich es schließlich erreichte. Aber weißt du, heute ist er nicht mehr so schlimm. Wenn ich jetzt einem anderen Hengst begegne, muß ich nur etwas scharf mit ihm sprechen und er geht an ihm vorüber. Aber ich glaube, daß er an jenem Tag den Ponyhengst umgebracht hätte, wenn er losgekommen wäre. Ich kann dir sagen, er hat mich zittern gemacht!«

Die Möglichkeit, daß Gamesman auch einige der anderen Pferde, die den Quantocker Hetzhunden folgten, umbringen möchte, war sehr ermutigend und kaum hatte Gamesman von weitem die anderen Reiter entdeckt, sah er aus, als ob er eben dies tun wollte. David war Gamesman aber an Beharrlichkeit, Mut und Ausdauer ebenbürtig und rückblickend beschreibt der Reiter sein damaliges Verhalten bloß als »ein bißchen Steigen und Schwierigkeiten machen«. Am Ende von vier Stunden hatte David nach und nach die Lücke zwischen ihm und den anderen Pferden geschlossen, so daß er bei Tagesende mit relativer Leichtigkeit neben einem anderen Pferd heimreiten konnte. Die Schlacht war gewonnen. Von jenem Tag an ging Gamesman jede Woche ein- oder zweimal auf Jagden und Mitte November schien er in Form und bereit zum Galoppieren.

Dann kam unsere wirkliche Enttäuschung. Mein Plan war gewesen, Gamesman in jenem Winter Hürdenrennen laufen zu lassen. Ich wollte sowohl seine Geschwindigkeit als auch seine Gesundheit prüfen, bevor er endgültig zur Zucht gehen sollte. Meine heimliche Vorstellung, daß er gewinnen würde, war wohl etwas phantasievoll, aber ich hoffte wenigstens, daß er mich nicht allzusehr blamieren würde. Als aber von ihm verlangt wurde, sich im Galopp zu strecken, ging sein Kopf hinunter und er schien am Ort hin- und herzuschaukeln. Er glich einem Rennpferd ebensowenig wie eine Porzellankatze. Es wäre fast gefährlich, ein Pferd mit einer solchen Bewegung laufen zu lassen. Ich erinnerte mich noch daran, wie Nauri gebummelt und gewatschelt war, bis sie völlig ausgewachsen war und hegte deshalb die leise Hoffnung, daß Gamesman sich mit dem Alter verbessern könnte, aber ich mußte eine sofortige Entscheidung über Gamesmans Zukunft treffen. Sollte ich ihn im Training lassen und riskieren, daß es ein totaler Fehlschlag wäre oder sollte

ich meine Hoffnungen endgültig begraben und ihn sofort auf das Gestüt schicken?
Schließlich gewann die Vernunft. Es gelang mir langsam, meine phantasievollen Träume zum Erlöschen zu bringen und ich begann, mich um die Vorkehrungen zu kümmern, um Gamesman als Zuchthengst auszuschreiben. Er hatte sich wenigstens als gesund, stark und fügsam erwiesen, was bei jedem Reitpferd wertvolle Eigenschaften sind, auch wenn ein gewisses Maß an Geschwindigkeit fehlt; auf diese Empfehlungen hin versuchte ich, Kunden anzulocken.
Da ich auf Leyland Farm nicht für einen Gestütsbetrieb organisiert war, traf ich Abmachungen, wonach Gamesman auf ein kleines Hunter-Gestüt zirka zehn Meilen von hier entfernt gehen sollte; anfangs Februar 1964 sollte er dorthin umziehen. Es war kurz vor Weihnachten und nachdem alle diese Pläne gemacht waren, begann Gamesman plötzlich zu wachsen und gleichzeitig auch zu galoppieren. Genauso wie es im Vorjahr mit Nauri geschehen war, hatte seine Schulter endlich die Höhe der Hinterhand erreicht. Seine Sprunggelenke, die drei Jahre lang nach einwärts gestellt waren und aussahen wie diejenigen einer Kuh, hatten sich geradegerichtet und jetzt konnte er im Galopp die gleiche Schrittlänge erreichen wie im Trab.
David telefonierte mir, um die Ankündigung zu machen. »Ich ritt ihn, um für die Jagd einer Hirschkuh den Weg abzuschneiden, und er galoppierte den ganzen Weg schneller als sie. Das braucht Geschwindigkeit, kann ich dir sagen! Oh, er war maximal! Er *kann* wirklich laufen und ich bin überzeugt, daß er ein paar Rennen gewinnen würde, wenn du ihm ein bißchen Zeit gibst.«
Ach, es war zu spät! Ich hatte alle Vorkehrungen getroffen, um Gamesman aufs Gestüt zu bringen: er war in der Presse ausgeschrieben worden, und diese Pläne konnte ich nicht rückgängig machen. »Ich kann nur eines tun«, sagte ich zu David, »und das ist, daß ich ihn Dir nächstes Jahr zurückschicke, wenn das Leben auf dem Gestüt ihn nicht allzusehr verdirbt.«
Ich hatte nicht erwartet, daß Gamesman in jenem ersten Jahr zur Deckung von mehr als einem Dutzend Stuten verlangt wurde. Um sicherzustellen, daß er mindestens zwei Stuten von guter Qualität zu decken hatte und damit ich sehen konnte, was für Abkömmlinge produziert würden, wenn er mit einer Vollblutstute gepaart würde, hatte ich zwei nicht teure Stuten von guter Abstammung gekauft, um sie von ihm decken zu lassen. Zusammen mit der reuelosen und immer noch hartnäckig unfruchtbaren Muff gingen ihn diese beiden Stuten Ende März besuchen. Ich war sehr erstaunt zu hören, daß

Gamesman bereits sechs Stuten gedeckt hatte und für weitere zehn vorgemerkt war. In der Tat hat er während jener Saison nicht weniger als dreißig Stuten gedeckt, von denen 29 trächtig wurden.
Die Wirkung hiervon war aber auf Gamesmans Gemüt katastrophal. Bei seiner Ankunft auf dem Gestüt hatte er sich ziemlich höflich benommen und war sogar einmal zur Jagd geritten worden, um seinen Heldenmut zu beweisen. Aber in steigendem Maß ließen ihn das zusätzliche Futter, das er bekam, sowie die Erkenntnis, wozu er eigentlich dort war, alles andere vergessen außer seiner gegenwärtigen Aufgabe. Kaum war ein Pferdetransporter in den Hof eingefahren, begann Gamesman, während die anderen Hengste mit ruhiger Erwartung zusahen, wie ein Irrer herumzuschlagen, polterte gegen die Tür, riß an seiner Decke, schlug mit dem Kopf gegen die Wand. Glücklicherweise stand er ruhig genug, um vom Hengstwärter gezäumt zu werden, aber kaum war das Gebiß im Maul und die Boxtüre geöffnet, tanzte er auf den Hinterbeinen heraus und schlug wie wild auf irgendwelche Menschen los, die ihm im Weg sein mochten. Wenn Besitzer zusehen wollten, wie ihre Stuten gedeckt wurden, empfahl man ihnen, dies außer Reichweite und hinter Barrikaden zu tun. Der Tierarzt, der jeden Morgen vorbeikam, verlangte ein Gefahrenhonorar, wenn er in die Nähe von Gamesman gehen mußte, während dieser gebraucht wurde. Gamesmans Eifersucht auf die anderen Hengste glich einer Besessenheit. Mit ihm auszureiten wurde undenkbar und obwohl er gegen Mitte Juli Anzeichen von Beruhigung aufwies, schien es völlig außer Betracht zu stehen, daß er je wieder in Jagdfelder oder auf die Rennbahn zurückkehren könnte. Er war nun eben ein Beschäler — und ein ziemlich widerspenstiger dazu. Betrübt schrieb ich David, daß unser Traum eines Sieges im Grand National mit unserem Halbbluthengst endgültig ausgeträumt sei.
Aber wie Gamesman hatte auch ich die Biddlecombesche Entschlossenheit unterschätzt. Weniger als eine Woche nach Empfang meines Briefes stand David vor der Tür. »Ich weiß gar nicht, warum du meinst, daß man Gamesman nicht mehr reiten kann. Ich werde ihn für dich reiten, wenn es sonst niemand tut. Dem Pferd fehlt nichts, was nicht durch einen Tag auf der Jagd wieder in Ordnung gebracht werden kann. Gib ihn mir doch wieder zurück, wenn er auf dem Gestüt fertig ist, und ich werde es dir beweisen!«
»Aber David, hast du ihn gesehen?« wandte ich ein.
»Ja, ich habe ihn gesehen. Ich bin gerade jetzt von dort gekommen. Ich sage dir, das Pferd ist vollständig in Ordnung. Er braucht nur einen langen Galopp in die Hügel hinauf und er wird ruhig sein wie ein Lamm.«

»Aber was wird er tun, bevor er zu diesem langen Galopp kommt?«
»Nichts«, wehrte sich David. »Und übrigens hast du mir versprochen, daß ich ihn am Ende der Saison wieder haben kann und du darfst dein Wort nicht brechen.«
Obwohl ich fühlte, daß ich nicht moralisch verantwortlich war für irgend etwas, das David wegen seiner Tollkühnheit zustoßen könnte, war ich trotzdem durch ein Schuldgefühl beunruhigt. Erlaubte ich ihm etwas, das jede vernünftige Person als katastrophal erkennen würde? War es gerecht, zuzulassen, daß er sich wegen seiner Hartköpfigkeit umbrachte? Ich hatte das Gefühl, daß David nur deshalb auf der Sache beharrte, weil alle Leute ihm sagten, er sei wahnsinnig; nur weil alle behaupteten, das Pferd könne nie ein Rennen gewinnen, machte sich David daran, sie Lügen zu strafen. In mehr als einer Beziehung war ich mit von der Partie bei Davids eigensinniger Verkehrtheit. War nicht ich ursprünglich dafür verantwortlich, ihn mit dieser Herausforderung konfrontiert zu haben? Und jetzt war ich sogar daran, ihn weiterfahren zu lassen.
Alle Experten und mein eigenes Gewissen hätten sich nicht gewaltiger irren können. Am Ende der Decksaison wurde Gamesman nach Gloucester geschickt und dort wie im Vorjahr in den alten Biddlecombe-Transporter verladen. Er wieherte laut, als er das bekannte Fahrzeug erblickte und verhielt sich darin sogleich ruhig. Am allernächsten Tag bereits legte ihm David den Sattel auf den Rücken, ritt mit ihm die Einfahrt hinauf und ins Gelände hinaus, wobei er nicht einem Zehntel der Schwierigkeiten, die er das letzte Jahr gehabt hatte, begegnete. Schon nach einer Woche waren sie wieder mit den Hetzhunden auf der Jagd und Gamesman benahm sich mit derselben Geschicklichkeit, die er gezeigt hatte, bevor er so unsanft von diesem Sport weggeschnappt worden war.
Aber trotzdem geschah es nicht ohne eine gewisse Unruhe, daß David mit Gamesman den ersten Versuch auf der Rennbahn wagte. Dank unzähliger Fehler und Verzögerungen mit seiner Nennung konnte er erst kurz nach Weihnachten sein Debüt machen. David hatte beschlossen, ihn zuerst in zwei oder drei Anfänger-Hürdenrennen laufen zu lassen, um ihm zu zeigen, was er zu tun hatte und um mehr über sein Vermögen zu erfahren, bevor er sich über seine zukünftige Laufbahn entschied. Als das erste Rennen näherrückte, schwor David, daß das Pferd zu Hause so ruhig wie ein Lamm war und neben jedem Pferd galoppieren und springen würde, inklusive Nauri, seiner eigenen Schwester, und kreuzbrav sein würde. Als sie in Chepstow zu ihrem Debüt erschienen, war ich trotzdem beruhigt zu erfahren, daß kräftige und

zuverlässige Späher in regelmäßigen Abständen der Bahn entlang aufgestellt waren, um das Biest zu fangen, sollte es loskommen, und daß ein übergroßer Mann mit einem Stock bewaffnet Gamesman mit einem Kappzaun über der Trense auf der Koppel umherführte und daß Davids Onkel, Walter Biddlecombe, und seine beiden Vettern Terry und Tony für gute Ratschläge und Erste Hilfe bereits zur Hand waren.

Als es dann losging, brannte das Feuerwerk ohne den kleinsten Funken zu sprühen ab! Als Gamesman aus dem Transporter geführt wurde, bäumte er sich auf, wirbelte mit den Vorderbeinen in der Luft herum und schrie herausfordernd einige Minuten lang. Da er aber keine Antwort erhielt, beruhigte er sich — und wartete. Er wartete immer noch, gespannt und steifbeinig, als er den Paradering betrat. Er wartete sogar immer noch, als David ihn zum Start hinunterritt. Dummerweise wartete er noch immer, nachdem das Feld schon lange auf den Weg geschickt worden war und die anderen bereits weit über die erste Hürde hinaus waren!

Das Jahr 1964 hatte wegen hartem Boden erst einen späten Start für die National-Hunt-Saison gebracht und nun, da sie in vollem Gange war, waren die Felder der Anfänger-Hürdenrennen ungeheuer groß. Es kam sogar häufig vor, daß zwanzig bis dreißig »grüne«, untrainierte Pferde in Reih und Glied auf die erste Hürde loslegten; die Tatsache, daß sich in jenem Jahr keine schlimmen Unfälle ereigneten, scheint vielen ein Wunder zu sein. Dies heißt aber nicht, daß es keine »Zwischenfälle« gab. In Gamesmans erstem Rennen stürzten drei Pferde schon bei der ersten Hürde (eines, nachdem es die Stangen gegen die Tribüne hin sprang) und jede weitere Hürde auf der Bahn forderte ihren Tribut an Stürzen oder Verweigerungen. Als sich Gamesman schließlich anschickte, den anderen nachzufolgen, mußte er sich seinen Weg durch dieses Labyrinth von Opfern bahnen (ich war unerhört erleichtert, daß er nicht mit den anderen gestartet und selbst ein Opfer geworden war!) und er verbrachte so viel Zeit damit, sich dies alles anzusehen, daß er nie dazu kam, sich mit dem Rest des Feldes zu messen.

Sein nächster Start war in allen Beziehungen weniger nervenaufreibend und obwohl Gamesman von Zeit zu Zeit stehenblieb, um die Landschaft zu bewundern, vermochte er sich den respektablen zehnten Platz aus 23 Teilnehmern zu sichern. Beim dritten Start begann er zum erstenmal ein wenig einem Rennpferd zu gleichen, aber es zeigte sich nach und nach deutlich, daß er mindestens drei Meilen benötigen würde, um sein Bestes zu leisten und daß er über richtige Hindernisse statt über Hürden vorteilhafter abschneiden würde.

BLV
MÜNCHEN
BERN
WIEN

Diese Karte lag in dem Buch:

Meine Meinung über das Buch:

Absender:

Name

Beruf

Ort (Postleitzahl)

Straße

WERBEANTWORT

BLV
Verlagsgesellschaft

8 München 40

Postfach 40 03 20

Eine Woche bevor Gamesman dieses neue Unternehmen in Angriff nehmen sollte, hatte David leider einen schlimmen Sturz von Nauri und verbrachte drei Wochen im Krankenhaus, wo ihm verschiedene Knochen mit Stahlnägeln und Metallplatten zusammengeflickt wurden. Ein Berufsjockey, der Gamesman noch nie geritten hatte, erklärte sich mutig bereit, ihn bei dieser großen Gelegenheit zu reiten, aber es ging nicht gut zwischen den beiden. Vor allem konnten sie sich bei keinem Hindernis über den Absprung einigen. Der Jockey setzte unweigerlich einen Galoppsprung vor Gamesman an, der erst nachkam, als der Jockey bereits am Landen war. Es war erstaunlich, daß sie so lange beieinanderblieben. Beim offenen Graben kam es unweigerlich zu einer Trennung und da jeder erleichtert schien, den anderen losgeworden zu sein, gingen beide sichtlich befreit ihrer Wege. Gamesman flog in großartigem Stile über zwei weitere Hindernisse einschließlich des Wassergrabens. Nachdem er von einem anderen reiterlosen Pferd eingeholt wurde, gingen die beiden zusammen aufs Land hinaus.

Der Boden war um diese Zeit wieder sehr hart geworden und obwohl Davids Freunde auf edle Art die Lücke, die seine Abwesenheit geschaffen hatte, ausgefüllt hatten und seine Pferde bewegten, um sie in Kondition zu halten, so lange er außer Gefecht gesetzt war, schien es uns viel vernünftiger, für die Saison zusammenzupacken, bevor noch mehr Unheil angerichtet werden könnte.

David war sich auch darüber klar geworden, daß berufliches Rennreiten weniger Spaß bereitet als Point-to-point-Reiten und da er überzeugt war, daß Gamesman über größere Distanzen besser abschneiden würde als über kurze, beschloß er, sich im nächsten Frühling an die Jagdtreffen zu halten. Aber auch in diesem Spiel schien es während langer Zeit, als ob unsere Träume von einem von Gamesman gewonnenen Rennen unerfüllt bleiben würden und daß David als Trainer/Jockey und ich als Besitzerin die Zielscheibe des Spottes der ganzen Jagd-Renngesellschaft bleiben würden.

Die Verbindung von zwei Bestrebungen – die eine, daß er gerne Fett ansetzte (was ihm nach zwei Meilen den Atem ausgehen ließ) und die andere, daß seine Gedanken wanderten (eine Tatsache, weil er manchmal vergaß, daß sich auf seinem Weg eine Hürde befand), machten die ersten von Gamesman besuchten Anlässe zur Katastrophe. Die Vorbereitungen wurden in jenem Jahr auch durch das Wetter nicht begünstigt, das zwischen strömendem Regen und eisigen Winden abwechselte. Eine Woche wurde ein Treffen wegen Überschwemmung abgesagt, die nächste wegen zu hartem Boden. Erst bei seinem vierten Start schien Gamesman eine leise Hoffnung zu begünstigen, aber obwohl er an jenem Tag gut galoppierte und sprang, war ihm der Atem eindeutig am Ausgehen, als David zwischen den letzten beiden Hindernissen das Äußerste von ihm verlangte. Einen Augenblick lang sah es aus, als ob er es schaffen würde, aber das letzte Hindernis war zu viel für ihn. Er schlug oben an, stürzte flach auf die Seite und blieb einen Moment liegen, als hätte er das Genick gebrochen.

Glücklicherweise war er nur außer Atem und stand bald wieder auf den Beinen. Die Experten prophezeiten ihm aber das Ende seiner Karriere. Sogar ein Wallach müßte ganz besonderen Mut haben, um nach einem solchen Sturz nochmals zu starten, ein Hengst würde es nie tun.

»Wir werden aber immer besser«, sagte David keck (glücklicherweise hielten seine zusammengenagelten Knochen immer noch); »das nächste Mal passieren wir vielleicht sogar das Ziel!«

Aber das nächste Mal schien alles schon von Anfang an schiefzugehen. Nauri lief im gleichen Treffen unter Pam Clyde-Smith, die nachher verkündete, daß eine der obersten Wiesen des Parcours durch den kalten Ostwind so stark ausgetrocknet war, daß man wie auf einer Betonstraße galoppiere. Weder waren solche Bedingungen für Gamesman vorteilhaft, noch schien die ganze Atmosphäre angenehm zu sein. Der prämierte Hengst des Bezirkes stolzierte auf dem Parcours umher und Gamesmans Nackenhaare hatten sich vom Augenblick seiner Ankunft an aus Zorn gesträubt. »Er ist wirklich scheußlich übel gelaunt heute«, sagte Davids Vater, der ihn vor dem Start im Ring herumgeführt hatte. »Man fühlt genau, daß er nicht dabei ist. Er denkt die ganze Zeit nur an jenen Hengst.«

Gamesman startete in einem großen und anregenden Feld; es befanden sich vier Sieger unter den zehn Teilnehmern. Trotzdem war der Start eine große Verwirrung und die ersten drei Hindernisse forderten viele gestürzte Pferde und Reiter, über welche jene, die noch auf den Beinen waren, hinüberklettern mußten. Am Ende der ersten Runde war etwas Ordnung eingetreten, David befand sich an vierter Stelle und Gamesman schien glücklich und zufrieden zu laufen. Vier Hindernisse noch zum Ziel, er lag immer noch an vierter Stelle, aber zwei der Pferde vor ihm begannen etwas Mühe zu haben. Nur der Favorit lief noch mühelos, aber auf der harten Stelle hielt David Gamesman zurück, um seine Beine zu schonen, wobei der Favorit um gute acht Längen in Führung ging. Noch zwei Hindernisse, Gamesman lief immer noch so gut, daß er sicher plaziert werden mußte — und dann, als der Boden wieder gut war, begann David aufzuholen. Er nahm das zweitletzte Hindernis weniger als drei Längen hinter dem Führer und die Zuschauer begannen etwas Dramatisches zu ahnen. Gamesman holte weiter auf. Als sie zum letzten Hindernis kamen, nahm David seine Peitsche und gab Gamesman einen scharfen Schlag auf die Kruppe. Gamesmans Kopf schoß vor; ob Pferd oder Jockey den Sturz der letzten Woche noch in Erinnerung hatten, konnte man keinem von beiden ansehen. Mit voll ausgestrecktem Hals galoppierte Gamesman auf das Hindernis los, als wollte er es zerstören, sprang richtig ab und gewann im Sprung eine Länge — an der er festhielt, bis er das Ziel passiert hatte.

Der Sieg in diesem Rennen mochte für viele Leute unbedeutend gewesen sein. Es war nicht ein sonderlich berühmter Anlaß — und im Verlaufe desselben hatte Gamesman seine Schienbeine auf jener harten Wiese so arg geprellt, daß er während vieler Monate nicht mehr richtig ausschreiten konnte. Aber für David und mich bedeutete er alles. Jetzt, da David seine Kritiker Lügen gestraft und bewiesen hatte, daß der Hengst gewinnen konnte, schien ihn der fesselnde, spannende Reiz des Rennens zu verlassen. Er hatte erreicht, was er sich in den Kopf gesetzt hatte; er hatte wenig Lust, sich weitere Ziele zu erarbeiten und seine Aufmerksamkeit begann sich anderen Dingen zuzuwenden. Andere Gebiete mußten erobert werden; andere Herausforderungen boten sich an.

Was mich anbelangt, hatte sich Gamesman in offener Prüfung gegen andere Pferde behaupten können, aber noch viel wichtiger war, daß er seine eigenen Fehler überwinden konnte, statt durch sie niedergeschlagen zu werden. Kein Pferd, das so wie er das letzte Hindernis eines Drei-Meilen-Parcours gesprungen hat, nachdem es die Woche vorher einen so bösen Sturz erlebte, ist zu verachten. Obwohl das Lob sicher David gebührt, war das Pferd auch für mich vollständig in Ordnung. Die erste Gruppe seiner Nachkommen versprach bereits, seinen Fußstapfen zu folgen und ich wollte nicht, daß ihm etwas zustoße, bevor er mindestens noch eine Saison auf dem Gestüt gehabt hatte. Ich sagte David, er solle ihn auf die Weide tun, bis ich ihn wieder nach Leyland Farm nehmen konnte. Da sich David entschlossen hatte, das Concoursreiten für mindestens ein paar Jahre aufzugeben, war er darüber froh. Ich hatte im Sinn, Gamesman und auch Nauri anfangs Sommer 1966 abzuholen, aber es wurde der 1. August, bis es mir möglich war, sie in Somerset zu holen. Damals waren die beiden Pferde außer Training und befanden sich seit etwa drei Monaten auf der Weide — Nauri war trächtig. Ich hatte einige Bedenken, Stute und Hengst zusammen im Transporter heimzubringen, obwohl ich wußte, daß David nicht zögerte, die beiden Seite an Seite in einem Zwei-Pferde-Anhänger in der Gegend herumzukutschieren.

Als Dank für all das, was David für Nauri und Gamesman getan hatte, schenkte ich ihm einen von Gamesmans Söhnen; und als ich nun hinunterfuhr, um die beiden älteren Pferde abzuholen, brachte ich diesen und einen anderen Jährling als Gefährten – Nukis dritte Tochter, Noisette – nach Bridgwater. Als wir die Jährlinge ausluden und sie an Gamesmans Weide vorbeiführten, raste der Hengst heran, um uns zu begrüßen. Die Furcht, die ich einmal (vorübergehend) gehabt hatte, daß Gamesman vergessen habe, was er mit Stuten tun sollte, wurde still verdrängt. Ein Blick auf Noisette, seine Nichte, und er war quietschend auf den Hinterbeinen. David klopfte mit einem Stock auf den einzelnen Draht, der Hengst und Stutfohlen trennte, und trotzdem der Hengst weiterhin wieherte, war er vernünftig genug, nicht zu uns herüberzukommen.

»Nun, David«, sagte ich nach dieser Vorstellung etwas aufgeregt, »wenn er sich hier so aufführt, was wird er bloß tun, wenn er bei mir zu Hause ist?«

»Es wird gutgehen. Er macht nur viel Theater. Du brauchst dir gar keine Sorgen zu machen.«

»Aber ich hatte im Sinn, selbst mit ihm Jagden zu reiten, bis er aufs Gestüt muß.«

»Du mußt! Er ist herrlich zum Reiten!«

»Aber er ist seit Monaten nicht mehr geritten worden. Vielleicht hat er alles vergessen.«

»Nein, das hat er nicht, nicht Gamesman! Schau, wenn du Bedenken hast, satteln und zäumen wir ihn gleich jetzt und reiten aus.«

So wurden Sattel und Zaum geholt und auf ein Rufen von David galoppierte Gamesman heran, ließ sich das Sattelzeug über all seinen Schmutz auf der Wiese auflegen und siehe da, er ging so ruhig und gelassen den Weg hinauf, als wäre er jeden Tag des vergangenen Monates geritten worden.

Ich war durch diese Begebenheit so beruhigt, daß ich bedenkenlos am nächsten Morgen mit Gamesman, im vorderen Teil des Transporters angebunden, und, getrennt durch ein ziemlich leichtes Wändchen, Nauri im hinteren Teil, losfuhr. Alles ging friedlich – am Anfang. Die Reise von Bridgwater nach Gawcott dauert im Transporter etwa sechs Stunden und ich hatte zwei davon hinter mir, als ich ein leises Wiehern von Gamesman hörte. Dies wurde von einem dumpfen Schlag gefolgt, der den Transporter über die Straße bocken ließ und ich fast die Herrschaft darüber verlor. Einen Augenblick der Stille – dann noch ein Wiehern, noch ein dumpfer Schlag und noch ein gehöriger Ruck. Ich befand mich gerade auf einem besonders schmalen Stück Straße zwischen Trowbridge und Frome mit einer hinter mir herkriechenden

Schlange von etwa vierzig Fahrzeugen, während ein Strom des Bank-Holiday-Verkehrs mir entgegenkam. Es war absolut unmöglich, an dieser Stelle anzuhalten oder die lange Seitenrampe auf die Straße hinunterzulassen, um in den Transporter zu klettern und nachzusehen, was los sei. Ich konnte jetzt nur weiterfahren und hoffen, daß der Transporter wenigstens so lange zusammenhalten würde, bis ich eine Ausweichstelle erreicht hatte. Das Wiehern dauerte an; unregelmäßige Schläge und Erschütterungen begleiteten es — und immer wand sich die Straße weiter und wurde, wie mir schien, schmäler statt breiter. Nirgends eine Toreinfahrt, wo ich hätte anhalten können. Allmählich ließ der Lärm im Transporter etwas nach. Nach einer weiteren halben Stunde war nichts mehr zu hören. Wir waren mitten in Devizes, als der Krach mit erneuter Wucht wieder einsetzte, aber hier fand ich glücklicherweise einen leeren Parkplatz, auf dem ich anhielt. Das Übel stellte sich bald heraus. Während der ersten zwei Stunden, in denen er so ruhig gewesen war, hatte Gamesman sein Seil durchgekaut. (»Ich vergaß, dich zu warnen«, sagte mir David, als ich ihn später anläutete, »er tut das immer. Ich fahre ihn immer mit einem Maulkorb oder an einer Kette angebunden.«) Als er sich befreit hatte, begann er die alten Pferdedecken, Heunetze usw. zu untersuchen, die auf einem Regal oberhalb seines Kopfes aufbewahrt gewesen waren und nun zertrampelt und zerrissen zu seinen Füßen lagen. Als ihm dies dann verleidet war, hatte er seine Aufmerksamkeit Nauri zugewendet und war im Moment dabei, sich einen Weg durch die Trennwand zu beißen und zu scharren, um zu ihr zu gelangen. Die Vorstellung, daß ich jetzt in diesen engen Raum hinein mußte, um ihn wieder anzubinden, ließ mein Blut leicht gerinnen. Aber sobald er meine Stimme hörte, hielt er mit Schlagen und Wiehern inne und Gamesman blickte mit einem Ausdruck auf, als wollte er sagen: »Du hast aber lange gebraucht! Ich hätte nie geglaubt, daß ich mir solche Dinge während einer so langen Zeit erlauben dürfte!«

Ich hatte beabsichtigt, sofort nach unserer Heimkehr einen kurzen Ritt mit ihm zu machen, damit ihm bewußt werden sollte, daß er auf Leyland Farm geritten und nicht als Zuchthengst beansprucht wurde. Aber wie dies ihre Gewohnheit ist, kamen gleich alle Stuten und Fohlen zum Tor hinaufgerannt, sobald sie den Transporter hörten, noch bevor ich Gamesman herausgeführt hatte. Er selber war durch den Anblick und den Geruch von Familienleben so angeregt, daß er während des ganzen ersten Abends an nichts anderes denken konnte. Es schien mir sogar katastrophal zu werden, ihn über die Straße auf die Koppel zu führen (wo ich ihn mit seinem ältesten

Sohn Gambit, das Produkt aus seiner Verbindung mit Muff, hinauslassen wollte). Ich konnte nur eines tun — ihn im Stall einschließen, bis ein bißchen von seiner Energie aufgebraucht worden war — was am nächsten Morgen der Fall zu sein schien. Tags darauf brachten wir ihn mit Gambit auf die Weide, wo er früher mit His Nibs gewesen war. Der arme Gambit mußte vier ganze Stunden jede Nacht während des nächsten Monates die Schmach auf sich nehmen, als Stute behandelt zu werden.

Nachdem die erste große Aufregung über seine Heimkehr etwas abgeklungen war, wurde Gamesman wiederum ruhig und fügsam, aber ich muß gestehen, daß es einige Wochen dauerte, bis ich wirklich überzeugt war, daß sein Stampfen und Schnauben in Wahrheit nur, um Davids Worte zu brauchen, »etwas Theater« waren. Drei Wochen später nahm ich mit ihm an einem lokalen Gymkhana teil, wo er sich so gut aufführte, daß ich sogar beschloß, mit ihm im offenen Springen zu starten. Obwohl er noch nie zuvor ein farbiges Hindernis gesehen hatte, sprang er den ganzen Parcours ohne Bedenken und von da an bis zur Eröffnung der Jagdsaison beteiligten wir uns höchst vergnüglich — und auch mit einigem Erfolg — an den örtlichen Veranstaltungen.

Während ich dies schreibe, hat er drei weitere Saisons auf dem Gestüt verbracht, die jedes Jahr von einigen Tagen Jagdreiten unterbrochen werden und ich kann Davids Meinung vollauf bestätigen: »Er ist herrlich zum Reiten!«

Pferde-Kindheit

Wenn ich alle von Nukis Kindern und Enkeln so ausführlich beschreiben wollte wie Nauri und Gamesman, würde dieses Buch sehr schnell monoton werden. Die meiste Zeit und auf viele Arten und Weisen haben sich alle von Nukis Abkömmlingen gleich verhalten und doch hat jeder seine eigene Persönlichkeit und seinen Charakter zum Ausdruck gebracht. Zudem war jeder von Nukis Sprößlingen in vielen Beziehungen verschieden von den anderen Pferden, mit denen sie aufgezogen wurden, wie im Anhang zusammengefaßt wird.

In diesem und im folgenden Kapitel will ich versuchen, dies näher zu erläutern, indem ich die Familienähnlichkeit, das Alter, in welchem jedes typische Verhaltensschema erkennbar wurde und das Ausmaß, mit dem jeder einzelne auf Ausbildung und Erfahrung ansprach, skizziere. Da jedoch, wie im ersten Kapitel erklärt, alle meine Versuche mit kontrollierten Experimenten als Katastrophen endeten, gründen sich die Argumente hier auf einfacher, anekdotischer Beobachtung, aber diese Beobachtungen konzentrieren sich auf einige entscheidende Situationen.

Verhalten gegenüber Menschen

Die Bedeutung der ersten paar Tage, ja der ersten paar Stunden im Leben von vielen Tieren ist nun erkannt worden. Pferde müssen kurz nach ihrer Geburt fluchtfähig sein und so kann man erwarten, daß sie sehr schnell durch ihre Wahrnehmungen lernen. Ich bin davon überzeugt und ihre Tendenz zur »Prägung« (siehe Kapitel 1) im weiten Sinn kann oft beobachtet werden. Eines meiner Fohlen, das eine alte Stute, Late Coup (siehe später), einen Monat zu früh gebar, wurde während der nur zwei Tage seines Lebens mit der Flasche getränkt. Trotz seines zarten Alters und seiner Schwäche vermochte es jedesmal zu wiehern, wenn seine menschlichen Pflegeeltern es alle zwei Stunden tränken kamen, zeigte aber nie eine ähnliche Erkennungsreaktion seiner eigenen Mutter gegenüber.

Wie Wattvögel neigen auch Fohlen dazu, irgendeinem Gegenstand zu folgen, der in ihr Gesichtsfeld gelangt. Die Gefahr, daß ein Fohlen von seiner Mutter getrennt wird, weil es dem falschen Pferd folgt — oder irgendeinem anderen Tier, das seine Aufmerksamkeit erregt —, ist in Gestüten wohlbekannt. Gewöhnlich wird diese Gefahr von der Mutter abgewehrt, die sich schon bei der ersten Gelegenheit zwischen ihr Junges und den Eindringling stürzt und so meistens ihren eigenen Körper im Gesichtsfeld des Jungen beläßt. Während einer solchen Balgerei kann viel Schaden für alle Beteiligten angerichtet werden und deshalb versucht man eine Stute, die bald abfohlen soll, von den anderen Pferden zu trennen.

Jedoch das typische Verhalten der Stuten und die Raschheit, mit der viele ihre Jungen zur Welt bringen, macht dies nicht immer möglich. So habe ich schon erwähnt, daß Nauri uns mit ihrem ersten Fohlen, Nymphette, überrascht hatte. Das Fohlen wurde nachts in nicht im geringsten geschützter Umgebung auf einer großen Weide voll anderer Tiere geboren und überstand es bestens. Aber so bald als möglich wurden Nauri und ihr Junges auf eine kleine Weide für sich allein gebracht, währenddem die beiden anderen Pferdebewohner, die zweijährige Gracie und der Jährling Navy Blue, auf der großen, danebenliegenden Weide belassen wurden. Diese beiden Jungen waren natürlich rasend eifersüchtig auf den neuen Ankömmling, den sie in der vorherigen Nacht kaum genauer betrachten konnten. Bald galoppierten sie dem Zaun zwischen den beiden Weiden entlang oder reckten ihre Hälse so weit als möglich hinüber. Schließlich aber war für Navy Blue die Aufregung unerträglich geworden. Er legte auf seiner Weide einen großen Kreis an und startete aus gut hundert Metern Entfernung auf den Zaun zu. Mit gestellten Ohren raste er auf das Hindernis zu, maß sorgfältig zwanzig Meter davor seine Schritte ab und landete dann wohlbehalten auf der kleinen Weide. Damit begann das Spiel. Sobald sich Navy Blue Mutter und Kind auf Meter genähert hatte, legte Nauri die Ohren zurück, ging auf ihn los, drehte sich um und schlug aus. Navy Blue tanzte aus dem Gefahrenbereich heraus, aber das Fohlen, das begonnen hatte, Nauri in einer bestimmten Richtung zu folgen, ging dem sich bewegenden Gegenstand nach, der jedoch dann bereits Navy Blue war. Dann jagte Nauri den beiden nach, stürzte sich zwischen Fohlen und Jährling und schob das Fohlen auf die Seite. Obwohl etliche Leute zu Hilfe eilten, sobald der Alarm gegeben worden war, schien es eine Ewigkeit, bevor sie da waren und auch dann war der Zwischenfall noch lange nicht zu Ende. Bei fliegenden Hufen und schnappenden Zähnen war es nicht einfach, irgendeines der Pferde einzufangen. Navy Blue trug weder Halfter noch Halsriemen und so wurde Nauri, die vorsorglicherweise einen Halsriemen trug, als erste gestellt. Während sie gefangen und angebunden wurde, gönnte sich Navy Blue einen langen Blick auf das neue Fohlen und trottete dann zufrieden zu seiner vorherigen Gespielin, Gracie, zurück. Das Fohlen jedoch, dessen instinktiver Drang zur Nachfolge geweckt worden war, hüpfte ihm freudig nach und weder unser Rufen noch Winken konnten es davon abhalten. So mußte Nauri wieder losgelassen werden, um es auf ihre eigene Art zu retten, was sie schließlich mit so gezielten Schlägen gegen Navy Blue tat, daß dieser sich von selbst dazu entschloß, die beiden in Ruhe zu lassen.

Ein Punkt, der in vielen Tierstudien nicht erwähnt worden ist, aber den ich besonders an dieser Stelle beschreiben möchte, bezieht sich auf die unterschiedlichen Reaktionsweisen, die visuelle Reize in verschiedenen Individuen hervorrufen. Mit einem neuen, unbekannten Gegenstand konfrontiert, wird das eine Fohlen um Hilfe schreiend davonlaufen; das andere wird stehenbleiben und herausfordernd schnauben; das dritte wird sich umdrehen und danach schlagen. Aber diese verschiedenen Reaktionen bedeuten nicht unbedingt verschiedene Gefühle, und umgekehrt kann das gleiche Verhalten bei verschiedenen Gelegenheiten oder von zwei verschiedenen Pferden nicht auf das gleiche Gefühl schließen lassen. Das Zögern beim Passieren eines Gatters kann beispielsweise durch eine Anzahl unterschiedlicher Gründe hervorgerufen werden. Als Peri und Gamesman ein paar Stunden nach ihrer Geburt sich weigerten, das Feld, auf dem sie zur Welt gekommen waren, zu verlassen (siehe Seite 70), konnte der einzige mögliche Grund dazu ihre Furcht sein, ins Unbekannte vorzudringen. Noisettes Zögern hingegen, das Feld zu verlassen, beruhte eindeutig auf einer anderen Tatsache. Noisette (der Kürze halber immer »Netta« genannt) begann ihren Unwillen beim Verlassen der Weide erst mit fünf Wochen zu zeigen und unsere große Mühe, sie herauszulocken, wurde sicher nicht durch einen Mangel an Selbstsicherheit ihrerseits veranlaßt. Netta war Nukis sechstes Fohlen und wurde am Ostermontag 1965 geboren. Nach einigen milden Tagen und Nächten, während denen ich Nuki und ihr Neugeborenes Tag und Nacht auf der Weide gelassen hatte, schlug das Wetter plötzlich um und wurde naß und kalt. Ich hatte gehofft, daß das Fohlen, damals zehn Tage alt, stark und robust genug sein würde, um diesen Wechsel zu ertragen, aber leider war ich zu optimistisch. Ein Bazillus, gefolgt von einer Erkältung, verursachten bei Netta starken Durchfall und sie verbrachte ein paar besorgniserregende Tage im warmen Stall unter Decken, um sich von dieser Unpäßlichkeit zu erholen. Dank ihrer natürlichen

Kraft überstand sie es und erholte sich recht schnell, aber während der folgenden drei Wochen brachten wir sie für die Nacht immer in den Stall, um eine nochmalige Erkältung zu vermeiden.
Als wir sie das erste Mal von der Weide holen mußten, auf der sie zur Welt gekommen war, war sie zu schwach, um Widerstand zu leisten. Nachdem sie wieder hinausgelassen worden war, folgte sie ihrer Mutter abends von der Weide zum Stall und morgens vom Stall zur Weide, ohne je mehr als gelegentlich einen kleinen Schubser von hinten zu benötigen; als sie jedoch an Kraft zunahm, unternehmungslustiger und unabhängiger wurde und während des Tages mit ihren Kameraden spielen ging, wurde ihr das nächtliche Einsperren zuwider. Anfangs zögerte sie nur beim Betreten des Stalles und untersuchte lieber die Blumentöpfe im Hof, als in die allzubekannte Box zu gehen. Dann beschloß sie, den Hof gar nicht mehr zu betreten und die Situation erreichte schließlich den Höhepunkt, als sie beim Gattertor der Weide stehenblieb und sich weigerte, hindurchzugehen, Nuki anschrie, sie ja nicht zu verlassen, aber sich nicht von den anderen Pferden losreißen konnte. Die Ähnlichkeit zwischen dem Verhalten von Netta und demjenigen von kleinen Kindern bei Schlafenszeit müßte auch dem härtesten Anti-Anthropomorphisten (Gegner der Vermenschlichung) in die Augen springen.
Ein neugeborenes Fohlen bekommt das Gattertor der Weide üblicherweise nicht vor einigen Stunden nach seiner Geburt zu sehen. Seine ersten visuellen Erfahrungen sind wahrscheinlich der Anblick der eigenen Mutter oder der Menschen, die bei der Geburt helfen. Wie verhält sich das Fohlen diesen gegenüber?
Es scheint ebensoviele Reaktionsweisen eines Pferdes auf erste visuelle Eindrücke zu geben, wie es Fohlen gibt. Ich habe bereits erwähnt, wie Nauri und Gamesman, kaum waren sie auf der Welt, an ihre menschlichen Besucher herantraten und sie ohne das geringste Anzeichen von Angst beschnupperten. Peri hingegen hat dies nicht getan und ich hielt anfänglich den Unterschied zwischen ihm und Gamesman für ein Resultat der langen Domestizierung des Jagdpferdes gegenüber der relativen Vernachlässigung des Berg-Ponys durch den Menschen. Eine erste Ahnung, daß dem vielleicht doch nicht so wäre, erhielt ich durch den Tierarzt, Mr. Hasleden, der Muff beim Abfohlen beaufsichtigte.
Wie ich schon in Kapitel 4 erwähnt habe, war Muff eine der nervenzerrüttendsten und kostspieligsten von allen meinen Pferdeinvestitionen. Ich kaufte Muff im Alter von neun Jahren. Nuki hatte zu jenem Zeitpunkt bereits schon zwei Fohlen gehabt und war eifrig damit beschäftigt, ihr drittes zu produ-

zieren. Ich war erst etwa seit einem Jahr in Gawcott und obwohl mir nicht viel Zeit zum Reiten blieb, schien es mir angenehm, eine Stute zu haben, mit der ich im Winter Jagden reiten konnte, um im folgenden Frühling mit ihr zu züchten.
Muff, eine Tochter des prämierten Hengstes King's Idler, ist gebäude- und aktionsmäßig die perfekte Hunter- und Zuchtstute. Bei Vorführungen blieb sie selten unplaziert und vom Boden aus betrachtet sieht sie bequem aus wie ein Lehnstuhl. Als ich sie kaufte, war ich stolz auf meinen Riecher, sie gefunden zu haben. Bis dahin hatte ich einen jungen Angloaraber-Wallach namens Tatters geritten, der trotz guten Charakters eine entwaffnende Gewohnheit hatte. Wenn nicht anderweitig beschäftigt, sprang er plötzlich in die Luft, führte mit allen vier Beinen scherenähnliche Bewegungen aus, um nach einigen Sekunden dieser Luftakrobatik weit von seinem Startpunkt weg zu landen. Obwohl dies einen spektakulären Anblick bot, waren seine Verdrehungen nicht allzu schwierig auszusitzen. Mein Herz übersprang immer ein paar Schläge, wenn Tatters ansetzte, aber eigentlich gelang es ihm immer noch rechtzeitig, seine Beine wieder aufzulösen und gerade zu landen. Nachdem ich jedoch im vorherigen Winter einen schlimmen Unfall gehabt hatte, war ich vorsichtig geworden. Ein wiederholter Schlag auf meinen Kopf oder Nacken zu kurz nach dem anderen könnte schlimme Folgen haben und da dieses bei jedem von Tatters Luftsprüngen hätte vorkommen können, faßte ich sehr widerstrebend den Entschluß, unsere Partnerschaft aufzulösen.
Es war ein trauriger Abschied vom köstlichen Tatters, aber Muff schien für eine alternde und sehr beschäftigte Frau das geeignetere Reitpferd zu sein. Muffs Ruf als Jagdpferd war ziemlich gut und ich hatte mich selbst davon überzeugen können, daß ihre Stallmanieren nichts zu wünschen übrigließen. Mich nach allfälligen anderen Eigenschaften zu erkundigen, kam mir gar nicht in den Sinn und so zahlte ich ohne Bedenken, was damals für mich eine ziemlich maßlose Summe war.
Zwei Tage später, als ich von Oxford nach Hause kam, erwartete mich das Mädchen, das damals meine Pferde pflegte, auf der Treppe.
»Das neue Pferd, das Sie gekauft haben, — hat man Ihnen gesagt, daß es im Verkehr ruhig ist?«
»Ich habe überhaupt nicht danach gefragt, das habe ich angenommen. Mit neun Jahren sollte sie es wohl sein.«
»Ein Lastwagen kam von hinten, dort gleich auf der Straße, und im Nu landeten wir im Graben. Keine Angst, wir sind nicht verletzt, aber wir hätten beide tot sein können!«

Trotz aller Sorge und Vorsicht fuhr Muff von jenem Tag an fort, beim Erscheinen jeglichen Fahrzeuges einen Anfall zu haben. Der kritische Punkt war ihre vollkommene Unberechenbarkeit. An einem Tag ging sie an Lastwagen vorbei und scheute vor Fahrrädern, an einem anderen ging sie an Fahrrädern vorbei und scheute vor Fußgängern. Dann waren wieder die Lastwagen an der Reihe. Man konnte nie wissen, wo man stand oder auf was man nächstens gefaßt sein mußte.

Der zweite Nachteil Muffs kam zum Vorschein, als wir unsere erste Jungfuchsjagd ritten. Ich hatte sorgfältig den Verkehr auf dem Weg zum Treffen gemieden und war bei der Ankunft ziemlich zuversichtlich, zudem ich zu meiner Erleichterung herausfand, daß Muff weder nach den Hunden noch nach anderen Pferden schlug. Nach einer halben Stunde auf der Seite des Dickichts, wo Muff wie ein Lamm gestanden war, beschloß ich, mit einigen Freunden um die Wiese herumzugaloppieren. Plötzlich, ohne Warnung, wurde ich aus dem Sattel katapultiert und flog durch die Luft. Muff stand mit einem kläglichen Blick auf mich da. Leicht geblähte Nüstern und ein seitliches Zucken ihrer herabhängenden Ohren waren die einzigen Zeichen irgendeiner Anstrengung oder Schuld. Obwohl ich eigentlich nie mehr durch einen von Muffs Bocksprüngen abgeworfen wurde, jagte mir jede Wiese, die wir überqueren mußten, einen Schrecken ein. Im Gegensatz zu denen von Tatters machten Muffs Anstrengungen vom Boden aus gesehen gar keinen Eindruck, aber sie führten auf außerordentlich effektvolle Weise zum Ziel. Sie drehte sich irgendwie seitwärts, wenn sie buckelte und gleichzeitig schien ihre Schulter vorne zu verschwinden. Sie gab nie auch nur eine Sekunde der Vorwarnung.

Einzig Muffs offensichtliche Anhänglichkeit an uns bewahrte sie davor, sofort verkauft zu werden. Jedesmal, wenn ich von einem entsetzlichen Ritt zurückkehrte und die feste Absicht hatte, sie auf die nächstbeste Auktion zu bringen, schob sie ihre Nase liebevoll in meine Hand; jedesmal, wenn ich nach ihr schauen ging, begrüßte sie mich mit einem vertrauensvollen und erfreuten Gewieher, schnupperte an meinen Taschen herum nach Belohnungen, die sie mit Bestimmtheit verdient zu haben glaubte, wenn auch sonst niemand der gleichen Ansicht war. Ein Gefühl von Reue schien sie nicht zu kennen. Als wir uns entschieden, sie nicht mehr in vollem Training zu behalten und ihre Haferration einschränkten, verbesserten sich ihre Reiteigenschaften gewaltig, so daß der Fehler teils bei mir liegen durfte, indem ich sie überfütterte. Sei dem wie es mag, unsere Gemeinschaft war nicht eine der glücklichsten und es geschah mit einem Seufzer der Erleichterung, als ich sie

Nuki mit zwei Jahren bei der Stow Fair

Nuki mit drei Jahren: Die erste Springprüfung mit einem Reithalfter ohne Trense

Nauri – ein Tag alt: Alles innerhalb ihrer Reichweite findet sie schon interessant

Nauri und Nuki auf dem Gestüt

Nauri – vierjährig mit David Biddlecombe

Nauri mit Pam Clyde-Smith vor ihrem Sieg im Taunton-Vale-Rennen

Gamesman – vier Tage alt

Gamesman mit seinen Welsh-Gefährten
Peregrine und Periwinkle

Gamesman mit drei Jahren

Gamesman mit zehn Jahren

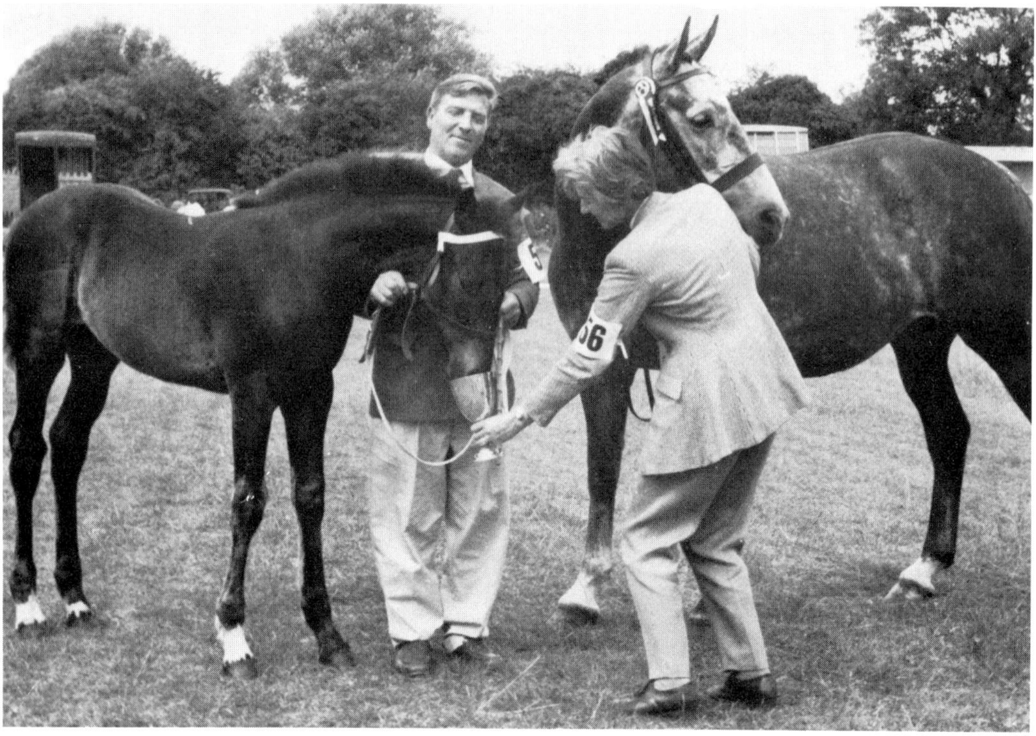

His Nibs als Fohlen mit John Hunt – er untersucht seinen vor kurzem gewonnenen Pokal

His Nibs im Alter von vier Jahren: Er gewinnt die Wilton-Hunter-Prüfung
Besitzer und Reiter: Richard Vines

Nuit mit zwei Jahren

Nuit mit fünf Jahren: Sie springt zum erstenmal im Parcours

Gambit mit drei Jahren

Gambit als Springpferd. Besitzerin und Reiterin: Sarah Roger Smith

aufs Gestüt schickte, um von Border Legend gedeckt zu werden, von dem Nuki soeben ein Fohlen zur Welt gebracht hatte.

Muff kam nach sechs Wochen auf dem Gestüt so dick und geschmeidig zurück, daß niemand daran zweifelte, daß sie tatsächlich trächtig war. Während des ganzen Winters nahm sie an Umfang zu. Im Frühling war sie riesig geworden und als ihre Zeit näherrückte, begannen wir sie nachts in den Stall zu bringen, so daß wir bei irgendwelchen Abfohlschwierigkeiten helfen könnten. Als die Zeit um war, ging Elizabeth Hunt jeweils mitten in der Nacht sowie am Tag nach ihr schauen. Obwohl ihr Euter lächerlich klein war, schien es unseren erwartungsvollen Augen mit jedem Tag etwas größer zu werden. Dann endlich kam der Morgen, an dem sie offensichtlich unruhig war und sich nicht wohl fühlte.

Ich ging nach ihr sehen. Muff kam auf mich zugerast, trompetete und hielt den Schweif hoch über dem Rücken. Weit davon entfernt, unmittelbar vor dem Abfohlen zu stehen, war sie nun eindeutig rossig und auf der Suche nach einem Hengst! Am nächsten Tag wurde sie sogleich wieder aufs Gestüt geschickt, aber ach, es war vergebens. Kaum war sie dort angelangt, wurde sie frigid und gab keinerlei Anzeichen dafür, während der nächsten acht Wochen nochmals rossig zu werden.

Ich begann langsam zu verzweifeln. Es waren nun zwei Jahre her, seit ich Muff gekauft hatte und dieses Abbild eines Mittelgewicht-Jagdpferdes hatte absolut nichts getan, um sich zu rechtfertigen. Die Versuchung, sie an eine Auktion – oder gar dem Pferdeschlächter – zu geben, stieg wieder in mir auf, aber ich beschloß, ihr eine letzte Chance zu geben. Ich brachte sie mit Gamesman zusammen, dessen Reaktionen auf diese Situation bereits beschrieben worden sind. Muff taute langsam auf. Gegen ihren Willen wurde sie schließlich trächtig und hatte auf diese Art noch einmal den Verkaufshof umgangen.

Neun Monate später erwarteten wir das Produkt dieser freien Liebe mit angehaltenem Atem. Diesmal bestand kein Zweifel darüber, daß Muff trächtig war, ebenso würde sie zweifellos eine adäquate »Milchbar« produzieren. Ich war nur darüber besorgt, daß sie beim Abfohlen Schwierigkeiten haben könnte. Sie war *ungeheuer groß* und ich konnte mir nicht vorstellen, daß das, was in ihr drin war, herauskommen könnte, ohne ihr Schaden anzurichten. Eines Abends verlor ich den Mut und läutete den Tierarzt an.

»Wahrscheinlich bin ich nur in Panik geraten, aber ich habe eine Vorahnung wegen dieser Stute«, sagte ich. »Ich bin überzeugt, daß sie zu dick ist, um in Ordnung zu sein. Darf ich sie bei Ihnen lassen, bis sie abgefohlt hat?«

Ich konnte mir vorstellen, daß er etwas über Frauen-als-Pferdebesitzer gemunkelt haben mag, aber er war sehr höflich und wir gingen hinüber.

Eine Woche später läutete er mich selbst an.

»Ihre Stute versucht seit zwei Tagen abzufohlen und ich glaube, daß das Fohlen tot sein muß. Wir tun alles für sie, aber ich dachte, ich sollte mit Ihnen in Verbindung bleiben. Ich lasse heute nachmittag einen Spezialisten kommen, um zu sehen, ob das Fohlen am Leben ist oder nicht und dann müssen wir schauen, was weiter zu tun ist.«

Das war einer der längsten Tage, an die ich mich erinnern kann. Ich wußte, daß meine Gegenwart nichts tun könnte als die Anstrengungen, die zu Muffs Rettung unternommen wurden, zu behindern, aber es war schrecklich, nicht dabei zu sein und sich so völlig nutzlos vorzukommen. Angehende Väter, die in den Korridoren der Geburtabteilungen von Spitälern auf- und abschreiten, könnten nicht mehr leiden.

Um sieben Uhr abends läutete das Telefon wieder.

»Das Fohlen ist noch am Leben und weist einen ausgezeichneten Herzschlag auf, und die Schmerzen der Stute haben ein bißchen nachgelassen. Wir werden noch ein wenig abwarten, ob sie es selbst schafft, wenn nicht, müssen wir es riskieren und ihr das Fohlen wegnehmen.«

Später in jener Nacht begann Muff wieder zu schwitzen, aber immer noch war kein Zeichen des Fohlens sichtbar. Sie schien eine vollkommene »uterine Untätigkeit« zu haben und nicht imstande zu sein, die nötige Anstrengung zu machen. Am Morgen wurde das Fohlen von Hand weggenommen — und überraschte jedermann, indem es fast augenblicklich auf die Beine sprang, stark, gesund, lebhaft und in jeder Beziehung so normal erscheinend, als wenn es auf dem üblichen Weg angekommen wäre.

Aber es hatte eine einmalige Eigenschaft. Es fürchtete sich nicht im geringsten vor den Menschen. Während die meisten neugeborenen Fohlen hinter ihre Mütter springen, sobald sich Menschen nähern, tat dieses kleine Geschöpf, Gambit, wie es später genannt wurde, nichts dergleichen. Wenn es sogar einmal auf der hinteren Seite seiner Mutter stand, wenn Menschen die Box betraten, so guckte es neugierig und frech einen Augenblick lang zwischen ihren Beinen hindurch und trabte dann um sie herum, um auszukundschaften.

»Sie können ihm sofort ein Halfter anlegen«, sagte der Tierarzt, »ich habe noch nie so etwas gesehen.« Er erklärte mir, daß unter den Hunderten, denen er bei der Geburt beigestanden hatte, dieses Verhalten außergewöhnlich war.

Um festzustellen, ob Gambits Verhalten auf Erbgut oder Erziehung zurückzuführen sei, versuchte ich verzweifelt, Muff von einem anderen Hengst decken zu lassen, sobald sie sich erholt hatte, aber die Stute hatte von Sex genug gehabt. Sie schaute auch keinen anderen Hengst an, bevor Gamesman im nächsten Jahr aufs Gestüt zurückging. Diese Liebesverbindung wurde wieder hergestellt und Muffs zweites Gamesman-Fohlen, Charlie, kam ganz normal und mit einem Minimum an Beistand zur Welt. Genau wie Gambit zeigte es keine Furcht oder Ängstlichkeit. Mit vier Wochen war es eindeutig eines der einfachsten und unansehnlichsten Tiere, die ich je gesehen habe. Es bereitete dem Besitzer des Gestütes, wo Muff war, Schwierigkeiten, mir eine schöne Antwort zu geben auf meine Frage nach seinem Befinden. Nach langem Nachdenken sagte er schließlich: »Nun, es ist ein sehr freundliches kleines Geschöpf und sein Temperament ist ganz bestimmt außergewöhnlich.«
Zuerst hielt ich diese Furchtlosigkeit für eine der Nuki-Eigenschaften, die durch ihren Sohn weitergegeben wurde. Später aber fand ich, daß sie in Nukis eigenen Kindern nicht unbedingt vorhanden war. Nukis drittes Fohlen, His Nibs, und ihr viertes, Nuit, wiesen dies beide auf, ebenso ihr sechstes, Noisette. Aber das fünfte, Top Notch, und das siebente, Navy Blue, waren völlig verschieden. Alle stammten von Vollbluthengsten; alle wurden zu Hause entweder draußen auf einer Weide oder, wenn das Wetter kalt war, in einem Stall abgefohlt. Nuki produzierte sie so schnell und mühelos und mit so wenig Vorwarnung, daß Gamesman der einzige war, dessen Geburt eigentlich erlebt wurde; die anderen waren in einem Moment Wölbungen an Nukis Flanken und im nächsten übergroße, krabbelnde Spinnen.
Bei seiner Geburt schien Top Notch von den anderen gar nicht verschieden und es war kaum zu glauben, daß Einflüsse seiner Umwelt die Ursache seines frühen Mißtrauens waren; doch er war sechs Wochen alt, bevor wir ihn auch nur mit einem Finger berühren konnten. Wir konnten ihn bis dahin auch gar nicht richtig sehen, denn sobald sich jemand näherte, eilte er hinter seine Mutter und blieb entschlossen stehen, den Rücken gegen die Besucher gewandt. Von Zeit zu Zeit erschauerten wir bei dem Gedanken an das, was wir tun würden, sollte er krank werden oder sich verletzen und Erste Hilfe benötigen. Sobald er vom Gestüt zurückkehrte und Nuki wieder bestimmt als trächtig erklärt worden war, beschloß ich, etwas Drastisches zu tun.
Nuki wurde in den Stall geführt, wobei das Fohlen ihr schnell folgte; mit einigem Bedenken näherte ich mich mit Halfter und Seil, denn die Schlacht, die Felicity Parry mit Nauri gehabt hatte, stand mir noch allzu deutlich vor Augen. Bei der ersten Berührung durch meine Finger begann Top Notch, der

bereits eine stattliche Größe erreicht hatte und ungeheuer kräftig aussah, von Kopf bis Fuß zu zittern, aber statt der erwarteten Explosion blieb er einfach zitternd stehen, während ich ihm das Halfter anpaßte. Dann machte er zwei sehr große aber äußerst kraftlose Sprünge, die ihn lediglich in einem Häufchen am Boden landen ließen. Dann erhob er sich, leckte sich die Lippen, spitzte die Ohren und kam heran, um sich umzusehen. Die erwartete Schlacht fand nie statt, weder damals noch später. Am Tag nachdem ich Top Notch zum ersten Mal berührt hatte, kam er zum Tor seiner Weide, um gestreichelt zu werden und von da an war er so sanft und freundlich wie irgendeines der anderen Pferde.

Nukis siebtes Fohlen, Navy Blue von Blue Shah, war auch eines, das sich nach der Geburt weder sehen noch anfassen ließ. Navy Blue machte einen weit größeren Streit als Top Notch beim Anziehen des Halfters, aber sein Verhalten war ganz anderer Natur. Vom Augenblick seiner Geburt an hieß seine Devise: »Du wirst die Oberhand nicht über mich gewinnen!« Er war keck genug, jemanden von hinten anzuschleichen und fest und oft schmerzhaft in die Schulter oder das Hinterteil zu beißen, aber soweit die Sache ihn anging, sollte der Kontakt mit den Menschen einseitig sein: er durfte uns berühren, wir aber durften ihn nicht berühren.

Gamesmans Kinder haben fast alle von Geburt an seine eigene Freundlichkeit und Sanftheit gezeigt, ob sie von Vollblut- oder Halbblutstuten stammten, ob sie zu Hause oder auf dem Gestüt zur Welt gekommen waren. Ich habe bereits Gambits fast übermäßige Zahmheit erwähnt, aber wahrscheinlich der erstaunlichste und eindrücklichste von allen von Gamesmans Nachkommen war seine Tochter aus der Vollblutstute Late Coup. Late Coup war zwanzig Jahre alt, als sie nach der Paarung mit Gamesman abfohlte, und war erst seit ca. 18 Monaten bei mir. Als Tochter von Coup de Lyon war sie von unendlich besserer Abstammung und höherer Klasse, als ich im normalen Verlauf der Dinge je hätte als Partnerin für Gamesman erhoffen können. Sie selbst hatte fünf Flachrennen gewonnen und war die Mutter von zwei guten Siegern in diesem Land sowie von einer ganzen Anzahl von Pferden, die im Ausland gewonnen haben. Ihr früherer Besitzer gab sie mir zu einem nominellen Preis unter der Bedingung, daß ich bis ans Ende ihres Lebens gut auf sie schauen würde. »Die alte Dame« war der Stolz und die Freude des Gestütes und zeigte ihre Überlegenheit nicht nur in ihrer Aktion (wenn sie sich bewegte, glichen alle anderen schweren Zugpferden), sondern auch durch ihre äußerste Verachtung der Menschen. Ihre Manieren waren meist so tadellos wie diejenigen einer Märchenkönigin, tat man aber zufällig irgend etwas,

das ihr mißfiel, hätte ein Schnappen ihrer Zähne einen Arm abtrennen können; durch das Zucken eines ihrer Hinterbeine schlug sie einmal gerade durch die hölzerne Seitenwand des Stalles.
Im Winter schätzte die alte Dame ihr Futter und den Stall sehr, aber sie billigte keinen menschlichen Kontakt. Sie im Sommer einzufangen war unmöglich; sogar im Winter war es nicht leicht. Anstatt am Abend in den Stall geführt zu werden, wünschte sie, daß man die Tore offenließ, damit sie selbst hineinkommen konnte. War dies nicht möglich (wenn sie z. B. auf der anderen Straßenseite auf der Weide war), duldete sie, daß man ihr ein Stück Schnur um den Hals warf, aber sie kam nie her, um dies in Empfang zu nehmen. Im Gegenteil, sobald sie uns kommen sah, ging sie weg und stellte sich mitten in eine morastige Pfütze und wartete, bis sie dort geholt wurde. Das Fehlen jeglichen Zeichens der Anhänglichkeit oder der Sentimentalität ihrerseits war so ausgesprochen, daß ich jedes einzelne Mal klar in Erinnerung habe, wo sie meine Hand gestubst oder ihren Kopf hingehalten hat, um gestreichelt zu werden.
Ihr Stutfohlen Coup de Grace (»Gracie«) wurde am 27. April 1965 geboren und es gab viel zu spekulieren über ihr zukünftiges Verhalten. Glücklicherweise hat sie uns dies sofort gezeigt, indem sie — kaum stand sie auf ihren zitternden Beinchen — herankam, um ihre menschlichen Pfleger zu untersuchen. Vom allerersten Moment an war sie viel einfacher einzufangen als ihre Mutter und im Gegensatz zu ihr verfehlte sie nie eine Gelegenheit, ihren Kopf oder Schwanz in eine menschliche Hand zu schieben, um gestreichelt zu werden. Sehr oft mußten wir Gracie in eine Box oder über ein schwieriges Stück Boden führen, um ihrer Mutter den Weg zu zeigen. Wenn dann die alte Dame erschrak und auf der Weide davongaloppierte, folgte ihr Gracie zögernd und blickte über die Schulter zu uns zurück, als wollte sie sagen: »Ist sie nicht dumm! Aber wahrscheinlich ist es besser, wenn ich gehe und nach ihr schaue.«
Guessing Game (»Gus«) folgte jedoch diesem Schema nicht. Er war auch von Gamesman und seine Mutter, Whose Lady, hatte viel mit der alten Late Coup gemeinsam, außer ihrem Mißtrauen gegenüber Menschen. Wie sich aber Gracie nicht nur anfassen ließ, sondern auch Freude daran hatte und sich darum bemühte, begegnete Gus den Menschen mit einem fürchterlichen Mißtrauen. Duldete er, daß man ihn anfaßte oder putzte, tat er es mit allen Gliedern fluchtbereit angespannt. Obwohl er nie davonrannte, wenn man ihn einzufangen versuchte, kam er nie freiwillig heran. Wäre Gus Late Coups Abkömmling und Gracie die Tochter von Whose Lady gewesen, so wäre ich

überzeugt, daß diese Eigenschaften von ihren Müttern angenommen worden waren (durch Vererbung oder Befolgung des Beispiels)!
So wie im Falle von Muff hatte ich im Sinn, die alte Dame, Late Coup, im Jahr nachdem sie nach der Paarung mit Gamesman abgefohlt hatte, von einem anderen Hengst decken zu lassen, um die beiden Abkömmlinge zu vergleichen. Allerdings würden irgendwelche Unterschiede, die diese aufgewiesen hätten, nicht auf etwas Bestimmtes schließen lassen können. Konnten Kätzchen aus dem gleichen Wurf so verschieden sein wie diejenigen, die im ersten Kapitel beschrieben worden sind – welche Hoffnung auf Ähnlichkeit hätten zwei nicht-identische Sprößlinge (mit nur entweder Vater oder Mutter) gemeinsam? Das Schicksal hat mir jedoch dieses bescheidene Experiment nicht gegönnt. Die alte Dame war in jenem Jahr nicht trächtig geworden und bis zum nächsten war ihr Alter anscheinend zu weit vorgerückt. Sie wurde allerdings gedeckt – von The Dell, Nettas Vater – und sah sogar während des ganzen Winters außerordentlich gut aus. Zwei Monate, bevor das Fohlen hätte ankommen sollen, schien sie dann genug gehabt zu haben. Sorgfältige Pflege durch Mr. und Mrs. John Ashton, die damals das Gestüt verwalteten, brachten sie dazu, es noch einen Monat lang zu behalten, aber weiter ging sie nicht. Ein wunderschön proportioniertes, aber sehr schwaches, dunkelbraunes Stutfohlen kam einen Monat zu früh an und all die menschliche Sorge auf der Welt konnte es nicht länger als zwei Tage am Leben erhalten. Anstatt die alte Dame die Qual des Verlustes ihres Kindes durchleben zu lassen, wurde sie selbst am nächsten Tag neben dem Körper ihres Fohlens zur Ruhe gelegt.

Verladen

Findet sich die erste große Gelegenheit, um das Verhalten von verschiedenen Fohlen zu vergleichen, in ihren ersten Kontakten mit Menschen, so ist die zweite der Moment, wo sie zusammen mit ihren Müttern in den Pferdetransporter geschoben werden. Wie schon erwähnt, ist die beste Zeit, eine Stute zu decken, sieben bis zehn Tage nach dem Abfohlen und so wird das Fohlen, wenn es etwa sechs Tage alt ist, mit seiner Mutter zusammen fortgeschickt. Ein sechs Tage altes Fohlen zu verladen ist nicht immer eine einfache Sache, aber jedes Individuum reagiert auf seine eigene Art auf diesen großen Moment. Eine Anzahl der hier beobachteten Unterschiede mag auf die Gewandtheit der Menschen zurückzuführen sein, mit der sie die Sache in Angriff nehmen. Vieles davon mag reiner Glücksfall sein; aber die Tatsache bleibt bestehen, daß einige Fohlen schon beim ersten Versuch neben ihren Müttern hineingeschoben werden können, während andere eine gute Menge mehr Überredungskunst verlangen. Wenn ich die Jahre zurückschaue, scheint es mir, daß zu irgendeinem Zeitpunkt immer ein Kampf mit einem Sprößling stattfinden wird, wobei man diesen mehr oder weniger zwingen muß, die Rampe zum Transporter hinaufzugehen, bevor man sich darauf verlassen kann, daß er es immer und ohne Aufregung tun wird. Bis zu diesem Moment ist das Verladen eine Glückssache. Manchmal kommt es wie mit Nauri schon beim allerersten Versuch zur Auseinandersetzung, manchmal erst Wochen später wie mit His Nibs. Aber wenn es so weit ist, ist sie bei jedem Individuum verschieden.

His Nibs wurde mit Nuki verladen und aufs Gestüt gebracht, als er sechs Tage alt war, und mit neun Wochen kehrte er ohne mit der Wimper zu zucken zurück; aber als wir drei Monate später versuchten, ihn in einen Transporter zu verladen, um ihn auf eine Ausstellung zu bringen, setzte es eine zweistündige Schlacht ab, ihn dazu zu bringen, auch nur einen Fuß auf die Rampe zu setzen. Sogar John Hunts männliche Stärke erschöpfte sich beinahe durch diesen Kampf. Lieber als nachzugeben, legte sich His Nibs auf den Boden und tat dies mehrere Male. Glücklicherweise war Nuki bei der allerbesten Laune. Sie blieb im Transporter angebunden und knabberte am Köder, der für sie dort bereitgestellt worden war und wieherte gelegentlich ihrem Sprößling Mut zu, während der Kampf unter ihrem Schwanz tobte. Nachdem His Nibs endlich hineingelockt worden war, zögerte er nie mehr und betrat nachher frohgemut jede Art von Fahrzeug, vom Anhänger bis zum offenen Viehwagen. Gamesman und Nuit bereiteten beide keine sonderlichen Schwierigkeiten, da sie beide von der Neuigkeit der Rampe zu sehr gefesselt und von der bevorstehenden Fahrt zu begeistert waren, um widerstehen zu können. Es war bestimmt ein Glücksfall, daß ihre beiden ersten Fahrten zum Gestüt ohne Schwierigkeiten zustande kamen, aber als sie später wieder verladen werden sollten, blieben beide stehen und untersuchten einige Augenblicke lang die Rampe, bevor sie langsam und wohlüberlegt aus freiem Willen hinaufmarschierten und mit den Füßen stampften, als ob sie die Rampe trotzig herausfordern wollten, ihnen weh zu tun. Roly war der einzige Pferdesprößling, den ich hatte, der häufige und ständige Überredung benötigte; in dieser Sache sowie in vielen anderen war Roly einmalig.

Über Rolys ganz frühes Leben und über seinen Vater weiß ich wenig. Ich kaufte ihn mit seiner Mutter Whose Lady, als er vier Monate alt war, weil mir Whose Lady eine gute Frau für Gamesman schien. Wie sein früherer

Besitzer mir sagte, kannte Roly bis dahin noch keinen systematischen Umgang, da der einzige menschliche Kontakt, den er gehabt hatte, mit den Kindern des Dorfes war, die über den Zaun langten und ihn mit Brot fütterten. Whose Lady selbst war ein wunderschönes, schlankes und langbeiniges Tier, von der verstorbenen Dorothy Paget gezüchtet und von einem Bauern in der Nachbarschaft abgegeben worden, nachdem es bei einem Rennunfall eine Sehne verletzt hatte. Diese Verletzung ließ mich vor dem Ankauf der Stute am längsten zögern.

Vor einigen Jahren hatte ich den festen Vorsatz gefaßt, die Anfälligkeit für Unfälle um jeden Preis zu vermeiden. Ich weiß, daß es einige Tiere gibt, die aus irgendeinem Grund immer Scherereien haben; andere, die selten welche haben. Die Anfälligkeit für Unfälle hat nichts mit der eigentlichen Gesundheit zu tun; sie ist hauptsächlich – bei Tieren wie bei Menschen – eine Frage des Temperaments, wenn das Tier den Kopf verliert und sich in eine Gefahr stürzt. Die Anfälligkeit für Unfälle, dachte ich mir, könnte auch erblich sein. Nuki war die absolute Antithese der Unfallanfälligkeit und keiner ihrer Abkömmlinge hat je in seinem Leben einen ernsten Unfall gehabt. Von allen ihren Fohlen brauchte einzig His Nibs Erste Hilfe, nämlich, nachdem er in einen Drahtzaun gesprungen war und sich an den Sprunggelenken geschnitten hatte. Seither ist er jedoch so gesund und unversehrt geblieben wie all die anderen. Anderseits war Jess immer in Scherereien verwickelt, und da ihre Mutter wegen eines als Jährling erlittenen Unfalles nie rennen konnte, nahm ich dies als einen weiteren Beweis für mein Argument.

Aber mit Whose Lady hoffte ich, daß die Sache anders sein würde. Wenn ihre Beinverletzung wirklich auf einen Rennunfall zurückzuführen war, so konnte dieses leicht verziehen werden. Sie war in allen anderen Beziehungen so sehr die Art von Stute, die ich mit Gamesman kreuzen wollte, daß ich beschloß, das Risiko auf mich zu nehmen.

Zusätzlich zu ihrem vier Monate alten Fohlen sollte Whose Lady vom lokalen prämierten Hengst gedeckt worden und trächtig sein. Erst als ich meinen Scheck schon überreicht hatte, fand ich heraus, daß dies nicht stimmte. Doch Whose Ladys Schwierigkeiten nahmen damit kein Ende. Im Winter begann sie schlecht auszusehen und trotz all der Pflege, die ihr zuteil wurde, ging es ihr im Frühling nicht viel besser. Sie wurde bei der ersten Paarung mit Gamesman trächtig und obwohl sich ihr Zustand während des Sommers ein wenig besserte, verschlechterte er sich wieder im folgenden Winter. Ihre Zähne wurden abgefeilt, sie wurde entwurmt, sah aber nie hundertprozentig gesund aus. Dann entwickelte sie chronische Sinusitis und etwa eine Woche, bevor das Fohlen ankommen sollte, erkrankte sie sehr schwer an Schwangerschafts-Toxämie. Es gelang uns nur mit Einspritzungen von allen nur möglichen Drogen und Stimulanzien, sie durchzubringen. Whose Lady war nicht allein für Krankheit anfällig, sondern sie erwies sich auch als unfallanfällig. Beim geringsten Anlaß raste sie in blinder Panik auf der Weide herum und stürzte sich und ihr Fohlen in irgendein Hindernis, das ihr zufällig im Weg war.

Roly war sowohl unfall- als auch krankheitsanfällig. Während seines ersten Winters litt er an einer Verkühlung, Erkältung oder Husten nach dem anderen. Während des nächsten Sommers ging es ihm besser, aber gegen Ende des zweiten Winters schnitt er sich an einem nie entdeckten, gefährlichen Gegenstand beinahe den Fuß ab. Sobald dies geheilt war, verstauchte er ein Fesselgelenk und bekam nachher Gallen. Rolys rettende Gnade war seine atemberaubende Schönheit. Sein Körperbau war tadellos und seine Aktion eine Augenweide. Er trug sich immer mit der stolzen Haltung eines Arabers und eine auffällige Blesse und hochweiße Füße zogen in Gesellschaft alle Blicke auf ihn. Brenda Martin, die meine Pferde pflegte, als er ankam, war sehr empfänglich für Schönheit und verliebte sich sofort in Roly. Trotz all der Schwierigkeiten, die er ihr machte, blieb Roly immer ihr Liebling. Sie verbrachte glückliche Stunden damit, ihn für eine Schau vorzubereiten und sich über seine Erfolge zu freuen. Fünf Minuten nach jedem Aufruhr hatte sie bereits wieder vergessen, wieviele Qualen er ihr bereitet hatte. Als wir mit Roly zu arbeiten und ihn in der Öffentlichkeit herumzuführen begannen, erwies er sich als der größte Dummkopf in der ganzen Pferdewelt! Nicht ein einziges Mal hielt er an, um zu denken, bevor er aufbegehrte, noch absorbierte er ein Atom von Wissen, wenn ihm dies nicht durch lange und oft wiederholte Übungen eingedrillt worden war. Er lernte so langsam wie Gamesman, war aber, wenn aufgeregt, so konfus wie Jess, und all diese Eigenschaften traten jedesmal hervor, als Roly in jenem ersten Sommer die Rampe hinauf in den Pferdetransporter gehen sollte.

Beim allerersten Mal, als wir ihn und seine Mutter vom früheren Besitzer abholten, ging die Sache relativ einfach — aber damals gingen wir kein Risiko ein. Der Transporter wurde in einem schmalen Weg aufgestellt und die Seiten der Rampe mit großzügig konzipierten Barrikaden verkeilt; dann wurden Stute und Fohlen zusammen im Volldampf hineingetrieben. Wir versuchten Roly erst wieder im folgenden Frühling zu verladen. Er war damals so weit, daß er sich ziemlich gut am Halfter führen ließ, obwohl ihm dies beizubringen etwa einen Monat des Zerrens und Stoßens erfordert hatte, bevor er dazu überredet werden konnte, einen Schritt von sich aus zu tun. Als wir ihn aber am Abend vor der ersten Frühjahrsausstellung in den Transporter führen wollten, merkten wir, was uns bevorstand. Nachdem er eine Stunde lang umhergesprungen und nach allen Seiten davongestürmt war, stand Roly schließlich erschöpft mit hängendem Kopf und steifen Beinen am Fuß der Rampe und weigerte sich, einen Schritt weiter zu gehen.

»Stoßt ihn jetzt!« rief ich einem der drei Assistenten zu, die hinzugekommen waren. Aber alle menschliche Kraft konnte nichts ausrichten.

»Gebt ihm eins auf den Hintern!« sagte ich. Roly zuckte, aber seine Füße bewegten sich nicht.

»Ein bißchen fester!« rief ich. Seine Ohren legten sich in dumpfer Resignation zurück.

»Macht, daß er sich bewegt! Es soll nur weh tun!« schrie ich. Rolys Kopf schoß hoch, als ein Seil auf seine Kruppe niedersauste, seine Augen wurden feucht und auf seiner Haut wurde ein Striemen sichtbar, aber seine Füße blieben immer noch unbeweglich auf dem Boden aufgepflanzt. Die Kampflust hatte ihn verlassen. Er ließ alle Folterungen ohne Gegenwehr über sich ergehen. Schließlich verluden wir ihn durch reine Anwendung von Gewalt. Während zwei Personen an einer Longe um seine Hinterhand zogen, hob eine dritte einen Fuß um den anderen und stellte ihn jedesmal ein paar Zentimeter weiter oben auf der Rampe wieder ab. Wir hatten das Gefühl, einen toten Walfisch an der Seite eines Schiffes heraufwinden zu müssen.

Aber dies war noch lange nicht das Ende des Kampfes. Wenn man einem Pferd etwas beibringt, so gibt man nicht gerne auf, bevor man sich überzeugt hat, daß die Lektion sitzt. Beim Verladen gebe ich meistens einem Pferd ein wenig Futter, sobald es sicher im Transporter ist, nehme es dann wieder hinaus und verlade es noch ein paarmal rasch hintereinander (mit einer Handvoll Futter als Belohnung für jedes Hineingehen). Noch nie war es nötig gewesen, mehr als drei oder vier solcher Wiederholungen zu machen, bevor alles in Ordnung war, aber mit Roly war dem nicht so. Das zweite Mal mußten wir fast so stark ziehen und uns abmühen wie das erste Mal; der dritte Versuch wies wenig Fortschritt auf und der vierte war nicht besser. Roly hatte Gedanken und Sinne gegen alles verschlossen, er fraß seine Belohnungen nicht, er hörte nicht auf das, was gesagt wurde. Er wollte einfach nicht lernen. Er hatte sich damit abgefunden, hinauf- und hinuntergezerrt zu werden — das war alles.

Wir fuhren fort, ihn an jenem Abend die Rampe hinauf- und hinunterzuwinden, bis es dunkel wurde. Während des ganzen Sommers benötigte Roly, wenn wir zu einer Ausstellung fuhren, eine Person, die ihn am Kopf vorne zog, eine zweite, die seine Füße auf die Rampe stellte und eine dritte, die von hinten schob. Nur bei zwei Gelegenheiten betrat er den Transporter freiwillig und ohne diese Hilfe. Da hob Brenda Martin die Hände und frohlockte, daß er nun endlich gelernt hatte. Aber diesen Gelegenheiten folgte ein sofortiger Rückfall zum ersten Ausgangspunkt. Nach einer Pause von einem Jahr war Roly immer noch gleich schlimm. Jedes Verladen mußte mit dem gleichen Ritual begleitet werden, trotzdem er immer belohnt wurde, wenn er einmal drin war und auch ohne das geringste Murren darin reiste. Es war erst ein Jahr später, als Roly dreijährig war, daß er endlich lernte, Transportfahrzeuge ohne Kampf zu betreten und verlassen.

War Rolys Weigern, sich verladen zu lassen, nur für ihn charakteristisch oder war es eine Familieneigenschaft? Wie verhielt sich seine Mutter? An dem Tag, als wir Whose Lady und Roly zusammen abholten, hatten wir wenig Gelegenheit zu beobachten, ob sich die Stute wirklich leicht verladen ließ oder nicht. Während des folgenden Jahres wurde sie meist zusammen mit anderen Zuchtstuten herumgefahren und wir hatten nie die geringste Schwierigkeit, sie neben diesen zu verladen. Es kam mir gar nicht in den Sinn, daß sie selbst schwierig sein könnte, bis ich sie eines Tages mit ihrem nächsten, vier Wochen alten Fohlen Gus wieder aufs Gestüt bringen wollte.

Whose Lady hatte sich bereits von ihrer Toxämie erholt und befand sich seit etwa zehn Tagen mit ihrem Fohlen auf den fetten Weiden von Gawcott. Als sie sich mit Bestimmtheit und Nachdruck weigerte, die Rampe in den Transporter hinaufzugehen, schrieb ich dies ihrem Unwillen zu, das gute Leben auf Leyland Farm zu verlassen. Aber dies kann nicht der Fall gewesen sein, denn auf dem Gestüt begann sie stark zu husten und wurde in einem kleinen Hof isoliert gehalten. Als ich sie aber drei Tage später abholen ging, machte sie fast gleichviele Schwierigkeiten wie auf der Farm.

Obwohl Gus ein Abkömmling von Gamesman war, begann er genau das gleiche Bestreben wie Roly aufzuweisen. Sowohl wegen Whose Ladys Krankheit gerade vor seiner Geburt als auch, weil ihre Milch deswegen weder so reichlich vorhanden noch so nahrhaft war, wie sie hätte sein sollen, hatte Gus nicht den allerbesten Start ins Leben gemacht. Ferner zeigte er, daß er zu diesem schlechten Anfang hin noch die Tendenz hatte, sich selber Probleme zu schaffen. Gamesmans Gene, die seine Stabilität und seinen Gleichmut übertrugen, hatten es nicht vermocht, die Wirkung der unfallanfälligen Gene von Whose Lady aufzuheben. Als er etwa zwei Monate alt war und sich auf der Farm meines Bruders, etwa 12 Meilen von mir entfernt, aufhielt, fand

man Gus eines Tages auf der Weide, den Bauch und die Hinterbeine in Streifen aufgeschnitten – offenbar hatte er sich in einen Draht verstrickt. Wo und wie er es angestellt hatte, bleibt bis zum heutigen Tag ein Geheimnis. Er war das einzige Opfer und irgendeine Beschädigung an den Zäunen war nicht zu erkennen.
Nach etwa einer Woche der Pflege gelang es mir, Stute und Fohlen in den Transporter zu verladen und sie heimzubringen, um die Rekonvaleszenz zu Hause fortzusetzen. Es war eine jener Zeiten, wo alle Leute entweder in den Ferien sind oder gleichzeitig zwei Beschäftigungen ausführen müssen, und ich versuchte allein mit meinem Haus, den Pferden und meiner Arbeit zurechtzukommen. Um die Situation noch zu verschlimmern, öffnete sich der Himmel gerade zu einem Sturm, als wir uns auf diese bestimmte Fahrt gemacht hatten. Ich kam in strömendem Regen zu Hause an und mein einziger Gedanke war, die Pferde auszuladen und so schnell wie möglich in Ordnung zu bringen. Ich dachte nicht daran, daß mir dies ernste Probleme bereiten würde, aber siehe da, kaum hatte ich die Rampe hinuntergelassen, war Whose Lady bereit, herauszupoltern. Aber nicht so Gus, das Fohlen! Es tänzelte vorwärts bis zum Ansatz des Abhanges, ging dann schreiend rückwärts in den hintersten Winkel. Da stand ich im strömenden Regen – zwischen einer Stute, die weder in den Transporter zurück wollte, um ihren Sprößling zu retten, noch davon weggehen und ihn zurücklassen wollte, so daß ich hätte Hilfe holen können, und einem Fohlen, das sich selbst fast bis zum Wahnsinn aufregte und seine kürzlich verheilten Wunden alle wieder aufriß, anstatt den Mut zu haben, eine leicht geneigte Rampe hinunterzugehen. Glücklicherweise drangen meine Verwünschungen vereint mit den Klagerufen der Pferde schließlich bis zum Kuhstall, wo John Hunt am Melken war und von wo er mir dann zu Hilfe kommen konnte.
Dies war für Gus nicht ein Einzelfall. Nach einer Woche in einem Stall, wo er sich weiterer Behandlung hatte unterziehen müssen, hatte er sich in eine solche Raserei wegen dem Verlassen der Box hineingesteigert, daß er buchstäblich über die Schwelle getragen werden mußte, bevor er sie verlassen konnte. Sobald seine Wunden verheilt waren und Whose Lady ihre Kraft und Gesundheit wieder erlangt hatte, fand ich es angebracht, den beiden eine kurze Lektion über »Verladen« zu erteilen. Anfangs dachte ich, wir müßten uns auf eine Wiederholung der gesamten Roly-Saga gefaßt machen. Es ist ein klein wenig leichter, ein Fohlen als einen Jährling in einen Transporter zu tragen, so daß die ersten Phasen mit Gus nicht ganz so erschöpfend waren wie mit Roly. Aber sie waren schlimm genug. Was auch immer für Eigen-

schaften Gus von seinem Vater geerbt haben mochte, die Freude am Reisen war sicher nicht dabei. Er mußte dreimal kurz nacheinander buchstäblich die Rampe hinaufgetragen werden, bevor er genug Mut gefaßt hatte, selbst hinaufzugehen. Im Gegensatz zu Nuki war Whose Lady dabei überhaupt keine Hilfe. Sie näherte sich dem Transporter erst dann auf Meter, nachdem sie ihr Fohlen darin hatte verschwinden sehen, dann aber wollte sie in solcher Aufregung die Rampe hinaufstürmen, daß der ganze Wagen dabei erzitterte. Gus jedoch war in einer Beziehung glücklicherweise wie sein Vater: hatte er erst einmal etwas gelernt, so konnte man darauf zählen, daß er es von da an immer bedenkenlos tun würde. Als wir im folgenden Sommer begannen, ihn und Netta (Nukis Kind) zusammen zu Ausstellungen zu fahren, war es immer Gus, der zuerst in den Transporter ging, während Netta, die als Fohlen ohne Schwierigkeiten ein- und ausgestiegen war, gelegentlich auf der Rampe halbwegs oben stehenblieb, die Ohren zurückgelegt, und uns trotzig herausforderte, sie hineinzustoßen.

Gewöhnen an das Halfter und Führen

Nach dem ersten Anfassen und dem Verladen ist die nächste Stufe, bei der man die Reaktionen von Fohlen vergleichen kann, das Gewöhnen an das Halfter. Ich habe noch nie damit begonnen, meine Fohlen ernstlich an das Halfter zu gewöhnen, bevor sie zwei oder drei Monate alt waren. Vor diesem Zeitpunkt kann es einmal vorkommen, daß man eines einfangen muß zum Verladen oder für Erste Hilfe, aber jegliche Disziplin, die in den ersten zwei Lebensmonaten gelernt wird, scheint sehr rasch wieder vergessen zu werden, wenn sie nicht konsequent weitergeführt wird. Da es ein natürlicher Impuls des sehr jungen Fohlens ist, seiner Mutter springend und hopsend und nicht im ruhigen Schritt zu folgen, kann ferner das Gewöhnen an das Halfter in einem zu jungen Alter zu einem ständigen Ziehen und Zerren ausarten, von dem ich immer befürchte, daß sich die Unart des Wegzerrens daraus entwickeln könnte. Wenn man einem Pferd ganz von Anfang an zu verstehen gibt, daß »Halfter auf« soviel bedeutet wie »Ich muß gehorchen«, glaube ich – wie schon erklärt – daß man viele der Schwierigkeiten umgehen könnte, die beim Führen von Pferden entstehen.

Ich habe auch schon beschrieben, wie im Falle von Gamesman diese Regel nicht immer gültig war. Die Ursache für diese und ähnliche Ausnahmen ist nicht unbedingt ein Fehler des Prinzipes selbst. Der Grund ist vielmehr, daß man es unterläßt, alle die Faktoren, die von einem Pferd als »zur gesamten

Situation gehörend« betrachtet werden, zu berücksichtigen. Fehlt einer der Faktoren, so kann für das Pferd die ganze Situation radikal geändert sein. Was in der früheren Situation gelernt worden war, ist nicht mehr gültig. Das gelernte Verhalten wird – fachlich ausgedrückt – nicht verallgemeinert. Wenn demzufolge ein Pferd weiß, daß es zu Hause nicht an dem Halfter ziehen darf, sieht es aber keinen Grund, warum es dies anderswo nicht tun darf.

Sogar Befehle können in verschiedenen Situationen verschieden sein. Das Wort »Hoho« vor einem Hintergrund von Lautsprechern, dröhnenden Motoren und wiehernden Pferden mag eine ganz andere Tonkette darstellen vom Wort »Hoho«, das in der Stille unserer Weiden daheim gerufen wird. So kann wahrscheinlich auch das Wort »Hoho«, von mir ausgesprochen, wenn ich keine Peitsche zur Hand habe und weiß, daß ich deshalb meinem Wort keinen weiteren Nachdruck verleihen kann, einen anderen Ton haben als das gleiche Wort, das von einem starken, bewaffneten Mann ausgesprochen wird.

Die Unterschiede im Verhalten werden bei der fortschreitenden Reife und Zunahme der Erfahrungen des Tieres deutlicher. Aber auch schon vorher, wenn man ihnen das Führen beibringt, können sie sehr verschieden reagieren.

Als ich meine eigenen Fohlen an das Halfter gewöhnte, habe ich sofort nach jeder Lektion einen Bericht niedergeschrieben, weil ich mit Recht vermutete, daß die Zeit die genaue Erinnerung verwischen und so zu Ungenauigkeiten führen würde. Die Begebenheiten mit Nauri und Gamesman sind bereits beschrieben worden. His Nibs, Nukis drittes Fohlen, war von diesen beiden verschieden. Ende Juni, als ich anfing, ihm zum ersten Mal das Halfter anzuziehen, war Nibs (wie er meistens genannt wurde) ein riesiges, ungelenkes, häßliches Entlein mit einem bösartig aussehenden kleinen Auge und ich war immer mißtrauisch, daß dies einen üblen Zug in seinem Charakter anzeigte. Zu jener Zeit hatte ich keine regelmäßige Hilfe im Stall, da ich nur wenige Tiere hier hatte, und beschloß darum, die Sache allein in Angriff zu nehmen.

Um Nuki während des Manövers beschäftigt zu halten, gab ich ihr eine Schüssel Hafer am Boden, wie ich es schon getan hatte, als ich Gamesman das erste Mal einfing. Während ihre Aufmerksamkeit voll in Anspruch genommen war, wandte ich mich Nibs zu, der bereits, wie seine beiden älteren Geschwister, an meinen Kleidern knabberte. Es dürfte noch in Erinnerung sein, daß Nauri sich wie ein Teufel gewehrt hatte, als sie das Leder zum ersten Mal fühlte, aber als es einmal an seinem Platz war, hatte sie nachgegeben und sich ruhig führen lassen. Gamesman hatte beim ersten Gefühl des Leders nicht gezuckt, aber er benötigte einige Stunden, um sich willig führen zu lassen. Nibs blieb ruhig stehen, als ich das Halfter über Nase und Hals streifte, aber als die Riemen angezogen wurden, begann er rückwärts zu gehen. So schnell ich ihm auch nachlief, es war nicht leicht, mit ihm Schritt zu halten. Dann verlor er plötzlich das Gleichgewicht, fiel rückwärts über und zog mir das Seil durch die Finger. Darauf folgte ein langes Versteckspiel um die Beine der aufgebrachten Nuki – sie war absolut nicht begeistert, daß ihr einziges Mahl des Sommers auf diese Weise gestört wurde – bis ich eher durch Glück als durch kluges Vorgehen das Ende des Seiles wieder fassen konnte.

Da Nibs schon so früh ein Mittel zum Entwischen gefunden hatte, zögerte er nicht, die Handlung, die dazu führte, zu wiederholen und sobald er am Kopf einen Zug verspürte, schaltete er den Rückwärtsgang ein. Aber das zweite Mal war ich besser vorbereitet und da er weniger gewillt war, noch einen Sturz zu riskieren, konnte ich mit ihm Schritt halten. Obwohl er weiterhin rückwärts ging, bis er fast am anderen Ende einer vier Hektar großen Weide an die Hecke stieß (die gute alte Nuki kam gelegentlich herüber, um ihn zu beruhigen, während sie kaute), war seine Energie schließlich erschöpft. Er hielt keuchend an und ließ sich von mir streicheln. Sobald er beruhigt war, entfernte ich das Anstoß erregende Halfter.

Nun aber stellte sich die Frage, ob ich ihn je wieder würde einfangen können. Kaum hatte ich ihm das Halfter ausgezogen, schüttelte er sich und kam zu meinem Erstaunen gleich wieder zu mir hin und wollte es wieder angezogen haben. Am nächsten Tag war er ebenso eifrig darauf bedacht, daß es ihm wieder angezogen würde und er hat nie mehr versucht, wegzuziehen. Im Gegensatz zu so vielen anderen von Nukis Sprößlingen, konnte Nibs an einem Stück Zwirn gehalten werden, wie hoch er auch immer springen oder wie aufgeregt er sein mochte. Später wiederholte er nur eine der Handlungen, die er zu dieser Zeit ausgeführt hatte: das Bestreben zum Rückwärtstreten. War er über irgend etwas im Zweifel, so ging er immer so schnell als möglich rückwärts. Als ich ihn mit zwei Jahren zu longieren und mit drei zu reiten begann, kam diese Tendenz stark zum Vorschein. Es war seine ganz persönliche Art des Ausweichens.

Nuit, das vierte Fohlen, reagierte wieder anders auf das Gewöhnen an das Halfter. Wie die meisten von Nukis Abkömmlingen neigte auch Nuit dazu, von Geburt an den Menschen wie ein Hund zu folgen. Lag sie am Boden, wenn ich sie besuchen ging, so fiel es ihr nicht im Traume ein, sich zu erheben wie die meisten Fohlen, sondern sie streckte Hals und Beine völlig entspannt von sich und erwartete, dort wo sie lag, gestreichelt zu werden. Zwei Wochen nachdem sie und Nuki von einem kurzen (und wie es sich herausstellte, erfolglosen) Besuch auf dem Gestüt zurückkehrten, beschloß ich, sie auf der Weide an das Halfter zu gewöhnen, wie ich es mit den anderen getan hatte. Als mir dieser Gedanke zum ersten Mal kam, hatte ich nichts als ein Stück Packschnur bei mir, aber wenn ich sie daran gewöhnen könnte, daß diese um ihren Hals gelegt würde, so wäre es ein guter Anfang. In der Tat war es katastrophal! Beim ersten Kitzeln am Hals warf Nuit den Kopf hoch und marschierte davon. Beim zweiten Mal sprang sie schon schneller fort und ich dachte mir, daß ich sie viel besser anbinden müßte, da dies sonst eine eingefleischte Gewohnheit werden könnte. Als ich das dritte Mal die Schnur um ihren Hals warf, hielt ich daran fest und zog sie zu. Nuit fegte herum und kollidierte mit einem Backsteinhaufen neben dem Tor und riß so das dünne Stück Schnur fest in ihren Hals und in meine Finger. Um uns beide vor Verletzungen zu bewahren, mußte ich loslassen — und das war für eine Weile das Ende von Nuits Halftergewöhnung. Während der nächsten drei Tage kam sie nicht näher als bis auf zehn Meter an mich heran, sondern hielt sich mit rollenden Augen und knirschenden Zähnen distanziert oder rannte hinter Nukis schützende Seite. Ich mußte warten, bis Nuki eines Abends auf die Kuhweide zur Tränke ging, sie einfangen und anbinden und dann Nuit in eine Ecke treiben, bevor ich wieder mit ihr in Kontakt treten konnte.

Als das Halfter befestigt war, machte Nuit keine weiteren Fluchtversuche, sondern stand in kindlicher Wut kochend da. Ich habe noch nie ein so kleines Geschöpf auf diese Art mit den Zähnen knirschen hören und die Blicke, die sie aus dem Winkel eines rollenden, weißen Auges auf mich schoß, waren alles andere als ermutigend. Um sie aber nicht ganz aus der Fassung zu bringen, streichelte und tätschelte und tröstete ich sie, bis sich ihr Zorn einigermaßen gelegt und ihr Kiefer sich endlich entspannt hatte. Dann entfernte ich das Halfter und ließ sie daran schnuppern. Am nächsten Tag konnte ich es ihr ohne den geringsten Aufruhr anziehen — wiederum auf der Kuhweide — und am allernächsten Tag ließ sie sich gefallen, daß ich ihr das Halfter mitten auf der Weide anzog.

»Sich-gefallen-lassen« ist wohl kaum der beste Ausdruck, um Nuits Verhalten in jener Zeit zu beschreiben. Sie tat Dinge, um uns *»entgegenzukommen«*, nicht weil man etwas von ihr verlangte. Das war wenigstens der Eindruck, den sie gerne erweckte. Auch wenn Nuit herankam und, was sie bald gelernt hatte, den Kopf vorstreckte, um sich einfangen zu lassen, blickte sie einem dabei an, als wollte sie sagen: »Du brauchst gar nicht glauben, daß ich dies tun würde, wenn ich nicht wollte. Du hast mich nicht in der Hand!« Ihre Gewohnheit, mit den Zähnen zu knirschen und die Augen zu rollen, ließen mich bereits ängstlich an das denken, was sie später tun würde. Um Schwierigkeiten zu vermeiden, vertraute ich sie bei den ersten Führlektionen John Hunt an, so daß seine größere Kraft und sein größeres Gewicht sie halten könnten, falls sie aufbegehren sollte. Dies erwies sich als eine gute Maßnahme. Obschon Nuit am ersten Tag ganz brav war, versuchte sie am zweiten alles Erdenkliche, vom Aufbäumen und Boxen bis zum Einstecken und Schmollen. Zweimal versuchte sie auf John hinaufzuspringen und ihn umzuwerfen. Erst, als alle diese Anstrengungen nichts nützten, beschloß sie, sich zu entspannen. Dann leckte sie sich die Lippen und tat, als hätte sie nie die Absicht gehabt, ungehorsam zu sein, und in der Tat war sie es auch nie mehr. Als sie zwei Jahre alt geworden war, war Nuit ein so dickes, faules und gutmütiges Geschöpf, daß es fast unmöglich war, sich an diese frühen Zornesausbrüche zu erinnern. Hätte ich meine Notizen nicht gehabt, davon bin ich überzeugt, hätte ich sie glattweg abgestritten. Erst als sie fünf Jahre alt geworden war, kehrten Anzeichen jener frühen Gereiztheit zurück.

Die Reaktionen von Nukis nächsten beiden Fohlen, Top Notch und Netta, sind bereits beschrieben worden und man wird sich vielleicht bewußt, wie ungeheuer groß die Unterschiede zwischen ihnen allen sind.

Könnten diese auf vererbten Verhaltensmustern beruhen? Die Reaktionen von Gambit lassen dies vermuten.

Gambit war für mich besonders interessant, da ich sowohl seinen Vater Gamesman als auch seine Mutter Muff sehr gut kannte; es war faszinierend zu sehen, wie er Splitter der Verhaltensmuster dieser beiden bei Bedarf und Gelegenheit reproduzierte. Hatte Gamesman beschlossen, daß er etwas nicht tun wollte, so ließ er lediglich den Kopf hängen und schmollte. Muff andererseits legte die Ohren zurück, drehte sich blitzschnell auf der Vorhand herum und feuerte seitwärts aus. Das erste Mal, daß Gambit sich wie Muff verhielt, war, als ich ihn zuerst von der rechten Seite führen wollte. Gambit hatte das Halfter völlig ruhig angenommen und drei Tage lang an der Seite von Muff gearbeitet, ohne die geringste Besorgnis zu zeigen. Am vierten Tag beschloß ich, ihn von der anderen Seite zu führen (worüber ich später mehr berichten werde). Augenblicklich war er wie verwandelt. Er spielte einen der abwehrenden Kniffe seiner Mutter nach dem anderen durch: er fegte herum, duckte sich und schlug seitwärts aus.

Obwohl alle von Nukis Nachkommen Unterschiede gezeigt haben, gab es auch Ähnlichkeiten zwischen ihnen. Nach einem anfänglichen Kampf gaben alle sofort nach. Nach dem ersten »Was-um-Himmels-Willen-fällt-Dir-ein?« gab es keine weitere Widerrede.

Nicht alle Fohlen verhalten sich in dieser Weise.

1968 war es mir möglich, einen von Nukis Nachkommen mit einem Fohlen aus vollständig anderer Abstammung zu vergleichen, das unter fast identischen Bedingungen von Geburt an aufgezogen wurde. Es war das Jahr, in dem Nauri und eine dunkelbraune Hunterstute namens Samantha ihre ersten beiden Fohlen innerhalb von zwei Wochen zur Welt brachten, nachdem sie die letzten neun Monate zusammen auf den Weiden von Leyland Farm verbracht hatten. Beide Stuten und Fohlen wurden eine Woche nach der Geburt wieder aufs Gestüt geschickt; beide blieben sechs Wochen lang fort und nach ihrer Rückkehr wurden sie während weiterer zwei Monate nicht berührt.

Nauris Fohlen Nymphette begann mir am Tag ihrer Rückkehr einige Bedenken zu verursachen. Trotzdem sie sofort nach der Geburt fügsam und freundlich gewesen war, hatte sie sich in der Abwesenheit in einen völlig eigenwilligen Raufbold verwandelt. Während sie auf dem Gestüt war, ging sie von ihrer Mutter weg und griff irgendein anderes Fohlen in ihrer Nähe an, um es zu einem Spiel herauszufordern. Als sie am Abend in den Stall zurückgebracht wurde, trödelte sie hintendrein, bis ihre Mutter schon fast im Stall war, dann jagte sie an ihr vorbei und auf die Krippe los und versuchte, ihre Mutter davon fernzuhalten. Nach ihrer Heimkehr war Nymphettes Egoismus und Feindseligkeit noch genauso. Wenn ihre Gefährtin, Samanthas Fohlen Quasar, herankam, um gestreichelt und liebkost zu werden, ging Nymphette im Kreis herum, wahrte aber Distanz und feuerte aus, wenn sie selbst auch nur berührt wurde. Sie schien den Geruch der Menschen besonders unangenehm zu empfinden. Gelegentlich streckte sie ihre Nase vor, um eine Hand oder einen Arm zu berühren, dann kräuselte sie die Lippen, legte die Ohren zurück und marschierte angeekelt davon.

Als endlich die Zeit kam, um die beiden an das Halfter zu gewöhnen, ließ Quasar, der es immer Freude machte, gestreichelt und gekrault zu werden, das Halfter ohne viel Aufhebens anziehen, aber es brauchte zwei Wochen des Kampfes, bevor sie ruhig folgte, wenn sie geführt werden sollte. Um Nymphette das erste Mal einzufangen, brauchten wir eine Stunde. Sie mußte fast bis zur Bewußtlosigkeit mit einem Seil um den Hals abgedrosselt werden, bevor wir ihr das Halfter überstreifen konnten und im Gegensatz zu Nukis anderen Nachkommen gab sie auch dann nicht nach und schloß nicht sofort Freundschaft. Sie kämpfte zwei Wochen lang täglich gegen das Einfangen, aber jedes Mal, als der Kampf vorbei war und das Halfter am Kopf saß, ließ sie sich wie ein Lamm führen, obwohl sie immer Nuits Ausdruck von »Ich-tue-dies-nur,-weil-ich-will,-nicht-weil-du-mich-dazu-zwingst!« auf dem Gesicht trug. Quasar dagegen, die auf der Weide freundlich war, widersetzte sich im Stall heftig allen Berührungen, besonders am Bauch oder an den Beinen. Als Nymphette einmal eingefangen und in den Stall gebracht worden war, ließ sie sich überall ohne zu zucken oder zu schlagen anfassen. Beide Fohlen erlitten mit sechs Wochen einen Nabelbruch und brauchten ziemlich viel Behandlung. Obwohl derjenige von Quasar nicht so groß war wie bei Nymphette, machte Quasar am meisten Ärger. Nymphette stand da und starrte ihren Pfleger an, währenddem sie befühlt oder abgetastet wurde und ihr eine scharfe Einreibung gemacht wurde und machte nicht die geringste Bewegung, um die Behandlung zu stören. Quasar hingegen zitterte und wehrte sich fast bei jeder Berührung.

Die vorangehenden Abschnitte können zeigen, wie gefährlich die Voraussage über das Verhalten eines Pferdes in einer bestimmten Situation ist, indem man sich auf sein Verhalten in einer anderen bezieht. Gus und Netta ließen dies klar erkennen. Im Gegensatz zu den beiden Fohlen, mit denen er aufgezogen wurde, war Gus äußerst ängstlich gegenüber jedem Neuen. Als zum Beispiel der Hufschmied kam, um die Hufe der Jährlinge zu beschneiden, brauchte es für Gus fast eine Stunde, während die anderen Babies in zwanzig Minuten erledigt waren. Während Gus als Fohlen bei seiner Mutter Whose Lady war, dachte ich mir, daß er dem schlechten Beispiel seiner Mutter folgte. Aber lange nachdem er abgesetzt worden war, konnte man fest damit rechnen, daß er sich in Scherereien verwickeln würde. Wenn wir es eilig hatten, sie einzufangen, beschloß Gus, zu erschrecken und davonzurennen. Es war Gus, der ungewaschen zu seiner ersten Ausstellung fuhr; und das erste Mal, als ein Lieferwagen in den Hof fuhr und aus seinem Radio laut Popmusik herausplärrte, ging Gus im Stall vor Schrecken fast die Wände hoch, während Netta ruhig mit gespitzten Ohren dastand und sich am Rhythmus ergötzte.

Aber nach und nach stellte sich heraus, daß Gus eine Sache nur einmal sehen oder erleben mußte, um sie zu akzeptieren, und von da an konnte man darauf zählen, daß er keine weiteren Schwierigkeiten machen würde. Am Tag nach dem Zwischenfall mit dem Radio im Hof nahmen die Ashtons ihren eigenen Transistor zu Gus in den Stall mit, um ihn an das moderne Leben zu gewöhnen. Nachdem er lediglich am Gehäuse geschnuppert hatte, wandte er sich trotz des pulsierenden Rhythmus' wieder seinem Fressen zu, als wollte er damit sagen: »Ihr könnt mich nicht zweimal hereinlegen!« Als Gus im Winter abends von den Weiden in den Stall geholt wurde und irgend etwas Neues bemerkte, das auf seinem Weg lag, schnaubte er es an — ein Kinderspielzeug, ein Backsteinhaufen oder eine Schaufel —, aber lag es am nächsten Abend immer noch da, ging er ohne Zögern daran vorbei. Netta andererseits ging an einem Dutzend neuer Gegenstände vorbei, ohne mit der Wimper zu zucken, aber hatte sie sich in den Kopf gesetzt, an einer bestimmten Stelle zu scheuen, scheute sie dort wochenlang, ob etwas dalag oder nicht. Als wir mit Gus und Netta zusammen zu ihrer ersten Ausstellung fuhren, erwarteten wir immer noch, daß Gus der schwierige, Netta die ruhige sein würde. Aber natürlich waren, so wie damals mit Gamesman und Peri, die Rollen vertauscht. Allerdings kam Gus wie ein Champagner-Pfropfen aus dem Transporter und machte an der Longe ein halbes Dutzend Runden auf den Hinterbeinen, aber dann beruhigte er sich und fügte sich in sein Schicksal. Netta begann verhältnismäßig ruhig, aber langsam steigerte sich in ihr die Aufregung. Als die anderen jungen Pferde sich eben zu beruhigen begannen, explodierte sie und begann auf den Hinterbeinen umherzuwirbeln. Netta ließ sich zu Hause immer leicht verladen und Gus bereitete Schwierigkeiten, aber jetzt war er es, der nach der Schau die steile Rampe zuerst hinaufstieg und Netta mußte hinter ihm hineingestoßen werden.

Es ist nicht nur schwierig vorauszusagen, wie sich ein Pferd in verschiedenen Situationen verhalten wird; es ist ebenfalls schwierig zu prophezeien, wie es sich gegenüber verschiedenen Lebewesen verhalten wird. Gracie hat dies sehr deutlich gezeigt.

Als Gracie noch ganz jung war, war sie im Gegensatz zu ihrer reizbaren Mutter Late Coup so ein fügsames, apathisches kleines Ding, daß ich während langer Zeit das Gefühl hatte, es müsse ihr etwas fehlen. Wie sich später herausstellte, hatte ich wahrscheinlich recht gehabt, denn Gracies Fesselgelenke brauchten eine lange Zeit, um genügend kräftig zu werden und während des ersten Jahres neigten sie auf alarmierende Weise immer wieder zu Verrenkungen. Es ist möglich, daß sie wegen eines Stoffwechselfehlers in ihrer ersten Jugend unterernährt war (sie erholte sich vollständig im Alter von zwei Jahren); aber was auch immer die Ursache davon war, ihre Fügsamkeit als Fohlen war frappant. Wenn man sie an einem bestimmten Ort haben wollte, brauchte man sie nur dorthin zu schieben. Bewegte sie sich von einem Teil der Weide zu einem anderen, ging sie schleppenden Ganges, ließ den Kopf hängen und nahm kleine, kurze Schritte, als ob sie kaum gehen könnte.

Wenn aber Gracie dachte, daß ein anderes Pferd etwas von ihrem Futter nehmen wollte, so zögerte sie nicht, mit einer Wildheit darauf loszufahren, wie ich es selten bei einem Tier gesehen habe. Gegenüber Menschen konnte sie nicht liebenswürdiger oder sanfter sein. Unter deren Aufmerksamkeit blühte sie auf und bemühte sich darum, wo sie nur konnte; aber so wie sie sich immer mehr domestizierte, wurde sie gegenüber ihren eigenen Spezies immer bösartiger. Sie entwickelte auch eine beträchtliche Abneigung gegen Kühe. Als sie zwei Jahre alt geworden war, durfte man sie nur noch mit Tieren auf die Weide lassen, die für sich selbst sorgen und sich zur Wehr setzen konnten.

Der Hauptgrund für diese Schwierigkeiten schien in Gracies Besitzgier zu liegen. Sie lechzte so sehr nach menschlicher Aufmerksamkeit und Bewunderung, daß sie jedes Tier, das sich als Rivale erweisen könnte, davonjagte. Es schien fast, als identifiziere sie sich mit Menschen und nicht mit Pferden; fast als ob sie »geprägt« worden wäre. Wären ihre Geburt und frühe Kindheit nicht so völlig natürlich und normal verlaufen, hätte man dies sehr wohl für möglich halten können.

Wenn irgendeines meiner Fohlen hätte geprägt werden sollen nach den Regeln, gemäß denen dies bei Vögeln geschieht, so wäre es Gambit gewesen. Wie schon beschrieben, mußte Gambit nicht nur durch menschliche Hilfe in diese Welt gebracht werden, sondern als sehr spät geborenes Fohlen war er viel zu klein, um während seiner ersten paar Monate mit den anderen auf die Weide gelassen zu werden. Während dieser Monate hatte er keine Pferde-Kameraden, um seine Energie zu verbrauchen und seine Kraftproben zu machen, und als er einen Monat alt war, bestand für jedermann, der seine Weide betrat, die ernste Gefahr, durch seine Überschwenglichkeit von ihm umgeworfen und in den Boden getrampelt zu werden. Ich war besonders darum besorgt, daß er nicht glauben dürfe, er könnte Menschen mit solch mangelndem Respekt behandeln und sagte deshalb allen meinen Freunden, sie sollten ihm jedesmal einen festen Schlag auf die Nase versetzen, wenn er auf sie losrannte. Es erübrigt sich zu sagen, daß die meisten meiner Freunde viel zu höflich waren, um so etwas zu tun. Gambit wurde höchstens etwas fester am Hals geklopft oder bekam ein mildes »Ts! Ts! Du schlimmer Junge!« zu hören, was er als Zeichen der Ermunterung aufnahm. Aber eines Tages ging ich zusammen mit einer Freundin von ihm weg, als er uns mit Volldampf nachjagte. Meine Freundin konnte rechtzeitig zur Seite treten, um nicht niedergewalzt zu werden und gab ihm einen gehörigen Klaps, als er vorbeischoß. Gambit hielt an, wandte sich um und begann einen neuen Ansturm. Nach einem raschen Blick auf meine Freundin fand er, es könnte vielleicht einen

Haken haben mit ihr, änderte seine Richtung und kam stattdessen auf mich los. Als er den Kopf zum großen Ansturm senkte, schwang ich meine Hand gegen ihn und das Ergebnis unserer vereinten aber entgegengesetzten Bewegung war, daß Gambit einen viel härteren Schlag auf seine sensible Nase erwischte, als ich vorgesehen hatte. Er rutschte aus, fiel auf seine Seite und blieb ein paar Augenblicke wie betäubt und mit blinkenden Augen liegen. Voller Schuldgefühl über meine Tat eilte ich zu ihm hin, um ihn zu verhätscheln und zu trösten, und glücklicherweise stand er bald wieder auf den Beinen. Als wir das zweite Mal von ihm wegzugehen begannen, schickte sich Gambit zu meinem Schrecken nochmals zu einem Ansturm an. Er kam auf 15 Meter an uns heran – und dann schien ihm plötzlich die Erinnerung an sein vorheriges Erlebnis und ein Zusammenhang zwischen diesem und seinem eigenen Verhalten aufzuleuchten. Er betätigte seine Bremsen, stand da und starrte uns an. Dann fegte er mit den Hinterbeinen in die Luft und galoppierte zu seiner Mutter zurück. Ich bin froh, feststellen zu können, daß er seither nie mehr einen Menschen angerannt hat.

Anstatt seine Fertigkeiten an lebenden Objekten auszuspielen, wandte er seine Angriffe gegen den Boden unter seinen Füßen. Er suchte sich eine kleine Unebenheit im Boden aus, galoppierte auf den Gipfel hinauf und auf der anderen Seite hinunter, wandte sich und begann von neuem, maß seine Distanz ab und griff sie wieder an. Als dies zu einfach wurde, versuchte er einen Hang entlang zu galoppieren, so daß sein Körper einen rechten Winkel zum Boden bildete wie ein Fahrer an der Todesmauer oder ein begeisterter Bergsteiger, der seine Kraft mit den Herausforderungen der Natur mißt. Schließlich wurde seine Einsamkeit so akut, daß er sich Gespenster schuf, sich an bestimmte Stellen am Boden heranpirschte, einen Satz darauf machte und sie verstümmelte, so wie Nauri es getan hatte, bevor sie mit regelmäßiger Arbeit begann. Sobald er mit den anderen Jungen zusammengelassen werden konnte, verschwanden diese etwas psychotischen Neigungen, obwohl er während einiger Zeit noch ungewöhnlich stark an den Menschen hing. Es war so rührend zu sehen wie Gambit, lange nachdem er mit ungefähr gleichaltrigen Gefährten auf der Weide war, wieherte und herangaloppierte, wenn er einen Menschen kommen sah. Ging der Mensch wieder fort, so wurde Gambit von seinem Verlangen, ihm zu folgen und von seinem Unwillen, die anderen Pferde zu verlassen, hin- und hergerissen, und während man wegging, tönte sein ergreifendes hohes Gewieher die Koppel hinunter, wo er unentschlossen und von seinem Dilemma zerrissen dastand. Diese Phase verging jedoch bald. Als Gambit von der Weide und von seinen Kameraden weggenommen wurde,

um eingeritten zu werden, machte er ein schlimmeres Theater als jedes Pferd, das ich gekannt habe, wie später beschrieben werden wird.
Das Fehlen einer wirklichen Prägung bei Pferden mag mit der Tatsache zusammenhängen, daß eine sehr schnelle visuelle Aufnahmefähigkeit sie noch weit ins Erwachsenenleben hinein begleitet. In einem anderen Buch habe ich beschrieben, wie Portia, damals sieben Jahre alt, sich nach einem einzigen Durchgang durch ein verzwicktes Labyrinth von gepflügten Äckern und Öffnungen in Stacheldrahtzäunen an den Weg »erinnerte«, während ich, nachdem ich die gleiche Stelle mehrmals passiert hatte, mich immer noch darin verirrte. Ich weiß auch noch, wie Nauri als Dreijährige an einer der ersten Veranstaltungen, zu der ich sie mitgenommen hatte, von einer bekannten Concours-Reiterin erschreckt wurde, die hinter ihrem Transporter hervorsprang und ihrem eigenen Pferd eine (möglicherweise wohlverdiente) Tracht Prügel gab. Von jenem Tag an brauchte Nauri nur jene bestimmte Reiterin herankommen sehen, und sie selbst spannte sich und wurde unruhig. Manchmal wußte ich selbst nicht, daß diese Teilnehmerin anwesend war und erst als ich herumzuschauen begann, um herauszufinden, was Nauri so aus dem Konzept gebracht hatte, entdeckte ich in der Nähe meine Kollegin.
Ich möchte mit diesen Begebenheiten nicht andeuten, daß das Erinnerungsvermögen eines Pferdes unbedingt »besser« ist als das der Menschen. Wir Menschen neigen dazu, unsere Information eher in Form von Worten als von visuellen Bildern zu klassifieren und aufzubewahren, vor allem, wenn man älter wird; aber es gibt einige Beweise dafür, daß Leute, die sich nicht auf Worte verlassen, häufig ihre visuellen Erinnerungen viel genauer bewahren, als mehr verbal veranlagte Individuen. Es ist eine ziemlich belanglose Frage, ob die eine Art der Erinnerung besser sei als die andere. Verbale Erinnerung ermöglicht wahrscheinlich eine größere, systematische Aufbewahrung als die visuelle Erinnerung, aber sie wird sicherlich meistens weniger rasch und weniger genau assimiliert. Trotz — oder vielleicht wegen — der Geschwindigkeit, mit der visuelle Schemata gelernt werden, wird auf diese Art Gelerntes nicht leicht verallgemeinert. Eine in einer bestimmten Situation gelernte Sache wird nicht auf andere übertragen. Bei Pferden betrifft dieses Fehlen der Verallgemeinerung sogar die beiden Seiten des Körpers. Wenn etwas auf einer Seite des Körpers gelernt wird, bleibt es an jene Seite gebunden und wird nicht auf die andere übertragen. Ich habe bereits beschrieben, wie Gamesman aufgeregt und gereizt wurde, als ich ihn an der rechten Seite führen wollte, nachdem er sich daran gewohnt hatte, von der linken Seite behandelt zu werden. Gambit wies die gleiche Tendenz auf.

Netta wartete gar nicht, bis sie geführt werden sollte, um ihre Abneigung gegen eine Annäherung von der rechten Seite auszudrücken; bei ihr trat sie hervor, als ich sie zu putzen begann. Die ersten drei Mal, als ich Netta putzte, tat ich dies nur von der linken Seite. Sie fügte sich meinen Aufmerksamkeiten bestens und schien sich daran zu freuen. Beim vierten Mal ging ich an ihre rechte Seite herum, um sie dort auch zu putzen, aber sie wehrte sich und biß wie eine Wahnsinnige, als ob sie weder mich noch den Striegel je gesehen hätte.

Der Unwille, den viele Pferde gegen Tätigkeiten an ihrer rechten Seite hegen, ist seit langem bekannt. Dies ist manchmal dem Gesichtssinn, manchmal schlechter Behandlung zugeschrieben worden. Könnte es nicht nur eine Gewohnheit sein? Da das meiste Reitzubehör so gestaltet ist, daß es auf der linken Seite befestigt wird, haben wir das Bestreben, ein Pferd zuerst und meistens von jener Seite anzugehen. Wir beginnen mit unseren jungen Pferden, uns von der linken Seite zu nähern. Wir führen sie auch zuerst an dieser Seite. Deshalb kommt ihre erste Erfahrung mit Menschen von der linken Seite ihres Körpers. Als Nukis siebentes Fohlen, Navy Blue, zur Welt kam, beschloß ich, mich ihm nie zu nähern oder ihn nie zu berühren außer auf der rechten Seite, um zu sehen, was sich ereignen würde. Navy Blue war nie einer der zutraulichsten Kameraden gewesen, vereinigte er doch das Mißtrauen von Top Notch und Nuits Überlegenheitssinn. Navy Blue war unter Nukis Nachkommen auch darin einmalig, daß er mit den Hinterbeinen aktiver war als mit den Vorderbeinen – das heißt, wenn er das Gefühl hatte, daß sich etwas Unangenehmes ereignen werde, wirbelte er meist herum und pfefferte hinten aus, statt daß er mit den Vorderbeinen stampfte. Meine Bemühungen, mich ihm immer von der rechten Seite zu nähern, wurden schon von Anfang an vereitelt. Navy Blue ließ mich nie von rechts an ihn herankommen. Aus welcher Richtung ich auch kam, wie ich mich auch herummanövrierte, gelang es Navy Blue immer, sich so zu drehen, daß ich an seiner linken Seite stand. Bald durfte ich ihn an dieser Halsseite streicheln und kraueln; es dauerte aber einige Monate, bis ich ihn dazu gebracht hatte, auch nur stillzustehen, wenn ich an seiner rechten Seite war.

Dieses anscheinend angeborene Mißtrauen gegenüber der rechten Seite ist nicht weniger ausgeprägt als die Tendenz eines Pferdes, sich in der Bewegung nach links zu biegen. Wenn Pferde geritten werden, wenden sich die meisten lieber nach links als nach rechts. Wenn sie cantern oder galoppieren, neigen sie dazu, im Linksgalopp zu gehen. Manche Pferde benötigen Monate sorgfältiger Ausbildung und Jahre besonderer Übungen, bis sie rechts so durchlässig sind wie links. Dies läßt vermuten, daß Pferde, im Gegensatz zu den meisten Menschen, Linkshänder sind und daß somit, da jede Körperseite durch die entgegengesetzte Hirnhälfte kontrolliert wird, bei ihnen die »rechte Hemisphäre dominiert«. Ein solcher Schluß fügt sich sehr gut in das Bild, das wir schon von der physiologischen Basis des Verhaltens kennen, denn das Rechtshändertum des Menschen scheint im Tierreich einmalig zu sein und in engem Zusammenhang mit der Entwicklung der Sprache zu stehen – einer Fertigkeit, die größtenteils durch die linke Hemisphäre kontrolliert wird. Auch beim Menschen befaßt sich die rechte Hemisphäre viel mehr als die linke mit der Aufnahme von nicht-linguistischen Tönen und visuellen Eindrücken und da diese für das Pferd die wichtigsten sensorischen Stimulanzien sind, so wäre die Dominanz der rechten Hirnhälfte und die Linkshändigkeit logischerweise die offensichtliche Art seiner Spezialisierung.

Absetzen

Die letzte und wahrscheinlich am stärksten belastende Erfahrung, die ein Fohlen machen muß, bevor es erwachsen wird, ist das Absetzen. Ohne Warnung wird es von seiner Mutter und all seinen Kameraden weggenommen und zum ersten Mal in seinem Leben allein in einen Stall gebracht. So geschieht es wenigstens mit den meisten Fohlen, die in domestizierten Verhältnissen gezüchtet werden, obwohl jene, die unter natürlicheren Bedingungen aufwachsen, diese Trennung mehr stufenweise erleben. Es ist schwierig zu sagen, ob dies weniger schmerzhaft ist, denn ein Pferd, das von der eigenen Herde und der eigenen Familie ausgestoßen wird, kann viel ernster darunter leiden als eines, das durch einen Außenseiter weggenommen wird.
Vor dem Zeitpunkt der Trennung werden die meisten Fohlen gelernt haben, selbst zu fressen, aber dies besagt nicht, daß alle Verhaltensweisen, die mit dem Saugen in Zusammenhang stehen, sofort fallengelassen werden. »Etwas zum Kauen im Maul zu haben« scheint einem jungen Pferd das gleiche Gefühl der Geborgenheit zu geben wie der Lutscher dem Kind. Wird ein junges Pferd das erste Mal vom Hufschmied behandelt, geputzt, getrimmt oder gesund gepflegt, so wird es häufig das Seilende seines Halfters ergreifen und wie ein Baby daran saugen. Solange es dies tun darf, wird es oft geduldig, wenn auch ängstlich, völlig stillstehen, aber sobald das Seil aus dem Maul entfernt wird, beginnt es nervös zu werden und einen Fluchtweg zu suchen. Zuerst dachte ich, dies sei eine Eigenschaft von Nukio Sprößlingen, wurde aber bald eines besseren belehrt. Royal Queen, ein Vollblut-Stutfohlen, das

ich als Jährling gekauft hatte, hatte kiloweise Seile durchsaugt, bevor es zwei Jahre alt war. Sogar Lenny, der im Grunde genommen wahrscheinlich nicht ganz so leblos war wie man immer annahm, hatte in seinen 18 Monaten in Gawcott einen guten Teil durchkaut.

Ein weiteres Überbleibsel aus den Kindheitstagen kann darin gesehen werden, wie ein junges Pferd die älteren begrüßt. Dies ist eine Handlung, der ich noch nie in einer schriftlichen Beschreibung begegnet bin, die aber wahrscheinlich allen Züchtern bekannt ist. Das junge Pferd streckt seinen Kopf und Hals vor, zieht die Lippen zurück und schnappt schnell und rhythmisch mit den Zähnen, so wie ein Hund »grinst«, wenn er weiß, daß er etwas Falsches gemacht hat, oder ein Affe einem drohenden, überlegenen Affen seine Unterwerfung anzeigt. Der Anblick eines großen, 18 Monate alten Wallachs, der diesen lächerlichen Ausdruck aufsetzt, um eine alte Vollblutstute, die nur halb so groß ist wie er, zu begrüßen, kann zum Lachen reizen, aber es ist unserem eigenen Lächeln gar nicht so unähnlich und bestimmt hat es die Wirkung einer Hemmung jeglichen Angriffs von seiten des älteren Pferdes. Nicht einmal Nuki würde eine ihrer eigenen Töchter angreifen, solange sie noch jung und fügsam genug waren, um dieses Spiel zu treiben.

Es mag eigenartig erscheinen, daß das Kauen von Hafer im Gegensatz zum Kauen eines Seiles für das Fohlen keine natürliche Handlung ist. Es muß erst gelernt werden. Ich will damit nicht sagen, daß ein erwachsenes Pferd, dem zum ersten Mal erst nach Erreichen der Reife eine Schüssel Hafer gereicht würde, nicht wüßte, was es damit anfangen sollte. Aber alle jungen Fohlen, wie auch Welpen, Kätzchen und übrigens auch ganz kleine Kinder scheinen zuerst nicht die geringste Ahnung zu haben, welcher Teil eines Geschirres die eßbare Nahrung darstellt und welcher Teil der Behälter ist. Menschliche Eltern kennen sicher das kleine Kind, das zum ersten Mal einen Löffel gebraucht, aber unweigerlich den Inhalt desselben verliert, bevor er sein Ziel erreicht hat, aber lange am leeren Werkzeug weiterlutscht, während die Nahrung in unverminderter Menge zurückbleibt. Kleine Welpen und Kätzchen werden beim ersten Anbieten von ihrem Futter im Teller minutenlang den Rand lecken, bevor sie merken, daß der gute Duft vom matschigen Brei in der Mitte stammt. Junge Fohlen sind genauso. Wenn ihnen zum ersten Mal Hafer hingestellt wird, scheinen sie keine Ahnung zu haben, was sie damit anfangen sollten, auch wenn sie seit einigen Monaten schon Gras oder Heu gefressen haben, und eher lecken sie an den Seiten des Eimers herum, als mit dem Fressen des Inhaltes zu beginnen. Auch nachdem sie entdeckt haben, daß der Hafer das wichtige Element ist, müssen sie erst noch »lernen«, ihn richtig

zu fressen. Rückblickend scheint es mir, daß ich die meisten Spätsommer- und Herbstabende der letzten zehn Jahre damit verbracht habe, Eimer in die Höhe zu halten, während aufgeregte, auf den Boden stampfende und jeden Eindringling mit dem Tode bedrohende Fohlen darin herummalmten, um am Schluß einer halben Stunde zu entdecken, daß sich der Inhalt des Eimers kaum um ein Haferkorn verringert hatte.
Doch die Fohlen wuchsen alle heran. Sie wurden zugeritten, ausgebildet und schließlich in offener Konkurrenz gegen ihre Zeitgenossen ausprobiert. Mit zunehmendem Alter und Erfahrung haben auch ihre Eigenheiten zugenommen — aber nicht immer in der erwarteten Richtung.

Pferdeerziehung

Meine Routine beim Einreiten junger Pferde mag nicht immer die übliche sein, aber sie folgt dem allgemein anerkannten Muster. Wenn das Pferd zwei Jahre alt ist, wird es in den Stall gebracht und »gesattelt und gezäumt«. Das heißt, daß ihm ein Gebiß ins Maul und ein Sattel oder ein Gurt auf den Rücken gelegt werden, die unter dem Bauch eng angezogen werden. Wenn es sich einmal an diese Ausrüstung gewöhnt hat und entdeckt, daß all das Drum und Dran harmlos ist, wird es auf eine Koppel genommen und im »Longieren« unterrichtet: es geht im Kreis am Ende einer langen Leine um seinen Trainer herum, bleibt stehen oder geht vorwärts auf Befehl. Mit diesem Unterfangen werden drei Zwecke verfolgt: Erstens soll sich das Tier in der Bewegung an das Gefühl der Ausrüstung gewöhnen, zweitens soll es Gehorsam gegenüber der Stimme lernen und drittens werden seine Muskeln gestärkt.

Wenn das Longieren in beiden Richtungen gut klappt (wobei das Tier gleich gelöst rechts oder links herumgeht, ganz gleich in welcher Gangart es auch dazu aufgefordert wird), werden zwei lange Leinen am Gebiß befestigt und das Pferd muß vor dem Trainer auf der Weide herumgehen, wobei dieser seine mündlichen Befehle ergänzt mit einer Berührung seiner Flanken, um es vorwärtszutreiben, und einem Zug an den Zügeln, um es anzuhalten. In dieser Phase lernt das Pferd die »Hilfen«, die ihm später vom Reiter gegeben werden. Es lernt gleichzeitig auch, geradeaus vorwärtszugehen statt im Kreis herum und dies zu tun, ohne jemanden anzuschauen oder jemandem zu folgen.

Wenn ein Zweijähriger alle diese Lektionen gelernt hat, halte ich persönlich es für gut, am Ende der Saison an seinen Seiten emporzuklimmen zu versuchen und mich auf seinen Rücken zu setzen, damit er mein Gewicht fühlen kann. Wenn er stark genug ist, lasse ich mich ein paar Schritte vorwärtstragen, in der Form, daß das Pferd in Reaktion auf die üblichen Hilfen von Gebiß und Schenkel vorwärtsgeht oder anhält. Das ganze Unternehmen — angefangen vom Zäumen und Satteln bis zum Aufsitzen — dauert etwa einen Monat

und wird vor allem im Frühling oder Sommer durchgeführt, wenn das junge Pferd auf der Weide, nicht in Form, etwas schläfrig und nicht zum Kampf aufgelegt ist.
Im folgenden Jahr, wenn das Pferd drei Jahre alt geworden ist, beginne ich mit ernsterer Arbeit, lasse es aber meist immer noch die ganze Zeit auf der Weide, obwohl die Haferration nach Bedarf gesteigert wird. Die Ausbildung auf den Weiden wird durch Ausritte im Gelände unterbrochen. Dann machen wir uns in Gesellschaft auf und besuchen einige lokale Ausstellungen oder Veranstaltungen und beschließen das Ganze mit ein paar Tagen auf der Jungfuchsjagd.
Letzteres ist wahrscheinlich das Aufregendste von allem. Wenn man das erste Mal mit einem jungen Pferd zu einer Jungfuchsjagd geht, ist jeder Augenblick voller Erregung und Spannung: das Voraussehen von Schwierigkeiten, die angsterfüllten Momente, während man auf sie wartet und der Triumph, wenn sie überwunden sind. Was wird geschehen, wenn einer der Meute gleich vor der Nase des Pferdes aus dem Dickicht hervorbricht? Was wird das Pferd tun, wenn jemand in diesem engen Weg von hinten kommt? Wie werden wir jenes Gatter dort drüben nehmen? Für viele Leute, so wie auch für mich in meiner Jugend, bestand der Hauptspaß des Jagdreitens darin, weite Distanzen zu galoppieren und eine Anzahl Hindernisse zu springen. Ich betrachtete jeweils jene Fachsimpler als äußerst spießig, die begeistert waren von der »guten Arbeit der Meute« und ähnlichen Aspekten des Spieles ohne Konkurrenzcharakter. Ich bin immer noch nicht gewandt im Erkennen der guten Meutearbeit, aber ich habe ganz bestimmt entdeckt, daß es ebensoviel Aufregung und Spannung gibt in den zwei Stunden auf einem noch grünen Pferd, wie auf einer Zehn-Meilen-Jagd auf einem ausgebildeten Tier.
Dies also ist das Programm. Wie wirkt es sich in der Praxis aus? Nauris und Gamesmans Reaktionen auf die ersten Phasen sind schon beschrieben worden. His Nibs war Nukis drittes Kind und äußerlich so verschieden von den beiden anderen, wie ein Pferd nur sein konnte. Nauri und Gamesman waren von Geburt an beide Grauschimmel, Nibs war dunkelbraun. Wo Nauri und Gamesman beide kurzgliedrig und kompakt waren, war Nibs linkisch und schwerfällig. Nibs' Beine schienen immer ein paar Zentimeter länger als er erwartete, seine Füße einige Nummern größer. Im einen Augenblick schritt oder trabte er auf einer Weide, im nächsten lag er auf der Nase ausgestreckt da.
Im Temperament sowie in Farbe und Form war Nibs wie ein *untergeschobenes* Kind. Ganz am Anfang, als er auf der Welt war, waren seine Augen

nicht nur schmal, sondern ungleichmäßig angeordnet, was ihm einen bösartigen und verschlagenen Ausdruck gab. Ich befürchtete bei ihm immer einen teuflischen Zug, so daß ich von Anfang an John Hunt um seine Hilfe bat für seine Handhabung. Eigentlich hatte ich noch einen anderen Grund für dieses Manöver. Ich wußte bereits vom Augenblick seiner Geburt an, daß His Nibs, da es ein Hengstfohlen war, verkauft werden müßte, um für die anderen Platz zu machen, und ich wollte ihn nicht zu sehr liebgewinnen, indem ich zuviel für ihn selber tat. Die Kehrseite der Medaille war, daß der arme John von dieser Verteidigungsmaßnahme betroffen wurde. Er war es, der sehr an Nibs hing und all die Schmerzen der Trennung erlitt.

Aber trotz seines Aussehens zeigte Nibs nie die geringste Bösartigkeit. In meinen Notizen lese ich mit Erstaunen über Nibs, nachdem er als Fohlen unabsichtlich einen Zaun übersprungen hatte und an den Hinterbeinen durch Draht Schnittwunden erlitt, die täglich gewaschen und gebadet werden mußten: »Er hat ein bißchen herumgeschlagen, aber nie versucht, etwas Bösartiges zu tun.« Als ich ihm das erste Mal das Halfter anzog, machte ich die gleiche erstaunliche Beobachtung. Bei den ersten Ausstellungen, zu denen er mitgenommen wurde, sprang er ziemlich wild umher und, wie schon beschrieben, war das erste Verladen in den Transporter eine klägliche Angelegenheit. Aber wie auch mit Nauri und Gamesman war es ein guter, sauberer und offener Kampf und als dieser einmal beendet war, gab es weder Unwillen noch Bitterkeit.

So wie die Monate vergingen, verbesserte sich Nibs' Äußeres. Sein Körper füllte sich aus, seine Augen richteten sich gerade und man konnte erkennen, daß er bei abgeschlossenem Wachstum seines langen Rahmens ein stattliches Pferd sein würde. Dann kam die Zeit, wo er kastriert werden sollte. Er war eben erst ein Jahr alt geworden, als dies ausgeführt wurde, und er hatte bereits ganz bestimmte Ansichten über andere Pferde. Ich hatte kein Interesse, ihn unkastriert zu lassen, da ich Gamesman hatte. Er und Gamesman waren zusammen auf der Weide und die besten Freunde, aber es war Nibs der Jährling, der immer in irgendeiner Schererei der Anführer war und Gamesman der Zweijährige folgte ihm wie ein Hund.

Während Nibs operiert wurde, bot er seinen üblichen Kampf, aber als alles vorüber war, schien ihn all sein Temperament zu verlassen. Während der nächsten 12 Monate war er ein ergreifendes Bild. Ohne seine Männlichkeit hatte er alles Fleisch und all seine Kühnheit verloren und obwohl sein Skelett mit jedem Tag größer und länger wurde, schien immer weniger da zu sein, um es zu decken.

Bevor ich Nibs verkaufte, wollte ich ihn selbst einreiten. Ich hatte dafür zwei Gründe: erstens wollte ich sehen, wie sein Temperament wirklich war und zweitens bekäme ich so vielleicht eine bessere Idee über das Zuhause, das ich für ihn finden sollte.

Trotz all meiner Skepsis stellte sich heraus, daß Nibs das einfachste Pferd war zum Einreiten, das ich je gehabt hatte. Er begriff schnell und war sehr darauf bedacht, Freude zu bereiten. Wenn ihn irgend etwas erschreckte oder aufregte, so beruhigte er sich schnell wieder, und in der Zeit von sechs Wochen hatten wir nur zwei heikle Begebenheiten. Die erste war, als er an den langen Zügeln vor mir gehen sollte. Nibs hatte es nie gern gesehen, wenn ich hinter ihm ging und versuchte immer auszuweichen, wenn ich dies tun wollte. Ich hatte damals seine Reaktion auf den ersten Kontakt mit dem Halfter vergessen, als er etwa 200 Meter rückwärtsgegangen war, bevor er umfiel. Ich klügelte mir allerlei Gründe und Erklärungen für dieses Verhalten aus. Hatte John ihn geschlagen? War es eine Erinnerung an die Kastration? Ich dachte bis später nicht daran, meine alten Notizen hervorzuholen. Glücklicherweise war diese Abneigung nicht allzu schwierig zu überwinden, aber es bedeutete, daß ich ihn jedesmal ein paar Augenblicke beruhigen und streicheln mußte, bevor ich hinten um seinen Schwanz herumgehen durfte.

Unsere nächsten Schwierigkeiten tauchten auf, als ich Nibs besteigen wollte. Dies war aber ausschließlich meine eigene Schuld. Zu jener Zeit war sein Körper runder als zuvor, aber immer noch lang und röhrenförmig wie eine ölige Stange. Er maß über 165 Zentimeter, hatte aber keinen Widerrist, um den Sattel an der richtigen Stelle zu halten und die einzige Methode, um diesen vor dem Umherrutschen zu bewahren war, den Gurt so fest anzuziehen, daß das arme Tier kaum mehr atmen konnte. Ich hatte dies unterlassen, als ich das erste Mal den Fuß in den Steigbügel steckte und an seiner gewaltigen Seite emporklettern wollte. Der Sattel rutschte glattwegs herum unter seinen Bauch und erschreckte uns beide ziemlich. Ich hatte ihm zuvor den Sattel erst einmal aufgelegt und hätte normalerweise nicht daran gedacht, so früh schon mein Gewicht darauf zu geben. Es ergab sich nur, weil er so ruhig und entgegenkommend war, daß ich es an diesem Tag versuchen wollte — und das Ergebnis war katastrophal. Während vieler Wochen konnte ich nachher mein Gewicht kaum in den Bügel stellen, ohne daß Nibs rückwärtszugehen begann, nervös wurde und schließlich zu bocken anfing. Ich sah beunruhigende Anzeichen dafür, daß dies zunehmend schlimmer werden könnte. Was sollte ich tun? Jüngere und elastischere Leute als ich können vom Boden aus in einer Flanke in den Sattel gelangen, ohne die Steigbügel zu benützen, aber für mich kam es gar nicht in Frage, eine Flanke auf Nibs zu machen. Ich dachte daran, John zu rufen, um mich in den Sattel zu heben, entschied mich aber dann dagegen. Es ist schon gut, wenn ein Pferd daran gewöhnt wird, daß man es so besteigt, aber was passiert, wenn man aufsitzen will und es ist niemand da? Sollte ich absteigen müssen, um ein Gattertor zu öffnen, wie säße ich dann wieder auf, wenn ich nicht mit Hilfe der Bügel hinaufklettern könnte? Denn es *war* ein Klettern. Ich sah es schon: der arme Nibs mußte sich daran gewöhnen, daß Leute sich an seiner Seite wie auf das Matterhorn hinaufziehen.

Nein, er mußte lernen, in der üblichen Weise bestiegen zu werden; ich mußte ausharren, bis er dies getan hatte. Meine Wahl fiel auf einen Tag mit schönem Wetter, da niemand in der Nähe war und ich den ganzen Abend zur Verfügung hatte und bei guter Laune war. Nachdem ich Nibs longiert und an der Doppellonge mit ihm gearbeitet hatte, bis er einigermaßen müde schien, steckte ich meinen Fuß in den Steigbügel und zog mich rasch hinauf, bis ich über dem Sattel war und auf der anderen Seite einen festen Halt gefaßt hatte. Dort hielt ich mich aus Leibeskräften angeklammert, bis Nibs sein Rückwärtstreten und Bocken beendet hatte, keuchend dastand und sich etwas Neues auszudenken versuchte. Bevor er es ausgedacht hatte, sprang ich ab, belohnte ihn reichlich und kletterte gleich wieder hinauf — und damit war das Problem gelöst. Am Schluß des Abends war ich dreimal auf- und abgestiegen in verschiedenen Teilen der Koppel — und hatte nie mehr die geringsten Schwierigkeiten.

Als Nibs das Stadium erreicht hatte, in dem er auf die Hilfen des Reiters hin vorwärtsging und stehenblieb, als er von zu Hause abgewendet werden konnte und Bergauf- und abgehen gelernt hatte, war meines Erachtens genug getan. Seine Beine waren immer noch so lang und er neigte dazu, über die eigenen Füße zu stolpern, daß ich ihm genügend Zeit geben wollte, um fertig auszuwachsen, bevor ich zu streng mit ihm arbeitete. Übrigens hatte ich mich jetzt vergewissert, daß ich niemandem einen Schurken aufladen würde und so war es das Wichtigste, ihn zu verkaufen und für die anderen Pferde Platz zu schaffen. Etwa Mitte jenes Sommers wurde er nach Schottland verkauft an Pferdeleute, die in Point-to-point-Kreisen gut bekannt waren.

Während der nächsten paar Monate kamen regelmäßig Briefe an, die mir berichteten, wie gut es Nibs gehe und wie zufrieden seine Besitzer mit ihm waren. Dann, im folgenden August, telefonierten sie mir in großer Bedrängnis. Nibs hatte am Tag zuvor während der Arbeit draußen eine *Stute* gesehen — die erste, seitdem er von hier weggegangen war — und sein Verhalten ließ

befürchten, daß er nicht korrekt kastriert worden war. Der Mann wagte nicht mehr, seine Frau das Pferd reiten zu lassen und sie befürchteten, daß sie entweder Nibs wieder verkaufen oder nochmals operieren lassen müßten.
Ich war in einer verzwickten Lage. Da ich schon junge Wallache gehabt hatte, die im Alter von drei bis vier Jahren eine ähnliche Phase durchgemacht hatten, war ich über Nibs Verhalten nicht allzu besorgt. Ich dachte sowieso, daß es in seinem Fall auf zuviel Hafer zurückzuführen sei. Es ist unter Pferdekennern wohlbekannt, daß verschiedene Tiere in verschiedener Weise auf eine Überfütterung mit Hafer reagieren. Ich hatte bereits entdeckt, daß Nauri und Gamesman beide den Kopf verloren und sich wie Fanatiker aufführten, scheuten und erschraken vor Gegenständen, die sie vorher anscheinend überhaupt nie bemerkt hatten, wenn sie zuviel Hafer bekamen. So vermutete ich, daß das Verhalten von Nibs eher durch seine Kost als durch seine Hormone verursacht worden war. Der Anblick einer Stute hat bei ihm wohl nur einen Anfall von Übermut ausgelöst. Aber was sollte getan werden? Wenn er nur zu einem Auktionsverkauf ging, könnte er zu Leuten gelangen, die gar nichts aus ihm machen würden. Es schien wenig Zweck zu haben, ihn nochmals zu operieren (mir wurde zudem vom Tierarzt versichert, daß er ganz korrekt kastriert worden war) und die offensichtliche Lösung war, daß ich ihn zurückhole. Aber wohin mit ihm? Ich hatte bereits einen Dreijährigen, einen Zweijährigen, zwei Jährlinge, ein Fohlen und vier Zuchtstuten sowie all das Vieh aus der Milchwirtschaft. Die einzige Möglichkeit, um mit allem auszukommen, wäre, noch eine Farm zu kaufen. Ich schloß einen Kompromiß. Ich pachtete von meinem Bruder für ein Jahr zwei Weiden und sauste nach Schottland hinauf, um Nibs abzuholen.
Das Pferd hatte im vergangenen Jahr beträchtlich zugenommen, ohne viel größer zu wachsen, und es war bildschön. Mit Gedanken an den Grand National im Kopf hatte ihn sein Besitzer mit Hafer vollgestopft, aber im Stall war er so liebenswürdig wie immer. Nachdem er dreizehn erdrückend schwüle Stunden lang im Pferdetransporter herumgerüttelt worden war, tänzelte er in Gawcott schnaubend und kampfbereit heraus. Aber zum Leidwesen von Nibs war niemand da, um es mit ihm aufzunehmen. Lenny, der Ire, den ich gekauft hatte, um in seiner Abwesenheit etwas reiten zu können, stand da und schaute in stiller Verwunderung auf seine Possen, und am Ende einer Woche ohne jegliches hartes Futter hatte sich Nibs' Überschwenglichkeit einigermaßen gelegt. Um sicher zu sein, daß er sich selbst dessen bewußt war, ließ ich ihn für zwei oder drei Tage mit seiner Schwester Nuit auf die Weide. Sie brachte ihm rasch Manieren bei und als er ihr unanständige Andeutungen

machte, schlug sie ihn so fest, daß ich wirklich befürchtete, sie würde ihn verletzen.

Ich begann zuerst mit Nibs auf der Weide zu arbeiten, wo ich ihn im Vorjahr zugeritten hatte und er wiederholte die gleichen Handlungen in genau den gleichen Phasen, wie er es 12 Monate zuvor getan hatte. Zuerst ließ er mich nicht hinten um ihn herumgehen und trat jedesmal rückwärts, wenn ich dies versuchte. Dann ließ er mich nicht aufsteigen und trat bei jedem meiner Versuche rückwärts. Als ich dann endlich aufgestiegen war, ging er vorwärts, als ob er noch nie geritten worden war und nicht wußte, wie er den Sattel im Gleichgewicht behalten sollte. Jedoch durchliefen wir alle diese Phasen ziemlich schnell und nach vier Tagen war ich zum Versuch bereit, ihn in Gesellschaft zu reiten.

Wegen der Erfahrungen seiner schottischen Besitzer wollte ich alle Vorsichtsmaßnahmen treffen und plante das Unternehmen mit Brenda Martin, meiner damaligen Pflegerin, so sorgfältig wie ein Militärmanöver. Das erste Pferd, mit dem zusammen ich es versuchen würde, war Lenny (die Solidarität in Person, selber nicht älter als Nibs), mit dem Nibs übrigens nachts auf der Weide war. Aber wir würden nicht gleich von Anfang an zusammen fortgehen. Ich wollte Nibs auf der Koppel umherreiten, bis der erste Dampf draußen war und Brenda sollte dann mit Lenny zu mir herankommen, aber Distanz wahren.

Es war gut gewesen, daß wir Schwierigkeiten vorausgeahnt hatten. Sobald Nibs ein anderes Pferd sah (obwohl er auf der eigenen Weide war und seinen Gefährten erkannt haben mußte), begann er sich aufzuführen, als sei er der allermächtigste Hengst auf Erden, und ich begann mit dem Schotten mitzufühlen. Da ich nicht genau wußte, wozu Nibs imstande war, wußte ich nicht, auf was ich gefaßt sein sollte. Von all dem Trompeten und Lärm, den er machte, hätte man gut denken können, er sei ein Hengst. Das Erschreckendste an der ganzen Sache war das Gefühl der Leichtigkeit in der Vorhand. Wenn er sich auf diese Weise zu seiner vollen Größe reckte, schienen seine Vorderbeine kaum mehr den Boden zu berühren. Im Gegensatz zu seinem üblichen schlurfenden Gang schien er zu schweben und ich erwartete jeden Augenblick, daß er den Boden ganz verlassen würde.

In der Tat jedoch geschah überhaupt nichts und als der Übermut langsam aus ihm herausgesprudelt war, wurde Nibs wieder er selbst. Es dauerte aber fast eine Stunde, bis Brenda und ich so nahe aneinander heranzugehen wagten, daß die Pferde sich beschnuppern konnten — aber wie mit allen anderen von Nibs' Drohungen ließ er ganz davon ab, sobald sein Bluff erkannt worden war. Von jenem Tag an bereitete er mit anderen Pferden zusammen nie mehr Schwierigkeiten und als wir mit ihm und Lenny zusammen auf die Jungfuchsjagd gingen, war es übrigens Lenny, der beim Ton der Hundemeute durchging und eine halbe Meile weit galoppierte, während Nibs dastand und ihm gebannt zuhörte.

War sein Bluff erkannt worden? Machte Nibs wirklich all diese Drohungen oder hatten wir sie nur in unserer Phantasie gesehen? Wäre er ein kleines, dunkelbraunes Pferd mit einem großen, kühnen Auge statt ein großer Rappe mit einem kleinen, schiefliegenden Auge, hätte ich je daran gedacht, daß er gemein, hinterhältig oder gefährlich sein könnte? Wenn ich zurückblicke, kann ich für jene ersten vier Jahre in der Tat an keine einzige bösartige Handlung von Nibs denken. Im Gegenteil, er ging sich fast aus dem Weg, um uns Freude zu bereiten und zu helfen, aber es dauerte Monate, bis ich überzeugt war, daß er wirklich bereit war, in dieser großzügigen Art seinem Reiter alles zu geben, was er hatte.

Ich war fast froh, als ich später herausfand, daß ich in meinen Erwartungen nicht allein dastand. Als Nibs vier Jahre alt war, fand er den perfekten Besitzer und Gefährten in Richard Vines und ihre gemeinsame Karriere ist eine lange Geschichte des Erfolges. Richard war damals bei den Königlichen Truppen und Nibs sollte eines Tages, mit Kordeln herausgeputzt, die Lafetten seines Regimentes in einer Parade vor der Königin führen, während er als nächstes fröhlich den Geschwindigkeitsrekord in einer Querfeldeinprüfung schlagen würde. Ihre Erfolge in reiterlichen Prüfungen sind zahlreich, aber Richard behauptet, daß er für all den Spaß, den sie zusammen hatten, am meisten dankbar ist. »Nibs hat nur einen Nachteil«, schrieb er in einem seiner ersten Briefe, »was immer wir auch tun, es gelingt ihm aus seinem Stall zu entweichen und er wandert nachts im Lager herum und erschreckt jedermann. Wir nennen ihn Houdini!« Aber als Richard Nibs zum ersten Mal sah und sich in ihn verliebte, waren seine Eltern alles andere als glücklich. »Wir hatten immer das Gefühl, das Pferd könnte etwas Gemeines an sich haben«, sagten sie mir zwei Jahre später. »Für ein so großes Tier hatte er gar ein kleines, böses Auge.«

Es war so leicht gewesen, Nukis erste drei Kinder zuzureiten, daß ich mich auf diesem Gebiet schon als Genie sah. »Man muß die Sache nur richtig in Angriff nehmen«, bemerkte ich jeweils so beiläufig zu denen, die mich fragten, wie ich Zeit dazu finden könne oder wenn man mir ein Kompliment zum feinen Maul eines Pferdes machte. »Wenn man anfängt, so lange sie noch jung genug sind, machen sie gar keine Schwierigkeiten.« Dann lernte ich

Queenie kennen, die mich wieder in die richtigen Dimensionen zurückversetzte.

Queenie (ihr voller Name lautete Royal Queen) von Manicou aus der Queen of All wurde 1961 als Jährling in Leicester verkauft. Ich war zufällig am Verkaufstage frei und als ich am Morgen zu Hause den Katalog durchsah, bemerkte ich ihren Namen. Zwei Stunden später war ich in Leicester. Ich interessierte mich nicht so sehr, weil ich etwas über das Stutfohlen wußte, sondern weil ich für Manicou eine große Bewunderung hegte — ein Pferd, das sowohl als Hengst Rennen gewinnen und siegreiche Renner produzieren konnte. Ich hatte seit langer Zeit nach einem Stutfohlen von ihm Ausschau gehalten.

Mein erster Eindruck von Queenie war bittere Enttäuschung und ich wußte, daß es klug wäre, sie um jeden Preis in Ruhe zu lassen. Sie hatte sehr feine Beine, einen großen dicken Bauch und maß 145 Zentimeter wie ein Pony-Fohlen. Sie hätte als potentielle Mutter von Mittelgewicht-Huntern nicht weniger verheißungsvoll sein können — aber dann bewegte sie sich. Im Trab schien sie in der Luft zu schweben und ihr Schritt war so lang wie derjenige eines großen Hunters. Obwohl ich genau wußte, daß ich einen Fehler beging, konnte ich es nicht unterlassen, für sie zu bieten, und da die anderen Leute ihre Zukunft mit so wenig Optimismus wie ich selbst zu betrachten schienen, war sie bald die meinige.

Am Abend um fünf Uhr war ich mit Queenie zu Hause und beschloß, sie sofort mit den anderen Pferden auf die Weide zu lassen. »Die anderen Pferde« waren damals Nuki und ihr Fohlen Nuit und eine meiner Entschuldigungen zum Kauf von Queenie war, daß Nuit eine junge Kameradin benötigte. Obwohl ein Jahr Unterschied bestand zwischen den beiden, waren sie fast gleich groß.

Sobald sie losgelassen worden war, jagte Queenie in einem haarsträubenden Galopp davon. Mit dem langen, herrlichen Gang des Vollblüters hatte sie die anderen bald hinter sich gelassen, bis sie bei den Gräben und Dämmen anlangte. Dort stand sie bockstill, senkte den Kopf und begann zu zappeln. Aber sie ließ sich nicht abschrecken. Sie versuchte die ganze Nacht, darüberzugaloppieren und am Morgen war sie stocklahm, die Sprunggelenke als Folge von überanstrengten Sehnen durch Gallen riesig angeschwollen.

Die Gallen behinderten Queenie immer wieder, bis ich sie schließlich brennen ließ. Bei dieser Operation werden heiße Eisen ins Fleisch um die überanstrengten Sehnen herum hineingebrannt. Während die Brandwunden ausheilen, bildet sich faseriges Gewebe um sie herum und um die darunterliegenden Sehnen und Bänder. Wenn diese einmal auf diese Art verstärkt worden sind, sind sie meistens noch kräftiger als im natürlichen, unbehandelten Stadium.

Aber dies alles geschah erst später. Gleich nach ihrer Ankunft galt meine sofortige Besorgnis ihrer Kondition. Queenies Dickbauch war ein ziemlich sicheres Zeichen von Würmern, aber da sie sich weigerte, etwas anderes als Gras zu fressen, war es schwierig, ihr Medikamente zu geben. Wir übergossen sie schließlich mit einem in Wasser aufgelösten Wurmpulver, aber ob sie etwas von dieser Dosis überhaupt geschluckt hat oder ob alles an unseren Armen und Kleidern hinunterlief, ist schwer zu sagen. Aber eines lernten wir aus dieser Überschüttung von Queenie: auf ihre Charaktereigenschaften mußten wir gefaßt sein. Obwohl sie nie zu schlagen oder beißen versuchte, gab Queenie nicht schnell nach. Sagte sie »Nein!«, so war es ihr Ernst damit und alles Reden und Herumpickeln brachten sie nicht von ihrem Entschluß ab. Sie war völlig bereit, um uns gern zu haben, mit uns zu sprechen, uns umherzufolgen und gestreichelt zu werden, aber verlangte man etwas von ihr, mit dem sie nicht einverstanden war, tat sie es einfach nicht.

Sie hegte jedoch weder Groll noch Abneigung gegen uns. In dem Augenblick, wo wir nachließen, mit ihr über die Wurmmedikamente zu streiten und uns an die Seite der Box zurückzogen, um Atem zu schöpfen, kam sie sogleich herüber und leckte unsere Hände oder kaute an unseren Kleidern (ihrer Leibspeise) wie zuvor. Im Gegensatz zu Jess und Whose Lady verlor Queenie nie den Kopf. War sie aufgeregt oder schreckhaft, so geschah dies, weil sie Dampf ablassen wollte, nicht weil sie Angst hatte. Ging sie im wilden Galopp davon (manchmal im Winter, wenn sie voll Hafer war und ihre Sprunggelenke sie nicht schmerzten, galoppierte sie vom Augenblick an, wo sie am Morgen hinausgelassen wurde, fast ohne Unterbrechung bis sie abends hereingeholt wurde), so wollte sie sich selbst trainieren. Queenies Ungezogenheit war absichtlich kalkuliert, aber mit so offener Herausforderung ausgetragen, daß man nie wirklich zornig sein konnte, auch wenn man dadurch völlig aufgebracht war.

Ich hatte nicht geglaubt, daß sie einfach zuzureiten wäre, aber den Kampf, den es schließlich absetzte, hatte ich nicht erwartet. Ich begann erst Mitte ihres zweiten Sommers ernstlich mit ihr zu arbeiten. Sie war damals immer noch kaum 153 Zentimeter hoch, aber war weich und dick und ich hoffte, auch relativ fügsam. Vorher hatte ich ihr angewöhnt, an beiden Seiten geführt zu werden und im vorhergehenden Winter hatte ich ihr etwa eine Woche lang für kurze Zeit jeden Tag im Stall Sattel und Zaum aufgelegt.

Queenies Reaktion auf die Ausrüstung war sehr ähnlich wie jene von Jess, aber anders als jede von Nukis Kindern. Die Trense akzeptierte sie ohne ein Wort (sie wollte immer etwas im Maul haben und wenn es nicht ein Teil unserer Kleidung war, so nahm sie ein Seilende; Queen hat meterweise Seil verzehrt), aber als sie den Gurt sich um ihren Bauch verengen fühlte, ging sie mit allen vieren in die Höhe, daß ich befürchtete, sie würde sich am Stalldach anschlagen. Ihr Widerwille dauerte aber nicht lange und als ich im Sommer wieder mit Satteln und Zäumen anfing, war sie ganz fügsam.
Sie begann so vielversprechend, daß ich schon dachte, meine Bedenken seien fehl am Platze gewesen. Queenie ging an der Longe schon beim ersten Versuch auf jeder Hand wunderbar und lernte die Befehlsworte (Hoho, Vorwärts, Trab) schneller als alle anderen. Erst am Tag, als sie an der Doppellonge gehen sollte, gingen unsere Schwierigkeiten los. Dies ist immer ein heikler Augenblick, aber bei den ungefähr fünfzig Pferden, die ich zugeritten habe, brauchte höchstens eines mehr als ein paar Minuten, um zu erkennen, daß ein Zügel, der um die Hinterhand und unter dem Schwanz durchgeht, wirklich nicht weh tun wird. Queenie bockte zwei Tage lang. Jedesmal, wenn sie ihre Augen rollte und den Zügel hinter ihr erblickte, schnaubte sie in erneutem Entsetzen und schoß vorwärts. Zweimal riß sie mir die Zügel glatt aus den Händen; ich verbrachte qualvolle Augenblicke, während ich ihr nachschaute, wie sie frei herumgaloppierte und mich fragte, ob sie sich verfangen und die Beine in den herumflatternden Longen brechen werde. Solange beide Longen auf der einen Seite ihres Kopfes waren, hatte sie gar nichts einzuwenden, nur wenn sie geteilt waren, hatten sie diese Wirkung auf sie. Aber am dritten Tag beschloß Queenie, sich geschlagen zu geben. Sie *sah* sogar nicht mehr erschrocken *aus*. Sie blickte die zweite Longe und auch mich an, als ob wir beide verrückt sein müßten, falls wir glaubten, sie habe Angst! Sich aufspielen? Sie nicht!
Ich führte sie während etwa einer Woche mit den Longen am Kappzaum auf der Koppel umher: Queenie war lammfromm. Dann befestigte ich die Longen an der Trense – sie war wiederum lammfromm. Dann longierte ich sie unter dem Sattel – sie zuckte nicht einmal. Dann beschloß ich, die Steigbügel an den Sattel zu hängen und sie umherbaumeln zu lassen. Als ich die Bügel langsam hinunterließ fühlte ich, wie Queenie sich spannte. Ihre Ohren waren seitwärtsgestellt, die Augen rollten nach rückwärts. Ich zog einen der Steigbügel nach vorn, damit sie ihn beschnuppern könne – und dann ging der Schuß los; Queenie war auf und davon! Während dreiviertel Stunden hörte sie nicht auf zu bocken und springen und ich war überzeugt, daß sie am

Schluß total erschöpft sein mußte. Als sie endlich anhielt, strömte der Schweiß an ihr hinunter und ihre Flanken hoben und senkten sich wie nach einem Drei-Meilen-Rennen. Dies war der Augenblick, beschloß ich, um sie zum ersten Mal zu besteigen. Sie *konnte unmöglich mehr* viel Kampfwillen übrighaben.

Einige Zeit lang hatte ich sie im Stall mein Gewicht im Rücken fühlen lassen und sie hatte es angenommen, ohne sich zu wehren. Als ich jetzt meinen Fuß in den linken Steigbügel stellte und langsam mein Gewicht auf sie hinaufhob, zeigte sie kaum das geringste Zittern. Allerdings pustete sie noch so stark, daß ihr für andere Dinge weder Zeit noch Gedanken blieben – oder doch? Als sie zurückblickte und meinen Fuß im Bügel an ihrer rechten Seite sah, fuhr sie wie durch eine Nadel gestochen zusammen, aber jetzt schien sie sich in alles zu schicken. Die Gehirnwäsche und das Zureiten waren vollbracht. Ich saß dreimal an verschiedenen Stellen der Weide auf und ab, bevor ich überzeugt war, daß ich den Kampf gewonnen und Queenie nachgegeben hatte; ich wollte eben das vierte Mal abspringen, als die Bügel, aus denen ich herausgeschlüpft war, zurückschwangen und Queenie hinter dem Gurt trafen. Wie der Blitz war sie wieder auf und davon, mit allen vieren gleichzeitig vom Boden, und steuerte in einer Serie von Sätzen zum Stall hin.

Zu meinem guten Glück waren ihre Sätze erstaunlich glatt, wie sie bei den meisten gut federnden Pferden sind. Meine einzige Befürchtung war, ob ich Queenie werde anhalten können, bevor sie in den Stallhof jagte oder mich unter einem tiefhängenden Baumast abstreifte. Die ganze Zeit schlugen nun die Bügel gegen ihre Seiten und trieben sie zu erneuten Spurts an. Alles ging jedoch gut. Auf einer kleinen Wiese stand sie solange still, daß ich noch würdevoll absteigen und sie tätscheln konnte, als hätte sie genau das gemacht, was ich von ihr wollte, aber sie beruhigte sich während des ganzen Tages nicht mehr – auch noch am nächsten und übernächsten nicht. Auch als ich am Ende der Woche beschloß, daß Queenie genug Arbeit getan hatte für die Saison, hatte sie immer noch das Bestreben, jedesmal zu schnauben und Luftsprünge zu machen, wenn sie sich daran erinnerte, daß ich auf ihrem Rücken saß.

In meinen Trainingsstunden mit Queenie wurde die Frage gar nie aktuell, ob ihre oder meine Ausdauer größer war. Ich hatte Queenie im Winter galoppieren sehen und wußte im voraus, daß meine Ausdauer sich nie mit der ihrigen messen könnte. Die große Frage war jeden Tag, wie und wann die Lektionen beendet werden sollten, damit Queenie nicht den Eindruck bekam, daß sie gewonnen hätte. Mit Nukis Kindern hatte es sich immer um einen einzigen, großen Kampf gehandelt und damit war die Sache erledigt. Mit Queenie war es während der ganzen Zeit, da ich sie hatte, eine Guerilla-Kriegsführung mit einer gelegentlichen Waffenruhe. Auch wenn es ihr gar nicht ums Kämpfen zu tun war, mußte sie trotzdem dergleichen tun. Auch wenn es gar nichts zum Scheuen oder Erschrecken gab, scheute und erschrak sie aus Gewohnheit. Aber es war immer so offen und ehrlich, daß ich nie zornig sein konnte mit ihr. Sie hätte sich nie zu einer Hinterlistigkeit erniedrigt. Einen Menschen ausnützen? Weshalb sollte sie auch? Sie war den Menschen so unendlich überlegen, daß sie es sich leisten konnte, ihnen genügend Warnung zu geben, wenn sie kämpfen wollte.

Die wahre Tragödie mit Queenie war jedoch, daß sie nicht wuchs. Mit drei Jahren war sie immer noch unter 155 Zentimeter und ich konnte mir nicht vorstellen, daß sie jemals einen normalgroßen Erwachsenen auf einer Jagd würde tragen können. Mit großem Bedauern verkaufte ich sie einem Freund, um sie für Hürdenrennen zu trainieren, aber hier wurde ihr Mut zum Verhängnis. Sie war so sehr darauf bedacht, nicht nachzugeben, daß sie in ihrem dritten Rennen schneller und schärfer zu gehen versuchte, als ihre Beine dies erlaubten, und überbeanspruchte eine der vorderen Sehnen. Nach einer Ruhepause von einem Jahr wurde es nochmals mit ihr versucht, aber das gleiche geschah wieder, wonach sie aufs Gestüt als Zuchtstute zurückgezogen wurde.

Nach dem Kampf mit Queenie war es eine Erleichterung, wieder zu einem von Nukis Kindern zurückzukehren. Diesmal war es Nuit.

Nuit war zusammen mit Queenie aufgezogen worden seit ihrem Absetzen und obwohl sie ein Jahr jünger war, war sie bereits um fünf Zentimeter größer. Ich habe Nuits frühe Possen schon beschrieben, wie sie alles Erdenkliche versuchte, um uns zu erschrecken. Ihr Verhalten als Jährling war nicht viel beruhigender als dasjenige als Fohlen. Anfangs jenes Sommers nahm ich sie zu einigen der lokalen Bezirksausstellungen mit, wo der Anblick und Geruch von ein paar Junghengsten in ihrer Klasse sie in alle Himmelsrichtungen herumtanzen ließ. Dieses Verhalten schien zu ihrem Äußeren zu passen, denn damals gewann sie meistens in ihrer Klasse. Als sie sich im Verlaufe des Sommers beruhigte, der Hafer durch Gras ersetzt wurde und ihre Muskeln sich in Fett verwandelten, begann Nuit wie ein Esel im Ring herumzuwatscheln und die Richter setzten sie immer weiter zurück, bis sie einer schließlich ganz wegließ. Ich konnte mir nicht ausdenken warum, bis ich sie durch eine andere Person führen ließ, so daß ich sie neben den anderen Pferden betrachten konnte. Es war ein entsetzlicher Anblick. Sie war feist und begann so auszusehen, als ob sie sich in ein Wagenpferd verwandeln würde.

Zum Glück war es bereits Herbst. Ich hatte kein Interesse, Nuits Schlankheit durch eine Hungerkur wieder herzustellen. Es war viel einfacher, die Ausstellungen zu vergessen und die Natur sich selbst zu überlassen. Aber in jenem Winter wurde Nuit nur noch dicker und bis im folgenden Frühling war sie von Nase bis Schwanz eine solide Mauer aus Fleisch und watschelte schlimmer als zuvor.

Ich begann Nuit in der üblichen Weise zuzureiten, indem ich sie für kurze Zeit jeden Tag im Stall aufzäumte und sie dann gesattelt und gezäumt auf Spaziergänge führte. Nuit war ruhig wie ein Lamm. Dann brachte ich sie auf die Koppel jenseits der Straße, um ihr das Longieren beizubringen. Obwohl sie Queenie aus dem Stall rufen hören konnte, zögerte sie nie, mir zu gehorchen. Sie ging sofort an der Doppellonge vorwärts. Es war zu schön, um von Dauer sein zu können. Es war unnatürlich. Ich konnte mich des Gefühles nicht erwehren, daß Nuit eher aus Zufall als aus Absicht das Richtige tat. Etwas würde bald geschehen.

Es geschah, als ich ein paar Tage fort war und Brenda Martin sie für mich übernommen hatte. Brendas Technik des Einreitens und Longierens ist ziemlich verschieden von der meinen und Nuit war verblüfft. Aber ich glaube nicht, daß dies der wahre Grund ihres einstweiligen Rückfalles war. Vorher hatte sie die Stufe noch nicht erreicht, wo sie über das, was sie tat, nachdachte; sie hatte lediglich das Allererste, das ihr eingefallen war, getan und durch guten Zufall war es meistens das Richtige.

Als Brenda sie in den Paddock nahm, war sie so gefesselt davon, am Ende der Longe ein neues Gesicht zu sehen, daß sie es wie gebannt anstarrte. Als ich drei Tage später zurückkam, stand Nuit immer noch da und starrte auf Brenda oder sauste im wilden Galopp im Halbkreis herum. Ich sah ein, daß Nuit nicht eigentlich »gelernt« hatte, was sie überhaupt tun sollte und daß ich gleich wieder an den Anfang zurückkehren und nochmals beginnen könnte. Nachdem dies geschehen war, machte sie keine Schwierigkeiten mehr. Wie mit allen ihren Geschwistern (außer Nauri) und im Gegensatz zu Queenie, mußte man gar nicht mehr an den Anfang zurückgehen, um jedesmal neu zu beginnen, wenn sie aufgeregt war. Sie schmollte lediglich eine Weile und vergaß dann ihren Groll.

Dies heißt aber nicht, daß sie nicht manchmal aufbegehrte und beschloß, rein um des Spaßes willen unfolgsam zu sein, um herauszufinden, was geschehen würde. Von Zeit zu Zeit – gewöhnlich, wenn sie rossig war – machte sie einen Versuch, um zu sehen, was sie sich leisten könnte. In solchen Augenblicken gleichen junge Pferde sehr kleinen Kindern, die die Zuneigung ihrer

Eltern auf die Probe stellen, oder Schulbuben, die erfahren wollen, was für einen schlimmen Streich sie einem Lehrer spielen können, ohne daß sie entdeckt und bestraft werden. An solchen Tagen begann Nuit schon zu schnauben, als ich sie sattelte und zäumte, dann nippte sie nach meinem Rücken, wenn ich mich hinunterbeugte, um ihre Beine zu bandagieren und schnappte in die Luft, wenn ich den Gurt anzog. Auf der Weide am anderen Ende der Longe verbrachte sie ihre Zeit damit, in völliger Vergessenheit dessen, was ich ihr sagte, um sich zu starren. Eine dieser Gelegenheiten ereignete sich fast das letzte Mal, als ich mit ihr in jenem Frühling arbeitete. Ich war schon ein paarmal auf ihrem Rücken gesessen (es hätte ihr nicht gleichgültiger sein können) und hatte sie im Schritt um die entfernteren Weiden umhergeritten. Dann mußte ich zu einer Konferenz weggehen und nach meiner Rückkehr beschloß ich, Nuit auf der Koppel neben den Schrebergärten zu bewegen.

Die veränderte Umgebung stieg ihr glattweg in den Kopf. Sie konnte die Nase nicht vom Boden wegnehmen (der stark nach unserem neuesten Fohlen roch) oder die Augen von den Gärten abwenden, aus denen der Klang der Spaten und das Rascheln von geschüttelten Büschen ertönte.

Nuit stolzierte am Ende der Longe wie eine riesige tanzende Puppe, schnaubte, bäumte sich auf und hüpfte umher, aber ich war entzückt und sehr beruhigt zu sehen, daß sie, obwohl aufgeregt, nicht die geringste Andeutung machte, daß sie hätte durchgehen oder davonrennen wollen. Im Gegenteil. Die Schrebergärten waren faszinierend; sie waren eine Herausforderung. Sie mußten untersucht werden; sie konnte sich nicht von ihnen losreißen. Als sie ein wenig Dampf abgelassen hatte, wollte ich sehen, wie sie jetzt aufs Gerittenwerden reagieren würde und kletterte ziemlich vorsichtig an ihrer Seite hoch. Es hätte nicht erfreulicher sein können! Obwohl sie auf die geringste Anregung hin bereit gewesen wäre zu bocken, führte sie jeden Befehl augenblicklich aus.

Dieses bestimmte Erlebnis mit Nuit kam sowohl ihr als auch mir gut zustatten, denn als ich sie im folgenden Jahr zu reiten begann, mußte ich dies ohne Sattel tun. Der Grund hierfür ist etwas beschämend. Nuit hatte zu jenem Zeitpunkt ihres Lebens den unwiderstehlichen Drang, sich nachts in ihrer Box zu wälzen und unweigerlich rollte sie sich so herum, daß sie gegen die Wand der Box in einer Stellung festlag, aus der sie weder zurückrollen noch aufstehen konnte. Und dort blieb sie liegen wie ein ungeheurer, klatschender Walfisch und pochte sanft gegen die hölzerne Wand der Box, bis jemand kam und sie befreite. Sie geriet weder jemals in Panik noch fügte sie sich irgendwelchen ernsten Schaden zu, aber wir befürchteten immer, daß sie im nächsten Moment einen Muskel zerren oder ein lebenswichtiges Organ verdrehen würde. (Als sich Nauri einmal wälzte, verfing sich ein Fuß in der Heuraufe. Trotzdem sie sich nicht ernstlich verletzt hatte, war sie tüchtig erschrocken.) Übrigens war es für den Stall selbst nicht die beste Behandlung, und da Nuit gewöhnlich die Zeit zwischen 22.00 und 23.30 Uhr nachts wählte, um sich zu wälzen, war es uns schon gehörig verleidet, Nacht für Nacht wegen ihr aufbleiben zu müssen.

So beschloß ich, für Nuit einen hochgewölbten, »festliege-sicheren« Gurt zu kaufen. Damit soll verhindert werden, daß ein Pferd sich ganz herumwälzen und somit nicht in der Box festliegen kann. Damals war Nuit aber so rund, daß der Gurt nie an seinem Platz blieb. Er wurde deshalb immer enger angezogen, weil sie weiterfuhr, sich zu wälzen und festzuliegen, bis ich eines Tages auf ihrem Rücken zwei große Beulen gerade unterhalb des gewölbten Bogens entdeckte.

Der Gurt wurde sofort weggelassen, aber der Schaden war schon angerichtet. Etwa eine Woche später fielen zwei große Haarbüschel heraus und ließen wunde Stellen in der Größe von Untertellern zurück. Obwohl wir diese mit allen menschenmöglichen Mitteln behandelten, verheilten sie fast sechs Monate nicht.

Es war Mitte Sommer geworden. Nuit war vom fetten Frühlingsgras noch dicker geworden und ich befürchtete ernstlich, daß sie Nuki nachahmen und Hufrehe bekommen würde. Um dies zu verhindern, wurde sie jeden Tag längere Zeit eingesperrt, aber als Ergebnis dieses Mangels an Bewegung wurde sie dicker denn je. Sie brauchte eindeutig Bewegung. Ich longierte sie, bis diese Übung uns beiden so verleidet war, daß wir hätten schreien mögen. Ich führte sie an einer Leine auf lange Spaziergänge aus, bis meine Beine schmerzten. An heißen Tagen deckte ich sie mit verschiedenen Decken und Plastiktüchern zu, um zu sehen, ob sie das Fett herausschwitzen könnte – alles war hoffnungslos. Sie sah am Ende einer Woche harter Arbeit besser aus, aber kaum mußte ich auch nur für einen einzigen Tag weg und sie stehenlassen, so war das Fett wieder da.

Mitte Juli war ich so verzweifelt, daß ich mich zum Versuch entschloß, sie ohne Sattel zu reiten. Auf der Weide, wo ich mit ihr im Vorjahr gearbeitet hatte, war sie lammfromm. (Die größte Schwierigkeit bestand darin, sie überhaupt in Bewegung zu setzen; als dies schließlich gelang, sprach sie innerhalb von ein paar Tagen auf Hilfen und Befehle an.) Dann machten wir uns auf und gingen ein Stück weit ins Dorf hinunter. Da alles immer noch glattging, entschloß ich mich zu einem Bummel durch den Wald von Gawcott.

Nuit hatte bereits auf einigen unserer »Spaziergänge« diesen Weg gemacht und kannte die tückischen Stellen. Sie hatte sogar den Anschein gemacht, daß sie diese aus vollen Zügen genoß. Im Gegensatz zum lieben Lenny, der wirklich ein großer Feigling war und beim ersten Anblick einer Pfütze oder eines Grabens umdrehte und sich nach Hause davonmachen wollte, war Nuit ganz *für* Schwierigkeiten eingestellt und wie der nach Stimulanzien hungernde Teenager, der auf Hauptstraßen mit Geschwindigkeitsbeschränkungen »davondonnert«, ging sie mit herausforderndem Schnauben auf gefährlich aussehende Objekte los.

Als ich auf diese gefährlichen Stellen zuritt, spürte ich, wie sie sich vor jeder straffte. Manchmal ging sie geradewegs schnaubend und stampfend daran vorbei; manchmal hielt sie zuerst an, schaute lange hin und schnupperte daran, dann tat sie ein- oder zweimal, als ob sie lieber heimgehen würde, aber sie verfehlte es nie, meinem Locken und Befehlen zu willfahren.

Unser Ausflug durch den Wald war so erfolgreich, daß ich den Heimweg der Hauptstraße entlang nehmen und einen Umweg über eine große, offene Wiese einschließen wollte, deren Besitzer verzweifelt versuchte, eine späte und stark regendurchnäßte Heuernte mit einem altmodischen Mähdrescher zu schneiden, der nicht anlaufen wollte. Nuit ging brav wie ein Lamm um den Rand dieser großen Fläche herum — ängstlich und gespannt allerdings, aber gehorsam wie ein Hund. Dann erwachte plötzlich der Mähdrescher zum Leben. Sein Rattern und Knallen ließen *mich* beinahe aus der Haut fahren vor Schreck; Nuit schoß wie ein Schachtelmännchen in die Luft, wirbelte zweimal wie auf einer Achse herum, blieb dann stehen und starrte auf die Erscheinung. Als das dampfende Ungeheuer einer Maschine sich in Bewegung setzte und langsam auf uns zugeholpert kam, verlor Nuit fast die Nerven — aber nicht ganz. Abgesehen von ein paar weiteren Verdrehungen und Verrenkungen, um das Übermaß ihrer Gefühle auszuschütten, stand sie heldenhaft ihren Mann und ging schließlich hocherhobenen Hauptes daran vorbei und von der Wiese weg.

Ich muß gestehen, daß ich selbst sehr erleichtert war, als ich die bekannte Straße wieder sah. Nuits Rücken war glitschig wie eine geölte Stange, zudem hatte sie noch keine genaue Vorstellung dessen, wie sie auf die Trense reagieren oder sie annehmen sollte, und mein einziger wirklicher Kontakt mit ihr bestand durch die Stimme — und dies war gegen das Gedröhne eines zehnjährigen Mähdreschers nicht leicht herzustellen. Mit einem erleichterten Seufzer lehnte ich mich zurück, als wir wieder bekannten Boden unter den Füßen hatten und zog ein Taschentuch hervor, um mir den Schweiß vom Angesicht zu wischen. Das war natürlich der Moment, in dem Nuit und ich uns beinahe verloren. Als Nuit das plötzliche, unerwartete Aufblitzen von etwas Weißem aus dem Augenwinkel gewahrte, schoß sie nach vorn. Auf dies unvorbereitet, schoß ich nach hinten — und ein Stück weit waren wir völlig entzweit.

Nach diesem ersten Tag hatte ich solches Vertrauen zu Nuit, daß ich vorbereitet war, sie auch ohne Sattel fast überall hin zu reiten — und es auch tat. An unserem zweiten Tag wurden wir von einer großen Stierherde verfolgt und gejagt, aber wiederum hat sich Nuit mit der Schicklichkeit und der Grazie eines Mannequins verhalten. Bis zu dem Tag, an dem wir sie satteln, hereinbringen und mit Hafer auffüttern konnten, hatte sie in der Tat keinen falschen Schritt gemacht. Nachher war die Sache ein bißchen anders. Als Nuit zwei Monate später, mit Hafer gefüttert und nach einem Kampf lechzend, der gleichen Stierherde begegnete und wie jene sich anschickte, sie ein zweites Mal zu verfolgen, schneuzte sie sich die Nase, steckte den Schweif in die Höhe und erkor die Stiere zur Ausrede für einen rasanten Galopp. Wegen Gräben am Straßenrand, Baumstämmen und Steinhaufen, die sie auf ihren ersten paar Ausflügen ohne die geringste Beachtung passiert hatte, bekam sie fast einen Anfall. Auf unbekannten Wegen oder Feldern war sie immer noch so brav wie ehedem. Für eventuelle Notfälle mußte sie dort sparsam umgehen mit ihrer Energie. Nur in bekannter Umgebung ließ sie sich gehen und gestand, daß sie noch ein Baby war. Aber der wirkliche Kampf setzte jeden Tag ein, als Nuit merkte, daß das Ende des Rittes gekommen war und es wiederum heimwärts ging. Gleich wie Nauri steckte sie dann ein und begann, sich nach seitlichen Abzweigungen umzusehen. Sie mußte jeden Meter des Weges getrieben und gestoßen werden.

Dies war auch eine der stärksten Eigenschaften von His Nibs gewesen und der liebe arme Lenny, der sowohl für His Nibs als auch für Nuit als Rettungsanker und Schulmeister amtieren mußte, war völlig fassungslos. Bewegung, Aufregung und Tollkühnheit waren nicht nach Lennys Geschmack. Sein Platz war daheim, mit viel Futter auf Lager. Im ersten Teil des Ausrittes, wenn Nuit und His Nibs mit gespitzten Ohren dahertänzelten, bummelte Lenny hin und her, warf Seitenblicke und versuchte, bei jeder Gelegenheit umzukehren. Auf dem Heimweg waren dann die Rollen vertauscht. Genau wie bei Nauri und ihrem Gefährten Cloudy waren diese Ritte der Konversation nicht gerade förderlich, da die beiden Reiter immer mindestens zehn Meter voneinander entfernt waren und über diese Distanz einander zurufen mußten.

Die einzigen Schwierigkeiten, die Nuit in diesen ersten Tagen eigentlich machte, betrafen einen schweren Grauschimmel namens Yobo. Elizabeth Hunt hatte Yobo im vergangenen Winter auf seinem Weg zu den Pferdeschlächtern gekauft. Er maß 145 Zentimeter, war völlig unbekannten Alters und sehr scheu von Gemüt. Abgesehen von ein paar etwas aufreibenden Gewohnheiten, wie zum Beispiel eingefleischtes Vagabundieren (er wurde immer dort gefunden, wo er nicht sein sollte, entweder in den Schrebergärten oder unserem eigenen Gemüsegarten beim Abfressen der Salatköpfe), tat Yobo niemandem etwas zuleide. Doch Nuit haßte ihn maßlos und vielleicht weil er sich selbst nie verteidigte, jagte sie ihn unablässig und kontinuierlich herum. Wir versuchten einmal, die beiden zusammen auf die Weide zu lassen. Am Ende einer Woche hatten Nuits heimtückische Angriffe nicht nachgelassen und der arme alte Yobo war von Schlägen und Quetschungen so mitgenommen, daß wir sie trennen mußten. Sie begegneten sich bis Anfang September nicht mehr.

Damals wurde Nuit für ihre erste Ausstellung unter dem Sattel vorbereitet. Sie war erst dreijährig und da sie erst seit etwa acht Wochen geritten worden war, war sie eigentlich nicht in Ausstellungsform. Aber ich hatte das Gefühl, meine lokale Veranstaltung in Buckingham unterstützen zu müssen und daß es für Nuit gut wäre, in der Öffentlichkeit mit anderen Pferden zusammen geritten zu werden, weshalb ich sie für die Hunter-Anfängerklasse gemeldet hatte. Ich befürchtete lediglich, daß sie gegen andere, von hinten aufgaloppierende Pferde ausschlagen würde. Um sicherzustellen, daß dies nicht geschehen würde, begannen wir sie mit Hilfe von Lenny und Yobo auszubilden.

Als wir bereit waren zum Aufsteigen und Nuit Yobo erblickte, standen ihr die Nackenhaare zu Berge und all ihre Abneigung kehrte zurück. Während des ersten Rittes legte sie immer wieder die Ohren zurück und machte kleine Angriffe gegen ihn. Sie konnte überhaupt nur an Yobo denken. Jeder einzige ihrer Nerven war darauf konzentriert, seine Stellung im Auge zu behalten und ihn wegzutreiben. Während der ersten zwei Tage wagten wir es nicht, ihn in Nuits Schlagbereich zu bringen und noch viel weniger, ihn von hinten herangaloppieren zu lassen, wie ich es im Sinn gehabt hatte. Noch lange nachdem sie das Ihre im Schauring getan und sich daran gewöhnt hatte, daß fremde Pferde neben ihr und um sie herum galoppierten, duldete sie Yobo nicht in ihrem Bereich.

Gambits erste Ausbildung erfolgte nicht sehr systematisch. Der Druck der Arbeit sowie miserables Wetter verhinderten, daß ich viel mit ihm unternehmen konnte, bevor er drei Jahre alt war, und auch dann wurden sporadische Arbeitsperioden von langen Pausen unterbrochen. Beim Zureiten von Gambit kam es mir vor, als ob ich – wie mit seinem Vater – immer wieder von vorne beginnen müßte. Er zeigte die gleiche Langsamkeit, den gleichen, dickköpfigen Widerstand gegen neue Ideen, aber seine Verteidigungsmethoden waren ganz anders. Wo Gamesman stillstand und schmollte, stampfte und schrie Gambit. Gamesman tat alles so langsam und mit so geringem Aufwand wie möglich; Gambit, der vor Energie übersprudelte, führte alles so schnell er konnte aus. Er wartete kaum, bis die ganze Länge der Longe abgerollt war, da trabte er schon; er wartete kaum, bis man aufgestiegen war, da war er schon auf und davon.

Beim Zureiten von Gambit gab es zwei schwierige Hindernisse zu bewältigen. Es war ein langer und langwieriger Prozeß, jedes einzelne zu überwinden, und Gambit führte sich tagelang so auf, als wolle er nie nachgeben, dann aber plötzlich kapitulierte er wortlos. Die erste Schwierigkeit war, ihn zum Verlassen von anderen Pferden zu bewegen, die zweite, ihn zum Cantern zu bringen.

Gambit trabte gern, aber er canterte nicht gern; einige Wochen lang machte er nie mehr als zwei oder drei Galoppsprünge, bevor er wieder in weitausholenden, ungleichmäßigen Trab zurückfiel. Nachdem wir ihn als Dreijährigen von dieser Gewohnheit geheilt hatten (wie wir dachten, für immer), fiel er sogleich wieder in sie zurück, als ich im folgenden Jahr nach der Winterpause mit ihm zu arbeiten begann.

Ihn von anderen Pferden weg und zum Gehen allein zu bringen, war ein viel größeres Problem. Auch nachdem wir lange Ritte allein gemacht hatten, kämpfte er wie ein Wahnsinniger, wollte man ihn von anderen Pferden wegreiten, wenn er eine Weile neben ihnen hergegangen war. In diesen Momenten machte sich das Bocken von Muff bemerkbar. Ich habe bereits beschrieben, wie Gambit als Fohlen, als ich ihn zu führen versuchte, alle Ausweichkniffe seiner Mutter anwandte. Wenn Gambit bockte, tat er es genau wie Muff, mit der gleichen Unmittelbarkeit, dem gleichen Verdrehen der Schulter und der gleichen katapultierenden Bewegung von hinten. Aber wie bei Muff schien wiederum sein wahres Ziel nicht das Loswerden seines Reiters zu sein. Manchmal, nachdem ich nach einer solchen unzeremoniellen Verabschiedung wieder aufstieg, konnte ich fühlen, wie Gambit gegen seine Neigung zur Wiederholung der Tat ankämpfte.

Aber Gambits interessanteste (und bedauernswerteste) Eigenschaft, die er von seiner Mutter geerbt hatte, war sein Verhalten im Verkehr. Als ich das erste Mal mit ihm ausritt, es war an einem frühen Sonntagmorgen, begegneten wir keinen Autos, bis wir bereits einige Meilen hinter uns hatten und Gambit die meiste Energie dazu verwendet hatte, vor den vielen seltsamen Gegenständen, denen er begegnete, zu scheuen, sie anzuschnauben und zu untersuchen. Als wir dann den ersten Fahrzeugen begegneten, schien er sich damit abgefunden zu haben, daß die Welt ein verrückter Ort war und ging bedenkenlos an den Autos vorüber. »Es ist beruhigend zu sehen«, notierte ich an jenem Tag in meinem Tagebuch, »daß Gambit nicht die Reaktion seiner Mutter gegenüber dem Verkehr geerbt hat.«

Dieser Satz wurde im Herbst 1966 geschrieben und Gambit ging immer wie ein Lamm an allem Verkehr vorbei, solange er in Gawcott war. Der Gedanke an die Möglichkeit, daß er dies einmal nicht tun würde, geriet bei mir in Vergessenheit. Zwei Jahre später, als er begonnen hatte, sich einen Namen als Springpferd zu machen und etwa zwölf Monate von Gawcott weggewesen war, ging ich ihn in seinem neuen Heim bei Sarah Roger Smith besuchen. »Sein einziger Fehler«, sagte Sarah, »ist der Verkehr! Ehrlich gesagt, ich wage es nicht, mit ihm auszureiten, wenn die Möglichkeit besteht, Lastwagen zu begegnen. Wenn er nicht umkehrt und davonrast, steht er still und zittert vor Angst!«

Es ist schwierig festzustellen, wann diese Tendenz sich zum ersten Mal bemerkbar machte. Ganz am Anfang, als Sarah Gambit gekauft hatte, besaßen ihre Eltern in Worcestershire ein großes Gut und es geschah selten, daß sie ihn außerhalb ihres eigenen Landes ritt. Erst als sie in ein kleines Dorf umzogen und sie ihn ins Gelände ausreiten mußte, sah Gambit nach einer langen Pause wieder Verkehr. Dann trat seine Angst zum Vorschein. Hatte sie während der letzten zwei Jahre geruht und auf einen auslösenden Moment gewartet? Oder war sie immer gegenwärtig gewesen und in Gawcott durch die vielen anderen seltsamen Dinge, die seine Aufmerksamkeit erregten, gehemmt worden, als er ins Gelände hinaus geritten wurde? Gambit ist von Nukis Nachkommen bis heute der einzige, der auch nur die geringste Scheu vor dem Verkehr gezeigt hat. Die anderen sind im Verkehr oft ruhiger als anderswo zu reiten. Die lauernde Gefahrt scheint ihren Selbsterhaltungstrieb zu wecken und läßt sie vernünftig werden, wenn sie tolle Streiche im Kopf haben.

Eine der interessantesten Begebenheiten in der Karriere eines Pferdes kommt, wenn es zum ersten Mal zum Springen aufgefordert wird. Kann man das »geborene« Springpferd erkennen, und wenn ja, wie?

Vermutlich hängt die Antwort dieser Frage weitgehend von der Definition ab. Ist ein geborenes Springpferd eines, das hoch, oder eines, das schnell springt? Ist es eines, das sauber über künstliche Hindernisse springt oder eines, das über jede Art von Hindernis vom Koppelrick bis zum Wall hinüberklettern wird, ohne sich zu verletzen? Ein Pferd, das das eine bis zur Vollkommenheit beherrscht, wird im anderen Falle kaum gut abschneiden – aber die eine Springart als besser als die andere zu bezeichnen, scheint ziemlich unfair. Ein langsamer, sauberer Springer wird wahrscheinlich ein Hindernisrennen nicht gewinnen, obwohl er viel eher im Parcours siegen wird als der Steepler. Aber in schwierigem, tückischem Gelände mit schnell laufenden Hunden und zu wenig Zeit, um nach Durchlässen Ausschau zu halten, würde ich persönlich diese beiden Arten von Pferd tauschen gegen eines, das auf sich selbst aufpassen kann, wenn ihm die Zügel lose auf den Hals geworfen werden, und das aus Schwierigkeiten herauskrabbelt und mich mitträgt.

Ich glaube, daß diese verschiedenen Typen schon recht früh erkannt werden können; wie gut oder schlecht ein Pferd schließlich in seinem eigenen Springtyp abschneidet, ist jedoch nicht so leicht zu erkennen und hängt im wesentlichen davon ab, wie es ausgebildet wird.

Die wichtigste Sache bei einem Springpferd ist meines Erachtens, daß es *gern* springt. Manche Leute werden dies als Unsinn bezeichnen und behaupten, daß kein Pferd gern springt, obwohl man manche dazu bringen kann, daß sie es weniger hassen als andere. Aber das ist nicht wahr. Jedermann, der für die Mitteilungen eines Pferdes aufnahmefähig ist, kann sofort das Pferd, welches sagt: »Oh fein, ein Sprung! Laßt sehen, was wir damit anfangen können!» von dem unterscheiden, welches sagt: »Oh Gott, ein Sprung! Was um Himmels willen soll ich damit anfangen?« Der Unterschied zwischen den Reaktionen des Pferdes ist weit größer als die Unterschiede in der Formulierung dieser Sätze, wenn sie vom Menschen ausgesprochen werden.

Das Pferd, das im Grunde genommen gern springt, kann soweit gebracht werden, daß es dies haßt, und das Pferd, welches das Springen haßt, kann noch dazu gebracht werden, es gern zu haben; es ist die Menge und die Art des für dieses Ergebnis nötigen Trainings, die in verschiedenen Individuen variieren. Auch dies kann für Außenstehende nicht unbedingt offensichtlich sein, wie im Falle des Pferdes MacDuff, das ich einst hatte und das kurz in Kapitel 2 erwähnt worden ist.

MacDuff war eines der besten Springpferde, das ich je geritten habe, und von dem Augenblick an, wo ich ihn über die erste kleine Stange ritt, wurde mir bewußt, daß er gut werden könnte. Deshalb war ich eines Tages während meiner zweiten Jagdsaison mit ihm höchst entrüstet, als mich ein Mitreiter der Jagd fragte: »Ist das das Pferd, mit dem Sie in der letzten Saison eine

Stunde brauchten, um eine kleine Hürde zu nehmen?« Zuerst stritt ich jede solche Begebenheit ab. Dann plötzlich erinnerte ich mich – eine solch seltsame und völlig aus dem Rahmen fallende Begebenheit, daß ich sie wegen MacDuffs späterer Fertigkeit komplett vergessen hatte. Es geschah damals, als ich das allererste Mal mit MacDuff und den Hunden zur Jagd ritt. Wir durchquerten ein Dickicht des Staatlichen Forstamtes, wo die Waldwege von Wildzäunen gekreuzt wurden und auf denen in Abständen hölzerne Hürden von etwa 75 Zentimeter aufgestellt waren. MacDuff, dessen Gedanken in jenem Alter viel mehr um Mädchen als um irgend etwas anderes kreisten, hatte offensichtlich den Draht um die erste Hürde, die wir angingen, nicht gesehen und beschloß, daß es ebensoeinfach wäre, um das Hindernis herumzurennen statt darüberzugehen. Das Ergebnis davon war: viel Zerren und Fluchen meinerseits und einige Kratzer an den Beinen seinerseits – nach welchem MacDuff in tiefes Schmollen verfiel und sich während einer Ewigkeit der Hürde nicht mehr nähern wollte. Ein »nervöser« oder »ängstlicher« Springer wäre vielleicht durch dieses Erlebnis erschreckt worden, aber nicht MacDuff. Beim nächsten Mal, nach etwas weiterer Ausbildung zu Hause, sprang er kleine Hindernisse mit völliger Selbstbewußtheit und fuhr so weiter. Aber gegen Mitte der nächsten Saison kamen wir vor einem verborgenen Graben zu Fall, weil es wahrscheinlich nicht sehr klug von mir gewesen war, von einem so unerfahrenen Pferd den Sprung zu verlangen; nachher verfiel MacDuff für eine kurze Weile in eine Periode der Angst. Ich mußte ihn bei den nächsten Jagden am Schluß des Feldes behalten und unsere Springerei auf kleine Hürden beschränken, die innerhalb seines Vermögens lagen, bis sein Vertrauen wiederkehrte. Es ist Tatsache, daß sein Vertrauen *wirklich zurückkehrte*, und zwar sehr rasch, die MacDuff von den anderen wie zum Beispiel Jessica auszeichnet, die, kaum hatte sie eine Hürde erblickt, die Augen schloß.

Bei Nauri und Jess sind die frappanten Unterschiede im Springen bereits beschrieben worden. Sogar an der Longe ging Nauri auf alles zu und hüpfte darüber; Jess näherte sich einer auf dem Boden liegenden Stange nur, wenn sie dazu gezwungen wurde. Wie MacDuff durchlief auch Nauri eine Periode der Angst, aber diese klärte sich von selbst durch Ruhe und zunehmende Reife auf.

Gamesman war wiederum anders. Gamesmans Verhalten gegenüber der Springerei war sehr ähnlich wie sein Verhalten gegenüber allem anderen – außer Sex. Er wandte das bloße Minimum an Energie dafür auf. Das Springen machte ihm weder Sorgen noch regte es ihn auf. Er liebte es nicht sonderlich, aber war ein Hindernis auf seinem Weg und machte man ihn darauf aufmerksam, daß er es springen müsse, so ging er darüber, anscheinend ohne weiter nachzudenken. Allerdings stimmt es, daß er als junges Pferd beim ersten Springen eines unbekannten Gegenstandes von 30 Zentimeter Höhe mindestens 1,20 m sprang; beim zweiten Mal hielt er nicht mehr als ein paar Zentimeter Abstand und beim dritten Mal, als er es springen mußte, gab er meistens absichtlich einen tüchtigen Schlag daran. Aber Gamesman hatte eine höchst entnervende Gewohnheit: er hob sich keine fünf Zentimeter an einem Hindernis, wenn er nicht dazu aufgefordert wurde. »In einem Rennen mußt du auf jedes Hindernis zureiten, als ob dein Leben davon abhinge«, erzählte David Biddlecombe. »Bleibst du einfach sitzen und sagst ihm nicht, wann er abspringen muß, tut er's nicht.« Ich dachte, David übertreibe, bis ich selbst mit Gamesman auf Jagden ritt, nachdem er von Somerset heimgekommen war. In den frühen Tagen dieser Partnerschaft fand ich, daß ich nach zwei oder drei Hindernissen die Sache ihm selbst überlassen konnte. Aber nichts dergleichen! Als es schon zu spät war, sah ich seine Ohren plötzlich zurückschnellen und fühlte, wie er mir vorwurfsvoll sagte: »Nun, du hast mir nicht gesagt, was ich tun soll!«

Nuit glich Gamesman in ihrer anfänglichen Faulheit. Konnte sie im Trab über eine Stange oder einen Haufen Strohballen gehen, statt die Anstrengung eines Sprunges zu machen, so tat sie dies und war nicht im geringsten dadurch gestört, daß alles unter ihren Füßen krachend zusammenfiel. Im Gegenteil, je mehr Lärm dies verursachte, desto größer war ihre Freude. Ich weiß bis zum heutigen Tag nicht, ob sie wirklich nicht wußte, wie sie sich für einen Sprung sammeln mußte oder ob sie nur ihre Freude daran hatte, ein Hindernis in Unordnung zu bringen. Einige Wochen lang war ich mit ihr auf den Koppeln zu Hause herumgetrabt und hatte ihr beizubringen versucht, wie sie die Distanz für die 60 Zentimeter hohen Hindernisse abmessen und ihren Rücken wölben mußte, als ich eines Tages so ungehalten wurde, daß ich ein paar Teerfässer aufstellte und sie auf dieses solide und recht massive Hindernis zuritt, um zu sehen, was sie tun würde. Nuit spitzte beim Anblick der Fässer die Ohren, beschleunigte ihren Gang, sammelte sich mühelos und sprang mit mindestens 30 Zentimeter Abstand darüber. An jenem Tag sprang sie dreimal hintereinander die Reihe Fässer ohne Schwierigkeiten und ohne Fehler, aber als ich sie am nächsten Tag über das gleiche Hindernis springen wollte, steckte sie die Nase in die Luft, legte die Ohren zurück und ging gerade durch die ganze Reihe hindurch, ohne sich einen Zoll vom Boden zu heben.

In meiner Verzweiflung ritt ich mit Nuit zu einigen Freunden hinüber, die in jenem Sommer auch einige Springpferde ausbildeten, und versuchte sie über deren Hindernis-Kombinationen. Jedesmal, wenn Nuit das erste Mal an ein neues Hindernis heranging, maß sie ihren Abstand sorgfältig und sprang es korrekt. Wenn man sie aber das zweite Mal darüberspringen wollte, fand sie irgendeine Ausrede, um ihre Beine zu kreuzen oder es nicht richtig anzugehen. Beim dritten Mal weigerte sie sich, auch nur in die Nähe zu gehen. Ich hoffte, daß Jagdreiten ihre Ansichten ändern würde, und sie war in der Tat vom ersten Augenblick an ein brillantes Jagdpferd und sprang alles, was sie auf dem Weg antraf, ohne Zögern und im großen ganzen in gutem Stil. Aber im folgenden Sommer, als ich sie kaltblütig nochmals über künstliche Hindernisse ausbilden wollte, war sie so unzuverlässig wie immer, außer, wenn sie im vollen Galopp darauf zuging.

Ich war durch Nuits Ungeschicktheit so niedergeschlagen, daß ich beschloß, die Mühen und Anstrengungen, um ihr korrektes Springen beizubringen, ganz aufzugeben. Ich ließ sie den Sommer über auf die Weide und hatte im Sinn, im nächsten Frühling mit ihr zu Point-to-point-Treffen zu gehen. Nach zwei Monaten auf der Weide jedoch zeigte sie alarmierende Anzeichen dafür, daß sie wieder zu gefährlichem Übergewicht neigte, so daß ich mich an Michael Herbert wandte mit der Frage, ob er sie für mich bewegen und auf Turnieren reiten würde. Michael Herbert war ein Freund und Nachbar und ein hervorragender Ausbilder von jungen Pferden, der auch Gambit für seine Springpferd-Karriere angelernt hatte. »Du wirst sie herrlich finden zum Reiten«, erklärte ich, »aber es nützt nichts, ihr das Springen beizubringen. Sie hat keinen Anhaltspunkt.«

Etwa einen Monat später wurde Michael weggerufen, um mitzuhelfen, das britische Team für die Europa-Meisterschaften vorzubereiten, und er gab mir Nuit zurück. »Ich weiß nicht, warum du sagst, sie könne nicht springen«, sagte er. »Ich habe ein bißchen mit ihr gearbeitet. Ich habe sie noch nicht sehr hoch springen lassen und sie war am Anfang wirklich etwas schwerfällig, aber ich glaube, sie wird ein ebensogutes Pferd werden wie alle anderen, die ich schon geritten habe.«

Am Wochenende nach Nuits Rückkehr von Michael fand zufällig in einem unserer Nachbardörfer eine kleine Konkurrenz statt und um die »Sache« zu unterstützen und auch um Michaels Urteil zu erproben, meldete ich Nuit für die Anfänger-Springklasse an. Zu meinem Erstaunen und Entzücken machte Nuit keinen falschen Tritt. Sie tat auch mehr, als nur gerade knapp über die Hindernisse zu streifen. Sie plazierte sich mit der Kühnheit und Gewandtheit eines wahrhaft »geborenen« Springpferdes, und von jenem Augenblick an fand man schwerlich ein Hindernis, das sie aus der Fassung brachte. Sechs Wochen später absolvierte sie einen Testparcours in der »Working Hunter«-Klasse bei der »Pferd-des-Jahres«-Schau in Wembley mit so gekonntem Stil, daß einige Springreiter sie kaufen wollten.

Von besonderem Interesse war der Kontrast zwischen Nuit und His Nibs. His Nibs, der auf ebenem Boden so schwerfällig wie der traditionelle Clown war, liebte es nicht, seine Beine anzuschlagen und wußte dies elegant wie eine Katze zu verhindern. In Anbetracht von His Nibs' Neigung, plötzlich und aus keinem sichtbaren Grund im Schritt oder Trab zusammenzuklappen, war ich etwas besorgt, ihn zu früh zu springen. Ich entdeckte aber bald, wie wenig ich mich zu sorgen brauchte. Wenn His Nibs auf seinen Weg aufpaßte (was er immer tat, wenn er auf ein Hindernis zuging), war er erstaunlich flink; nur wenn er sternguckte, vergaß er, daß er Beine hatte.

Gambit war etwas verschieden von allen anderen von Nukis eigenen Kindern, indem er nicht nur von Geburt an leidenschaftlich gern sprang, sondern von seinem Weg abzweigte, um Hindernisse für sich zu finden. Ich habe schon beschrieben, wie Gambit als Fohlen an den kleinen Hügelabhängen eine Todesmauer-Nummer übte. Als er später longiert wurde, machte er Umwege, nicht um Disteln und Nesseln zu umgehen, sondern sie tatsächlich zu springen. Von dem Augenblick an, als ich ihn zu reiten begann, spitzte er die Ohren beim Anblick eines Baumstammes, eines heruntergefallenen Strohballens oder irgendeines anderen Gegenstandes und duckte sich zum Sprung. Dies war nicht nur eine Ausrede zum Ungehorsam oder um eine langweilige Phase der Routine-Ausbildung zu umgehen. Allerdings folgte gelegentlich ein Bocksprung und dieser Bocksprung vermochte manchmal, seinen Reiter abzusetzen. Aber nach solchen Zwischenfällen war Gambit immer außerordentlich reuevoll. Es schien, daß er wirklich Spaß hatte am Springen und darin die gleiche Art Anregung fand, wie es für Nauri, His Nibs und Nuit die Entdeckung von unbekanntem Gelände war. Wenn er aber etwas springen mußte, das zu niedrig und ihm zu wohlbekannt war, verlor Gambit rasch das Interesse. Er mußte immer voll angespannt sein, um glücklich zu sein.

Nauri, Gamesman, Nuit, His Nibs und Gambit waren alle Nachkommen von Nuki, aber wie soeben beschrieben, war die Springart eines jeden völlig individuell. Aber trotzdem hatten sie gleichzeitig etwas gemeinsam. Beim ersten Anblick eines neuen Hindernisses sagt jeder einzelne: »Ah, fein!« Dies war ein riesiger Unterschied zur lieben Jess und noch überraschender zu Lenny, dem Irländer.

Obwohl Lenny weit von einem Vollblüter entfernt war, zeigte er das typische Verhalten des Vollbluts: die Besorgnis wegen des Anschlagens und somit wegen des Springens. Als Lenny ein Hindernis vor sich aufgetürmt sah, war sein erster Gedanke immer: »Gibt es einen Weg darum herum?« In häufigen Fällen war seine Kraft so groß, daß ihm ein Umweg oder ein Ausweichen gelang, aber konnte er zum Springen überredet werden, tat er dies ganz gekonnt. Wie sein Vertrauen zunahm, nahm auch seine Willigkeit zu. Aber Lenny, genau wie die Fernseh-Gestalt, nach der er benannt worden war, war kein *echter* Löwe; er war nur ein verschwommenes Abbild desselben.

Wenn auch manche Leute bezweifeln, ob das Springvermögen erblich sei, es gibt nur wenige, die das gleiche über die Geschwindigkeit behaupten. Die British Bloodstock Industry gründet sogar auf dem Glauben an den genetischen Ursprung der Geschwindigkeit. Die Nation verdient jährlich eine Million Pfund in ausländischer Währung von der weltweit verbreiteten Überzeugung, daß der englische Vollblüter immer noch die Gene besitzt, um die schnellsten Pferde zu produzieren. Und doch werden nicht alle, die nach der besten Abstammung gezüchtet werden, die besten Rennpferde. Allerdings fehlt es bei einigen nicht an der Geschwindigkeit, sondern an der Gesundheit; anderen fehlt der Ehrgeiz zum Sieg. Dann bleibt immer noch eine große Zahl von jenen, denen es einfach an Geschwindigkeit fehlt. Zu welchem frühen Zeitpunkt kann man sagen, wie schnell ein Pferd galoppieren wird? Ich persönlich finde es fast unmöglich, das festzustellen – ganz gleich in welchem Alter.

Ich hatte mit Gamesman eines Tages eine Jagd geritten, als er mit der Nase am Boden daherzottelte, als könnte er keinen Meter weit galoppieren. Genau eine Woche später, bei den gleichen Bodenverhältnissen und nach der identischen Kost, hob er den Kopf und streckte sich über ein Feld nach dem anderen und ließ alle anderen Pferde weit hinter sich zurück. Nauri zeigte die gleiche Unbeständigkeit. Ich will nicht sagen, daß das Derby je von einem walisischen Pony gewonnen werden könnte; ich sage nur, daß, wie jeder Rennpferdtrainer zu seinem Leidwesen weiß, auch das schnellste Pferd zeitweise eine Flaute haben und wie ein Esel aussehen kann. Ganz besonders würde ich nie prophezeien, wie ein ausgewachsenes Pferd galoppieren wird, wenn ich es in seiner Jugend beobachtet hätte. Die meisten jungen Fohlen, sogar die kurz neugeborenen, decken im Verhältnis zu ihrer Größe Boden in ungeheurer Geschwindigkeit und fast alle Fohlen erwecken den Eindruck, daß sie schnell wie der Wind galoppieren werden. Wenn sie Jährlinge geworden sind, verschwindet dieser Eindruck. Fast alle meine jungen Pferde haben in diesem

Alter ihre Aktion verloren und durchliefen eine Phase, in der sie überhaupt nicht galoppieren konnten. Die einzige Ausnahme war Queenie, die in ihren jungen Tagen immer phantastisch proportioniert blieb, aber die, vielleicht als Ergebnis hiervon, nie wirklich wuchs. Im Alter von zwei Jahren verändern sich die Jungen wieder. Manche waren unansehnlich wie ein Pikenschaft; andere gaben ungarantierte Versprechen von Schönheit, die sich nie erfüllten; einige waren mager, lang und linkisch, andere kurzbeinig und stumpf. Nur eines hatten sie alle gemeinsam — alle außer Queenie und dem kleinen Pony Peregrine — die Kruppe war so viel höher als der Widerrist, daß sie ihre Hinterbeine unter sich zusammenfalten mußten, um für sie Platz zu finden. Sie waren alle abscheulich kuhhessig. Es ist nicht erstaunlich, daß alle außer den beiden, die nie wuchsen, in jener Zeit immer noch unfähig waren, auch nur einen Meter weit zu galoppieren. Das Beobachten der Entwicklung dieser Jungen ließ mich allzugut verstehen, warum ein Pferd, das als Zweijähriger Flachrennen gewinnt, im späteren Leben selten noch gut abschneidet und umgekehrt wie jenes, das sich laufend verbessert bis es vier oder fünf Jahre alt ist, selten als Zweijähriger gut abschneidet.

Als meine Pferde drei Jahre alt geworden waren, hatten die meisten ihr Gleichgewicht mehr oder weniger wieder erreicht und in den langsamen Gängen ihre Aktion wieder erlangt. Nur wenn man sie forderte und voll zum Galoppieren bringen wollte, verkrampften sie sich wieder. Dann verschwand ihr vorderes Ende, während die Hinterhand ihre Reiter in die Luft schlugen, aber diese ganze Kraftdemonstration verursachte nichts weiter, als die Vorhand noch tiefer in den Boden zu drücken. Es war erst später, als die meisten fünf Jahre alt waren, daß beide Körperenden gleichhoch waren und sich ihre Hinterbeine geraderichteten.

Es sind nicht nur die höchsten Geschwindigkeiten, die schwanken; die langsameren tun es auch. Man hört oft, daß man einem jungen Pferd oder Fohlen an der Länge des Schrittes ansehen kann, wie es wahrscheinlich laufen wird. Wenn die Spuren von den hinteren Hufen bei jedem Schritt gut über die der vorderen hinausgreifen, so wird alles gut. Daneben soll man »die Schulter beobachten«, um zu sehen, ob das Pferd das Bein tatsächlich von dort aus und nicht aus dem Ellbogen bewegt. Man würde viele Überraschungen erleben, verließe man sich ausschließlich auf diese Anzeichen. Nuit als Fohlen bewegte sich in einer vollkommenen Weise. All die »Zeichen« waren vorhanden: die Länge des Schrittes, die Bewegung aus der Schulter. Aber im Alter von 18 bis 36 Monaten machte sie nie einen längeren Schritt, als sie unbedingt mußte und in den meisten Fällen hinterließen die Hufe auf jeder Körperseite

nach jedem Schritt nur eine einzige Spur. Dies beruhte nicht so sehr auf Unfähigkeit, sondern auf reiner Faulheit. Wenn sie etwas aufregte, belustigte oder fesselte, konnte sie ganz tüchtig ausgreifen; sie zog es aber einfach vor, zu schlurfen und zu torkeln. Als ich sie im Alter von drei Jahren zu reiten begann, machte sie kaum einen Schritt vorwärts, ohne getrieben und angespornt zu werden. Nur wenn sie etwas aufregte oder interessierte, schien sie die Elastizität und den Schritt zu versprechen, der einem bequemen Reitpferd ansteht. Als sie vierjährig war, ließ ich sie von Cecil Bonner ausbilden und für mich bei Ausstellungen reiten, was er bestens tat. Aber es führte zu keinen großen Erfolgen. Nuit brach ihm sowie mir fast das Herz: sie ging zweimal im Ring herum mit den anderen Pferden und sah sensationell aus; dann ließ sie plötzlich den Kopf hängen, schloß die Augen und schlurfte daher mit der Begeisterung, mit welcher sich eine Putzfrau zu ihrer Morgenarbeit meldet. Vergeblich suchte Cecil allen Leuten zu sagen, daß sie *wirklich* eine wunderbare Bewegung hatte und mit Leichtigkeit ein Rennen gewänne, wenn sie es versuchen würde. Sogar ich, die größte Verehrerin von Nuit, glaubte ihm nicht mehr – bis ich das erste Mal mit Nuit eine Jagd ritt.
Nuit war vier Jahre alt, bevor sie unter dem Reiter mit der Meute Bekanntschaft machte. Die Bicester-Jagd galoppierte häufig über die Weiden, wo sie als Kind gewesen war, so daß sie gegenüber diesen Zwischenspielen ganz blasiert geworden war. Als wir zum ersten Mal auf die Jungfuchsjagd gingen, schien sie es für die gleiche alte Routine zu halten. »Ist das alles!« seufzte sie, als zum sechsten Mal ein junger Fuchs unter ihrer Nase aus dem Dickicht hervorbrach und von der schreienden Meute verfolgt wurde. Sie begann sich bald viel mehr für das Unkraut zu interessieren, das der Hecke entlang wuchs, als für den Lärm im Dickicht. Aber auf unserer vierten Jagd durfte die Meute einem Jungfuchs aus dem Dickicht heraus folgen und rannte über ein halbes Dutzend Felder hinterher, bis der heiße Herbstboden die Fährte nicht mehr zu halten vermochte. Als die anderen Pferde um sie herum davonzugaloppieren begannen, blickte Nuit nur auf und schnaubte. Dann aber begann sie zu schalten. Ihr Kopf kam herauf und ihre Schritte wurden länger. Am Ende jenes kleinen Laufes, so kurz er auch war, war Nuit verwandelt. Von da an wurden Jagden zu einer Besessenheit; aber was noch wichtiger ist, ihre Gänge und Aktion waren vollständig verändert. Ich mußte sie nicht mehr treiben und stoßen bei jedem Schritt; es gab kein gelangweiltes Schlurfen mehr. An jenem Tag und für den Rest ihres Lebens segelte Nuit über Äcker, Stoppelfelder und Wiesen mit einer Leichtigkeit und Sicherheit, die man im vorhergehenden Sommer niemals hätte ahnen können.

Gracie zeigte sogar früher im Leben als Nuit diese Ungleichmäßigkeit in der Leistung. Als sie erst kurze Zeit auf der Welt war, waren ihre Fesseln so lang und schwach, daß sie dazu neigte, auf den Fesselgelenken zu gehen. Trotzdem ging sie gut, und wenn ich sie beobachtete, war ich voller Vorfreude. Etwa einen Monat später wurden Nuki und ihr Fohlen mit der alten Dame und Gracie zum ersten Mal zusammen auf die Weide gebracht und ein großer Galopp wurde erwartet. Die alte Dame trabte in ihrer üblichen eleganten Gangart umher, aber zu meinem Schrecken bewegte sich Gracie kaum. Mit furchtbaren, kleinen, muskelgebundenen Paddeln umkreiste sie ihre Mutter, als ob sie unfähig wäre, Boden zu decken. Man kann sich nichts vorstellen, was einem potentiellen Rennpferd weniger geglichen hätte. Während Wochen wagte ich es nicht mehr, ihr beim Traben zuzusehen aus Angst, daß diese Enttäuschung bestätigt würde. Es schien mir sogar, daß Gracies Schritt steif und gespannt geworden war. Dann sah ich eines Tages, wie sie die Weide hinunter zu den anderen Fohlen ging, den Hals ausgestreckt, den Kopf tief und mit jedem Schritt soviel Boden deckend wie der durchschnittliche sechsjährige Hunter. Als sie ihr Ziel erreicht hatte und ihre Neugier befriedigt war, wandte sie sich um und ging mit den gleichen, kleinen, steifen Schritten wie üblich zurück. Wie Nuit hatte auch Gracie einen separaten Gang für jede Laune und brauchte nie den obersten, außer wenn nötig. Andere meiner Pferde wie Roly, Gus, Queenie und Jess brauchten ausschließlich jenen.

Obwohl es scheint, daß die Ausbildung angeborene oder früh angeeignete Neigungen nie gänzlich auszuschalten vermag, kann sie diese jedoch unter Kontrolle bringen, indem sie andere entwickelt, um ihnen entgegenzuwirken. Dies ist vielleicht ihre Faszination, denn im Gegensatz zu so vielen Dingen in unserem massenproduzierten Universum (und die Natur produziert in ebenso großzügigem Maßstab wie der Mensch) scheint in der Ausbildung die Verallgemeinerung fast unmöglich. Jedes der höheren Säugetiere ist ein Universum für sich mit seinen eigenen Regeln und seiner eigenen Kette von Ursache und Wirkung. Diese zu entdecken und zu manipulieren ist ein Vorrecht und eine Herausforderung für den Menschen.

Pferde-Gesellschaft

Alle meine Pferde sind bisher beschrieben worden, als existierten sie isoliert, aber Pferde sind im wesentlichen soziale Tiere. Wo immer auch zwei oder mehrere beieinander sind, entstehen Bräuche und werden auch eingehalten. Eine Dominanz-Hierarchie oder Pickordnung entsteht und bestimmt die Freß- und Ruhetätigkeit und zwingt die Herde, sich auszubreiten. Furcht andererseits bringt alle Individuen zusammen und ermutigt sie, das gleiche zu tun. Läuft einer, so laufen alle. Aber dies heißt nicht, daß sich alle einander gleichgut oder ohne Unterscheidung mögen.

Es stimmt, daß die meisten Pferde irgendeine Kameradschaft der Einsamkeit vorziehen, aber wird eine Auswahl geboten, können sie außerordentlich wählerisch sein.

Nuit war bereits zwei Jahre alt, als Late Coup auf Leyland Farm ankam, und die alte Stute schien dem dicken, umherstolpernden Stütchen nicht viel Aufmerksamkeit zu schenken. Ich hatte keine Ahnung von der Bande, die zwischen den beiden entstanden war, bis ich Nuit von Late Coup wegnahm, um sie mit ihrem Bruder, His Nibs, auf die Koppel zu bringen. Die Szenen, die sie damals machte, waren so verheerend und kontinuierlich, daß ich die beiden so bald als möglich wieder zusammentat. Die nächste Trennung trat ein, als Late Coups Fohlen geboren wurde und Nuit sich in eine tiefe, aufgeregte Depression stürzte, die sich erst wieder besserte, nachdem Late Coup und ihr Fohlen schon einige Wochen die Farm verlassen hatten und auf dem Gestüt waren. Nuit war vier Jahre alt und die alte Dame war wieder einmal nicht trächtig, als sie sich zwei Jahre später wieder begegneten. Obwohl Late Coup selber nie ihre Gefühle zeigte, war Nuits Entzücken bei dieser Wiedervereinigung absolut erstaunlich. Late Coup war mit Nauri, Samantha, Nuki und Nukis Fohlen Navy Blue zusammen auf den großen Weiden, als Nuit hinausgelassen wurde, um sich zu ihnen zu gesellen. Nuit ging sofort daran, Late Coup vom Rest der Herde zu trennen und vollständig Besitz von ihr zu ergreifen. Es wurde so unmöglich, sich einem dieser beiden zu nähern, daß wir sie schließlich doch wieder trennen mußten, damit wir die alte Stute im

Winter nachts in den Stall bringen konnten, um zu sehen, daß sie genügend Futter und Wärme hatte. Nuits Leidenschaft für die alte Late Coup wetteiferte nur mit ihrem Abscheu vor dem schweren Grauschimmel Yobo, wie in Kapitel 6 beschrieben.

Weshalb gesellt sich ein Pferd zu einem bestimmten Kameraden und nicht zu einem anderen? Was führt ein Pferd dazu, die Annäherungen des einen anzunehmen und die des nächsten auszuschlagen? Wie der Zoologe *Konrad Lorenz* 1966 in seinem Werk »Das sogenannte Böse« schreibt, sind Herdenverhalten und individuelle Freundschaften sehr schwer miteinander vereinbar; jene Tierarten, welche die eine Art der gesellschaftlichen Verhältnisse aufweisen, zeigen nie die andere. Wie ich eben angedeutet habe, stimmt dies im Falle von Pferden nicht immer, trotzdem individuelle Freundschaften in der Intensität, wie sie Nuit zeigte, selten sind.

Ein bedeutender Faktor für die Bestimmung von Freundschaft und Feindschaft ist der territoriale Besitz. Jene Tiere, die sich bereits in einem abgesteckten Gebiet etabliert haben, werden sich fast unweigerlich gegen einen Neudazugekommenen zusammenschließen, wie gut sie ihn auch kennen mögen, und werden versuchen, ihn zu vertreiben. Als Folge von Besitz können Freundschaften vertauscht und bestehende Paarungen aufgelöst werden, wenn auch nur vorübergehend. Im Sommer 1967 konnte ich ein interessantes Beispiel dafür beobachten. In diesem Jahr wurde Nuki, die im Vorjahr nicht aufgenommen hatte, mit den »Jungen« auf die Weide getan, die Nuit (damals fünfjährig), Navy Blue (einjährig) und Gracie (zweijährig) umfaßten. Nuki in ihrer Vorliebe für das männliche Geschlecht gesellte sich schnell zu Navy Blue, während Nuit mit Gracie davonging. Anfangs Juli mußte Nuit, die wieder zu stark zugenommen hatte, von der Gesellschaft entfernt werden, worauf Gracie allein und als Verstoßene zurückgelassen wurde. Drei Wochen später erwischte Navy Blue einen Bazillus und wurde von der Weide weggenommen und in die Krankenabteilung gebracht. Nuki mußte sich mit Gracie als einziger Gefährtin abgeben und tat dies widerwillig. Eine Woche später wurde Nuit für einige Stunden pro Tag wieder zu der Herde gelassen und sie und Gracie wollten ihre ursprüngliche Freundschaft wieder erneuern. Nuki, die bis dahin mit Gracie überhaupt nichts hatte anfangen können, wurde aufs heftigste possessiv und weigerte sich, Nuit in die Nähe ihrer Kameradin zu lassen und bewachte ihr vorher verleugnetes Enkelkind mit der Eifersucht einer jungen Mutter. Als Navy Blue wieder zur Gruppe zurückgebracht wurde, wurde kein Versuch unternommen, *ihn* zu vertreiben. Als sich die drei Frauenzimmer mit gestellten Nackenhaaren näherten, blieb er

einfach beim Tor stehen und setzte sein »schnappendes« Babygesicht auf; ihr Zorn verwandelte sich augenblicklich in Annahme. Es war Nuki, die die anderen davonjagte und wieder von ihrem Liebling Besitz ergriff.
Während territorialer Besitz für vorübergehende Freundschaften, Drohungen und Zeichen der Aggression verantwortlich sein kann, so gilt dies aber nicht für die Paarungen, die fast immer in einer Gruppe von mehr als drei Pferden entstehen. Kann dies auf Sex zurückzuführen sein?
Es scheint allgemeingültiger Glaube zu sein, daß ein Hengst mit einer Stutenherde der Boß oder Führer ist und daß keine aus dem Harem sich bewegen darf ohne seine Zustimmung. Obwohl meine Erfahrungen mit Hengsten sich auf einen beschränken, war Gamesman nie ein kämpfender Supermann. Er wird in der Tat so leicht von einer dominierenden Stute übertrumpft, daß oft er selbst von seinem große Anforderungen stellenden Gefolge entfernt werden muß, während die Stuten in Gruppen davongehen, von denen er vollständig ausgeschlossen bleibt.
Eines Sommers wurde er mit der Stute eines Nachbars auf die Weide gelassen (ich werde sie A nennen) und nachdem sie einige Wochen zusammengewesen waren, wurde eine zweite Stute (heißen wir sie B) hinzugebracht. Stute A, die bis dahin vollständig Besitz ergriffen hatte von Gamesman, von ihm aber zufriedengestellt worden war, war fest entschlossen, daß die Neuhinzugekommene ihr Gamesmans Gefühle nicht entfremden solle. Nun entstand ein eigenartiger Kreis. Anstatt die neue Stute vom Hengst wegzutreiben, trieb Stute A den Hengst von der neuen Stute weg und ergriff selbst von B Besitz. Der arme Gamesman blieb allein abseits stehen, während die beiden Stuten sich die Fliegen von der Nase vertrieben und die schmackhaftesten Grasstellen ganz für sich beanspruchten. Auch als Stute B das zweite Mal »zum Gebrauch bereit« geworden war, durfte Gamesman sich ihr nicht genug nähern, um sie zu decken. Die beiden Stuten galoppierten kämpfend und schlagend um die Weide herum und hielten ihn in Schach. Erst als A von der Weide entfernt wurde, wandte sich B dem Hengst zu, aber in dem Augenblick, da er ihr gegeben hatte, was sie momentan begehrte, raste sie wieder die Hecken entlang und rief nach ihrer vorherigen, weiblichen Gefährtin. Sex scheint somit nicht das stärkste Element zu sein und es ist auch nicht sehr wirkungsvoll bei der Bildung von Pferdefreundschaften.
Wenn weder Sex noch territorialer Besitz für die sozialen Beziehungen bei Pferden verantwortlich sind, wie steht es mit Einflüssen von seiten der Eltern? Es wird anstandslos angenommen, daß beim Menschen das erwachsene Verhalten durch die Erziehung bestimmt wird. Gilt das gleiche auch für

Tiere? In Chicago haben der bekannte Psychologe *Harlow* und seine Kollegen eine ausgedehnte und tiefgreifende Studie über Affen gemacht. Säuglinge wurden bei der Geburt von ihren leiblichen Müttern entfernt und von einer Vielfalt von »Ersatzmüttern« aufgezogen, die aus dem Drahtgeflecht überzogenen Rahmen bestehen, an die eine Anzahl von Stimulanzien in sorgfältig kontrollierten Kombinationen angebracht ist. Der Zweck der Untersuchung war die Entdeckung der Aspekte der leiblichen Mutter, die für die normale emotionelle und soziale Entwicklung der Abkömmlinge lebenswichtig sind. »Ersatzmütter« mit einem reichlichen Milchvorrat sind nicht genug Wenn das Drahtgeflecht nicht von einem weichen, geschmeidigen Material überzogen ist, an das sich der Säugling anklammern kann, wenn er ruht und in das er sein Gesicht verbergen kann, wenn er sich fürchtet, bleibt der junge Affe abnormal scheu und »neurotisch«, auch wenn er erwachsen ist.

Die relative Unwichtigkeit der Nahrung im Vergleich zu anderen Aspekten der Mutter ist schon am Beispiel der Katze gezeigt worden. In einem weiteren Experiment wurden einige Individuen aus einem Wurf innerhalb einer Woche nach der Geburt von ihrer Mutter weggenommen und an einem Füllrumpf, der mit einem reichen Vorrat an Milch versehen war, aufgezogen. Als die experimentellen Kätzchen einige Zeit später wieder zu ihrer Mutter zurückgebracht wurden, verbrachten sie viel mehr Zeit als die anderen damit, an den »falschen« Orten zu saugen – das heißt an Pfoten, Schwanz oder Ohren der Mutter – als ob sie daraus die gleiche Befriedigung erlangten wie durch ihre Milch.

Die Bedeutung einer angepaßten Nahrungsmenge steht jedoch außer Diskussion. Rattensäuglinge, die knapp an Nahrung gehalten werden, neigen nicht nur dazu, im späteren Leben Nahrungsmittelvorräte zu hamstern, sondern sie sind als Ausgewachsene fast immer aggressiver und neugieriger als ihre genügend gefütterten Wurfgenossen. Jene, welche in großen Würfen aufgezogen werden (wo die Nahrung wiederum ein rarer Artikel sein mag), sind emotioneller und weniger stabil als andere. Es ist nicht erstaunlich, daß Menschen im großen und ganzen die gleichen Tendenzen aufweisen. Anthropologen behaupten, daß in Gesellschaften, wo es Brauch ist, die Kinder lange und freizügig zu stillen, die Erwachsenen dazu neigen, viel unkomplizierter, ruhiger und weniger aggressiv zu sein als in solchen Gesellschaftsformen, wo die Kinder streng erzogen und früh entwöhnt werden.

Aber in allen menschlichen Gruppen und Zivilisationen gibt es immer die individuellen Ausnahmen. In der strengsten Gesellschaftsform kann einer sein, der freizügig und nachsichtig ist; in der ungezwungensten findet sich der ausgefallene Tyrann. In den westlichen Kulturen gehen die Ansichten von Eltern gegenüber der Regelmäßigkeit der Nahrungsaufnahme und gegenüber der Autoritätsbeziehung von einem Extrem ins andere. Variieren sie auch bei Tieren? Gibt es freizügige und autokratische Mütter? Gibt es besitzgierige und abweisende Mütter, und wenn ja, wodurch werden die Unterschiede in ihrem Verhalten bestimmt und in welchem Maß widerspiegeln die Abkömmlinge später als Erwachsene diese Haltungen? Einige der Faktoren, die das mütterliche Verhalten von Ratten, Mäusen und Hamstern bestimmen, sind in den letzten zwanzig Jahren festgelegt worden. Die Umgebung, in der die Mutter selbst aufgewachsen ist, die Zahl der Geschwister, mit der sie aufgezogen wurde und das Ausmaß, mit dem sie selbst domestiziert oder »verzärtelt« wurde in der Kindheit, haben sich als nicht weniger wichtig erwiesen als ihre eigene, persönliche Erfahrung beim Großziehen ihrer Kinder. Vergangene Erfahrungen gehen Hand in Hand mit endokrinologischen Bedingungen (innere Sekretion). Aber man glaubt, daß jeder bestimmte Aspekt des Verhaltens der Mutter durch einen einzigen Stimulus ausgelöst wird. Beispielsweise wird der Bemutterungstrieb einer Henne einzig durch den *Ton* der Klagerufe ihrer Küken geweckt. Kann sie deren Hilfeschrei nicht hören, auch wenn sie sie durch eine Glaswand sehen kann, läßt sie sie ziemlich sicher zu Tode bluten oder hungern, ohne das geringste Zeichen von Gram zu zeigen. In niedereren Tieren scheinen die Faktoren, die das Verhalten – vor allem das mütterliche – bestimmen, relativ begrenzt zu sein, so daß die Studie derselben auf experimenteller Basis mit relativer Einfachheit durchgeführt werden kann. Alle Variablen außer einer werden konstant gehalten, woraus folgt, daß irgendeine Abweichung des Verhaltens auf diesen manipulierten Faktor zurückgeführt werden muß. Aber in den höheren Tieren, wo die Zahl der Faktoren fast unendlich ist und viele noch unbekannt sind, wird ein solches Vorgehen unmöglich. Man kann einzig individuelle Fälle sorgfältig in Einzelheiten studieren und zu bestimmen versuchen, ob Verhaltensmuster oder -konstellationen hervortreten, die mit möglichen Gründen zusammenhängen können. Schlüsse hängen von der Analyse einer großen Menge von Untersuchungsergebnissen ab.

Kann die Studie einer Einzelperson über eine kleine Gruppe von Individuen etwas Wertvolles vermitteln? Sicherlich wäre es vermessen, große Schlüsse daraus ziehen zu wollen, aber jede Beobachtung hat ihren Wert. Sie kann eine Richtung weisen, in der weitere Beobachtungen gemacht werden sollten, oder auf Gebiete hindeuten, wo weitere, systematischere Messungen vorgenommen werden sollten.

Als Nuki ihr erstes Fohlen bekam, wußte ich nicht, was ich hätte erwarten sollen und nahm es als selbstverständlich hin, daß sie Nauri zu mir hinschob, damit ich sie begutachten und bewundern konnte. Muff jedoch mit ihrem ersten Fohlen Gambit nahm eine ganz andere Haltung ein. Muff hatte ganz eindeutig gar nicht Mutter werden wollen und hatte eine äußerst schwere Zeit durchgemacht, um diesen unerwünschten Sprößling zu produzieren. Ich befürchtete, daß sie ihre Abneigung gegen die Mutterschaft auch nach der Geburt des Fohlens weiterführen werde, aber stattdessen und als ob sie ihre frühere Gefühllosigkeit gutmachen wollte, war sie fast über-besitzgierig. Anstatt Gambit zur Bewunderung vorwärtszuschieben, stieß sie ihn jedesmal zurück, wenn er selber um sie herumlaufen wollte, um seine Besucher anzuschauen. Muff war anständig genug, um nicht nach mir zu schlagen, als ich sie das erste Mal im Spital besuchte, aber sie zeigte deutlich, daß sie nicht gestört zu werden wünschte. Als Nauri ihr erstes Fohlen, Nymphette, produzierte, konnte ich sie mit einer anderen Stute, Samantha, vergleichen, die ebenfalls im gleichen Jahr das erste Mal abfohlte. Wie Muff war auch Samantha ein wohlerzogenes, gutdiszipliniertes Tier, dem die Stallmanieren in der üblichen Weise beigebracht worden waren und es nicht gewagt hätte, ein Bein gegen irgend jemand zu heben. Nauri, undiszipliniert, eigenwillig und selbstgenügsam, hat nie gezögert, nach Menschen oder Pferden, die sie nicht mag, zu schlagen. Aber nach dem Abfohlen war es Samantha, die ihren Besuchern Grimassen machte und versuchte, ihr Fohlen Quasar von ihnen fernzuhalten. Nauri schob Nymphette vor wie Nuki sie selbst vorgeschoben hatte, als wollte sie sagen: »Seht mal, was ich geschafft habe! Findet ihr es nicht auch schön?« (Ich will aber nicht sagen, daß sie oder Nuki ihre Fohlen gegen völlig fremde Menschen vorgeschoben hätten oder daß sie nicht ebenso bereit gewesen wären wie andere Stuten, sie vor Gefahren zu schützen. Ich habe bereits beschrieben, wie Nauri mit ihrem Bruder Navy Blue fertiggeworden war, als er ihr neues Kind inspizieren wollte.) Aber die Wirkung dieser ersten mütterlichen Ermahnungen spiegelten sich gar nicht im späteren Verhalten der ausgewachsenen Tiere wider. Gambit war nicht weniger gefaßt oder freundlich gegenüber Leuten im späteren Leben als Nauri und innerhalb sechs Wochen nach ihrer Geburt war Samanthas Fohlen Quasar viel freundlicher und leichter zu handhaben als Nymphette.

Wie behandeln Stuten, die allein und in Freiheit sind, ihre Fohlen in ihren ersten paar Stunden? Leider weiß man wenig davon. Stuten, die unbehindert im Freien abfohlen, können höchst unwahrscheinlich aus der Nähe beobachtet werden. Die Sache findet meistens in der Nacht und mit solcher Schnelligkeit statt, daß alles schon vorüber ist, während man den Rücken gekehrt hat. Die meisten Beobachtungen über das Verhalten von Pferden beim Abfohlen werden gemacht, während die Tiere im Stall sind, und die Einschränkungen, welche die vier Wände sowie die ihr beistehenden Leute auf die Bewegungen der Stute machen, können einen Einfluß auf ihr dortiges Verhalten haben.

Ich hatte das Glück, bei Gamesmans Geburt gleich von Anfang an Zeuge zu sein, wie in Kapitel 4 beschrieben, und habe Mutter und Kind zwei Stunden lang beobachtet, nachdem die Vorderbeine des Fohlens zuerst sichtbar geworden waren. Weit davon entfernt, über ihrem Fohlen zu stehen, bis es auf den Beinen war, hatte Nuki bald ihr Interesse an dieser schwerfälligen, ungewandten Erscheinung verloren und ließ sie lange Zeit allein sich abmühen, während sie sich selbst ans Fressen machte. Sie verhielt sich mit ihrem nächsten Fohlen, His Nibs, genau gleich, der gut zwei Stunden gebraucht haben mag, um zum ersten Mal auf die Beine zu gelangen. His Nibs wurde am späten Nachmittag geboren und als ich dazukam, lag er nahe beim Koppelzaun, während Nuki friedlich etwa 15 Meter von ihm entfernt graste. Jedesmal, wenn His Nibs eine besonders heldenhafte Anstrengung machte, um sich zu erheben, wieherte Nuki ihm leise Mut zu, aber erst, als er wirklich aufrecht auf den Beinen dastand, geruhte sie, zu ihm zurückzukehren. Ich glaube nicht, daß Nuki in dieser Beziehung einmalig ist. Ich habe beobachtet, daß sogar Stuten, die im Stall abfohlen, sich schon einige Minuten, nachdem sie ihren Sprößling auf die Welt gesetzt haben, in eine Ecke der Box zurückziehen und Heu zu knabbern beginnen, während sie das Junge sich allein abmühen lassen.

Erst, wenn das Fohlen zum ersten Mal saugen will, wird normalerweise das Verhalten der verschiedenen Stuten erkannt und die »gute« Mutter von der schlechten unterschieden. Aber was ist eine gute Mutter? Nukis Fohlen gediehen immer prächtig. Aber als sie endlich Gamesman von der Mauer trennte (siehe Kapitel 4) und als er zum ersten Mal an ihr Euter stieß, war die einzige Befriedigung, die er erhielt, ein leichter Schlag ins Gesicht vom Schweif seiner Mutter und ein Biß von ihr in den Rücken. Durch diese anscheinende Abweisung aber nicht im geringsten abgeschreckt, verdoppelte er sofort seine Anstrengung und kehrte zu deren Ursache zurück, bis er endlich erfolgreich war. Die äußerlich recht dürftig erscheinende Bewillkommnung, die den meisten Fohlen zuteil wird, wenn sie das erste Mal trinken wollen, scheint sie in der Tat gar nicht abzuschrecken. Obwohl es uns alarmierend erscheint, mag es in Wirklichkeit ein »Komm her!« und nicht ein »Geh weg!« sein, wie wir meistens denken. Nur Nauri ging etwas weit, vielleicht zu weit.

Da sie Nymphette einen Monat früher fohlte als erwartet und ihr eigener Milchvorrat anfangs sehr knapp war, saugte das Fohlen fast ständig an ihrem Euter, um sich zu sättigen. Innerhalb von 24 Stunden war Nauris Euter hart und schmerzte und Nymphette wurde dann außer bei den regelmäßigen Fütterungszeiten streng in Schach gehalten. Vielleicht ist eine Folge davon, daß Nymphette bald begann, allein umherzuwandern und, außer wenn sie einen Trunk benötigte, Nauri nicht mehr Aufmerksamkeit schenkte als irgendeinem anderen Pferd. In jenem Sommer war es gar nicht selten, daß wir Nauri friedlich grasend auf einer Weide fanden und Nymphette etwa hundert Meter von ihr entfernt auf einer anderen Weide sich unter einem Baum ausruhte oder mit ihrer Gefährtin spielte. Gelegentlich wurden Nymphette und Quasar während eines Spiels von den Kühen, die auf ihrem abendlichen Heimweg waren, davongeschwemmt und von ihren Müttern weg zum Hof zurückgetragen. Quasars unglückliches Gewieher, wenn sie sich so von ihrer Mutter getrennt fand, weckte eine augenblickliche Reaktion in Samantha, die sofort zur Rettung ihres Kindes davoneilte. Nymphettes Rufe hingegen erhielten nicht mehr als ein leises, antwortendes Wiehern von Nauri, die nicht einmal den Kopf vom Boden hob. Aber trotzdem war es Nymphette, die gedieh und dick wurde und nicht ihre mehr verhätschelte Gefährtin. Da Nauris Milchvorrat in den ersten zwei bis drei Tagen knapp war, muß sie an Qualität wieder gutgemacht haben, was an Quantität fehlte. Eine Woche nach ihrer Geburt war Nymphette so geschmeidig wie ein Seehund und im Vergleich zu ihrer Gefährtin, die die bessere Abstammung hatte, sah sie immer sehr überfüttert aus. Ob ihr Widerstand gegenüber dem Anfassen und An-das-Halfter-gewöhnt-werden mit der Kälte von Nauris Verhalten zusammenhängt, ist eine interessante Spekulation, aber ich befürchte, daß es nur eine Spekulation bleiben muß.

Wie soeben erwähnt, war Nauri völlig gewillt, daß ihr Fohlen schon fast von Anfang an von ihr wegwanderte, obwohl es ihr erstes war und die meisten Stuten mit diesem mehr besitzgierig zu sein scheinen als mit den späteren. Meine beiden Vollblutstuten, Late Coup und Whose Lady, behandelten ihre Fohlen ganz anders. Während der ersten paar Wochen ihres Lebens durften sich die Fohlen überhaupt nicht unter die andern Jungen mischen und lange nachdem die Annahme der Gesellschaft auf den heimatlichen Weiden vollzogen worden war, gab es eine Panik, wenn an einem fremden Ort eine Trennung drohte. Dies machte sich besonders bemerkbar beim Verladen in den Transporter. Whose Lady betrat den Transporter überhaupt nicht, bevor ihr Fohlen sicher darin verstaut war, und obwohl Late Coup zuerst hineinging, raste sie bald wieder heraus, um nachzusehen, wenn ihr Fohlen ihr nicht auf den Fersen gefolgt war. Man hätte erwarten können, daß dies sich auf das Verhalten des Fohlens beim Verladen auswirken würde und hätte ich Gus allein gehabt, hätte ich dies ganz bestimmt behauptet. Wie schon beschrieben, machte Gus (Whose Ladys Fohlen) einen Heidenlärm, wenn er verladen werden oder einen fremden Stall betreten mußte, aber Gracie (Late Coups Kind) ging immer überall hin und schien nicht einen Augenblick lang vom Leben etwas anderes zu erwarten als Liebe und Zuneigung. Die Warnungen ihrer Mutter über die sie erwartenden Schrecken und über das Schicksal von unbegleiteten jungen Damen ließ sie völlig unbeachtet. Sie erwartete niemals, daß die Welt irgend etwas anderes als eitel Freude zu bieten habe.

Inwiefern eine Stute ihre eigenen Kinder erkennt und willkommen heißt, nachdem sie abgesetzt worden sind, ist schwierig zu erforschen. Beim Zeitpunkt des Absetzens zeigen die meisten eine beachtliche Bestürzung. Als Nuki von ihrem ersten Fohlen weggenommen wurde, fragte ich einen Freund in der Nähe von Standlake, ob er sie für drei Wochen auf seinen Hof nehmen würde, da ich vor den Schwierigkeiten, denen wir wahrscheinlich begegnen würden, gewarnt worden war. Nach der Größe ihres Euters zu schließen, hatte Nuki anscheinend ihr Kind einige Wochen nicht mehr gesäugt; es kam mir nicht in den Sinn, daß, wenn sie um mindestens sechs Meilen vom Fohlen getrennt und gut außer Hörweite von dessen möglichen Klagerufen sei, sie nicht völlig zufrieden sein sollte. Noch nie hat sich eine Vorhersage als unrichtiger erwiesen! In jener Nacht raste Nuki nach Stones Farm zurück, nachdem sie dazu einige Zäune überspringen und die Bahnlinie überqueren mußte. Ihr Euter war fest und gedehnt, ihr Zorn unbeschreiblich. Von da an sind wir keine Risiken mehr eingegangen. Alle Stuten werden streng in ihren Ställen eingeschlossen gehalten, bis ihre Euter ausgetrocknet sind, und alle Fohlen werden eingeschlossen gelassen, bis die Stuten in genügender Entfernung von den Fohlenweiden wieder hinausgelassen werden. Die Stuten haben gewiß nicht alle in der gleichen Weise auf diese Behandlung angesprochen, aber die Unterschiede, die sie aufweisen, standen in näherem Zusammenhang mit ihren Stallmanieren im allgemeinen als mit ihrem Verhalten gegenüber ihren Sprößlingen. Während Nuki gegen ihre Stalltür poltert und schlägt, sobald sie jemand herankommen sieht, blieb Late Coup still in der dunkelsten Ecke ihres Stalles stehen und litt schweigend, aber sie tötete mit ihren Blicken jedermann, der eintrat. Wenn sie in einem Stall eingeschlossen war, mußte Whose Lady immer ernsthaft gegen Asthma ankämpfen und war so beschäftigt mit Husten und Keuchen, daß, als sie von Gus, ihrem einzigen Fohlen auf Leyland Farm, getrennt wurde, sich die Arme auf nichts anderes konzentrieren konnte als aufs Atmen.

Als die Stuten zu einem späteren Zeitpunkt wieder mit ihren Sprößlingen vereint wurden, gab es von seiten der beiden Generationen nur wenig Zeichen der Wiedererkennung (jedenfalls wenige, die von mir beobachtet werden konnten). Nuki zeigte sogar einen besonderen »Haß« gegenüber Nauri und Nuit, ihren beiden ältesten Töchtern, vielleicht wegen Auseinandersetzungen über die Vorherrschaft. Die beiden glichen ihr zu sehr und alle drei wollten Chef sein. Nuki ließ keine Gelegenheit unbenützt vorübergehen, um ihre Töchter (wenn sie überhaupt je zugab, daß sie ihre Töchter waren) auf ihre Plätze zu verweisen und sie war das einzige Tier, dem jene sich unterstellten. Solche Familienähnlichkeiten, in der Pferde- nicht weniger als in der Menschengesellschaft, scheinen unter deren Trägern größere Feindschaft als Freundschaft zu schaffen und es mag sogar in der Natur notwendig sein, um die Verbreitung der Sippe zu veranlassen.

So bleibt das Geheimnis von Pferdefreundschaften ungelöst, so wie es das Geheimnis auch bei jeder anderen Art bleibt. Unterwerfung und Aggression sowie die Signale, die dies auslösen, sind einfach zu identifizieren, aber warum wir eine andere Person »trotz all ihrer Fehler« lieben müssen, ist nicht leicht zu erklären. Beim Menschen mag es durch Begriffe wie »Identifizierung«, »Erfüllung eines Bedürfnisses«, »Rollenspielen« und dergleichen erklärbar sein. Werden Pferde durch diese gleichen geistigen Mechanismen gesteuert? Ich hatte gehofft, daß Nuits Nachkommen einen Anhaltspunkt geben möchten, aber das wird nun nie zustande kommen! Als sie eines Tages der Straße entlang bewegt wurde, als Vorbereitung für ihre zweite Jagdsaison, wurde Nuit von einem schleudernden Lastwagen mit Anhänger angefahren und auf der Stelle getötet.

Das Ende des Anfangs

Was für wichtige oder interessante Dinge können aus diesen kleinen Geschichten entweder vom Naturwissenschaftler oder vom Pferdeliebhaber gelernt werden? Während ich die vorhergehenden Seiten selbst wieder durchgelesen habe, bin ich zur Überzeugung gekommen, daß ich nicht eine einzige Beobachtung oder Bemerkung gemacht habe, die die meisten Leute nicht mit dem Kommentar: »Das weiß ich schon lange!« begrüßen werden. Aber was meinen wir mit Wissen? Es gibt einen großen Unterschied zwischen der Erkenntnis, daß eine Aussage wahr ist, zwischen der Erkenntnis, daß »A« auf »B« folgt, und der Tatsache, daß man eine genügende Kontrolle über die Situation haben kann, um »B« durch die Manipulation von »A« hervorzurufen. Indem wir wissen, daß Pferde gewöhnlich dies oder jenes tun, wenn sie auf eine bestimmte Weise aufgezogen wurden, heißt das nicht, daß wir immer ihr Verhalten beherrschen können. Ferner heißt dies auch nicht, daß wir irgendein Prinzip erkannt haben, von dem man weiter verallgemeinern kann, bloß weil wir wissen, daß *Pferde* sich so verhalten. Gibt es in den vorangehenden Kapiteln etwas, das unseren Kenntnissen über das Verhalten von Erkennung zur Voraussage weiterhelfen kann, dann zur Erwartung und schließlich vielleicht zur Beherrschung?
Es wird heute allgemein anerkannt, daß das Verhalten von drei Seiten gleichzeitig betrachtet werden muß: das Verhaltensschema selbst, der Stimulus, der es hervorruft und der innere Zustand oder das »Bedürfnis« des Tieres. Aber zwischen diesen Aspekten wird sehr viel ausgetauscht. Die Reaktion selbst kann angeboren oder erlernt sein; ebenso kann sie automatisch abgefeuert werden durch einen Stimulus, an den sie durch Vererbung gekettet ist (ein auslösender Stimulus), oder es kann durch einen Stimulus abgefeuert werden, der als Ergebnis von etwas vorher Angelerntem daran gebunden ist. Aus dem Verhalten des reifen Erwachsenen ist es nicht leicht zu sagen, um welche es sich handelt. Beim Menschen beispielsweise ist das Lächeln eine angeborene Reaktion, das beim kleinen Säugling automatisch durch den Anblick eines bekannten Gesichtes ausgelöst wird. Wie das Kind heranwächst, kann ein

Lächeln durch irgendein angenehmes Erlebnis hervorgerufen werden. Später kann das Lächeln durch den Willen kontrolliert und in Situationen hervorgebracht werden, wo dies normalerweise nicht der Fall wäre — das falsche Lächeln von Politikern sei ein Beispiel.

Sogar beim jungen Tier ist es nicht leicht, den Unterschied zwischen den Verhaltensschemata, die durch angeborene Stimuli hervorgerufen werden und solchen, die durch gelernte ausgelöst werden, zu erkennen. Auch bedeutet die gleiche Reaktion nicht unbedingt die gleiche Emotion in zwei Individuen oder im gleichen Individuum bei zwei verschiedenen Gelegenheiten. Flucht bedeutet beim Pferd gewöhnlich Angst, aber Pferde galoppieren aus einer Anzahl verschiedener Gründe. Als Jess und Nauri anfangs als Jährlinge zusammen auf die Weide gebracht wurden, galoppierte Jess eine Weile lang immer rund um die Koppel herum. Zuerst war dieses Verhalten deutlich durch Angst ausgelöst worden; langsam verschwand ihre Furcht, aber die Flucht dauerte weiter und wurde durch überschüssige Energie und Neugier weitergeführt. Ebenso als Gamesman und Peri zum ersten Mal den Mähdrescher auf dem Feld neben ihnen in Aktion sahen, starteten sie im Galopp um ihre Weide herum. Zuerst war Peri der Anführer, da sein Hang zur Schelmerei wenig Anregung brauchte. Nach aber etwa zwei oder drei Runden um die Weide übernahm Gamesman die Führung, dessen Reaktionen langsam geweckt wurden, aber wenn sie es einmal waren, dauerten sie lange Zeit an. Er führte aber nicht nur. Langsam kurbelte er sich mehr und mehr an. Jedesmal, wenn er die Stelle passierte, wo der Mähdrescher arbeitete, nahm seine Geschwindigkeit zu und seine Augen rollten. Was in ihm als eine Handlung der Nachahmung begonnen hatte, entwickelte sich langsam zu selbst-erzeugter Angst. Er wurde mit jedem Schritt, den er galoppierte, wilder und beruhigte sich erst einige Stunden nachdem der Mähdrescher die Wiese verlassen hatte.

Ich habe gesagt, daß die Handlungen durch diese oder jene Emotion ausgelöst wurden. Was meine ich damit? Jene Menschen, die Pferde aufgezogen oder geritten haben, werden bestimmt wissen, was ich meine, aber für den modernen Psychologen ist eine solche Aussage ein Anathema. Ich kann als Beobachter, wie diese argumentieren, unmöglich wissen, was das andere Wesen fühlt, vor allem, wenn es nicht von meiner eigenen Spezies ist. Ich kann nur mit Sicherheit über das sprechen, was ich sehe. Das einzige, worüber ich aussagen kann, sind meine Beobachtungen. Die einzigen Faktoren, auf die ich dieses oder irgendein anderes Phänomen zurückführen kann, sind die Stimuli, die sie hervorrufen. Ich darf nur sagen, daß ihr Verhalten von anderen Zeichen begleitet war, die normalerweise durch furchterregende Situationen hervorgerufen werden, z. B. die rollenden Augen, die zurückgelegten Ohren, der gewölbte Hals oder die geblähten Nüstern. Dies mag pedantisch tönen, aber die Ansicht, daß nichts mehr für selbstverständlich hingenommen wird, hat in den letzten Jahrzehnten die Psychologie von einem Thema, das von Philosophen in ihren Lehnstühlen diskutiert oder von Pfarrern von ihren Kanzeln verkündet werden konnte, in den Rang einer exakten modernen Wissenschaft erhoben.

Manche Leute betrachten dies als eine Tragödie und glauben, daß es zur völligen Entmenschlichung des Menschen führen kann. Sie widerlegen, daß es sicherlich sowohl für Kunst als auch für das Ingenieurwesen Platz geben muß: es muß Individuen geben, die sich auf die Intuition statt auf die Intelligenz verlassen.

Aber was ist Intuition? Wenn die Psychologen sie analysieren wollen, sehen sie, daß es ein sehr vielschichtiges Phänomen ist. Das Hirn arbeitet offenbar ähnlich wie ein Computer. Es nimmt Information von den verschiedenen Sinnen auf, bewahrt sie in einer Vielfalt von Formen auf und dann wird durch mathematische Logik die Eventualität vom Eintreffen von gewissen Ereignissen in seiner Umgebung erarbeitet. Dies hat sich in meinem Hirn ereignet, als ich sagte, Nauri sei durch Zorn und Gamesman durch Furcht angetrieben worden. Ich hatte mir alle Zeichen gemerkt, die die Pferde außer dem eigentlichen Galoppieren noch aufwiesen. Ich hatte die Winkel ihrer Ohren, ihrer Hälse, ihrer Nüstern und Augen angeschaut und diese Information in meinen Computer gefüttert zusammen mit der Information, daß die Pferde galoppierten. Dann kam das Ergebnis einer Kalkulation, die ich kaum gewahr werden konnte, in den Worten heraus: »Das Pferd hat Angst/ist zornig/neugierig, etc.« Der beste intuitive Denker, Redner oder auch Reiter ist jener, der in der kürzesten Zeit die größte Menge Information aus seiner Umgebung sammelt und diese mit dem größten Lager an früherer Information vergleichen kann. Je häufiger er diese Fertigkeiten auf einer bewußten Ebene übt, desto eher wird er sie schnell und unbewußt ausführen können, wenn der Bedarf danach aufsteigt. Der gewandte, intuitive Reiter muß sich nicht erst sagen: »Jetzt muß ich das Pferd treiben; ich muß die Zügel aufnehmen; ich muß mein Gewicht nach vorn verlagern.« Sein Gehirn übermittelt seinen Muskeln die Botschaften und sagt ihnen, welche Handlungen benötigt werden und die Muskeln reagieren automatisch. Aber — und dies ist der springende Punkt — die unbewußte Erwerbung von Fertigkeiten hängt von unseren auf bewußter Ebene erworbenen Kenntnissen und ausgeübtem

Verhalten ab. Wir werden mit der Fähigkeit des Lächelns, Saugens und Fassens geboren, aber nicht mit der Fähigkeit zu sprechen, reiten und fahren. Diese Dinge müssen wir lernen.

Wir werden auch nicht mit der Fähigkeit geboren, zu wissen, was genau im Sinn oder Gehirn eines anderen Menschen vor sich geht. Deshalb müssen wir dieses Thema mit einer gewissenhaften Sorgfalt studieren. Man mag denken, daß das Wissen um die Ursachen, weshalb z. B. eine Ratte ihr Futter hamstert, ein Tintenfisch seine Fangarme um einen Krebs schließt oder ein Wurm nach der einen statt nach der anderen Seite kriecht, wenig Einfluß auf die Probleme des menschlichen Verhaltens hat. Aber dies stimmt nicht. Je mehr wir über die Aktivität von Nervensystemen in verschiedenen Spezies entdecken, desto mehr wird uns bewußt, daß gewisse allgemeine Gesetze die Aktivität der gesamten lebenden Materie bestimmen. Je mehr wir demzufolge über das Verhalten von verschiedenen Tierarten entdecken, desto mehr lernen wir möglicherweise über die Welt und somit auch über uns selbst. Sogar einige Kenntnisse über das Pferd, das von modernen Wissenschaftlern kläglich vernachlässigt wird, können ihren Teil zum Wissen beitragen. Jedes bißchen Information, das wir uns aneignen, hat seinen Nutzen. Jede Beobachtung, die wir machen, wie nichtssagend sie auch sei, trägt zu unserer Ausrüstung bei.

Bevor ich zusammenfasse, was ich für die wichtigsten, auf den vorangehenden Seiten festgehaltenen Beobachtungen halte, will ich einige allgemeine Punkte aufzählen, die allen Tiertrainern wohlbekannt sind und die meine eigenen Erfahrungen bestätigt haben:

1. Verschiedene Nachkommen von den gleichen Eltern können sich auf ganz verschiedene Weisen verhalten.
2. Die verschiedenen Verhaltensschemata können manchmal nur unter bestimmten Umständen zum Vorschein kommen.
3. Viele der zuerst gezeigten Verhaltensformen können durch Erfahrung modifiziert werden (z. B. durch Ausbildung).
4. Die Mittel, um diese Modifizierungen hervorzurufen, sind für verschiedene Individuen verschieden.
5. Die Verhaltensformen eines Individuums sind oft ähnlich wie jene seiner Eltern und werden als Folge von Stimuli gezeigt, die diese Reaktionen in den Eltern hervorgerufen hätten.

Züchter von Rennpferden und Jagdhunden verbringen Jahre damit, die unerwünschten Züge weg- und die erwünschten anzuzüchten. Sie wissen jedoch, daß man nie durch Spekulation oder Raten herausfinden kann, ob ein

Zug im Tier gegenwärtig ist. Der einzige sichere Weg ist, daß man das Tier in die Situation versetzt, die sie auslösen wird — d. h., man bringt es auf die Rennbahn oder in die Schußlinie. Aber auch wenn wir dies tun, wie können wir sicher sein, daß ein Zug, den wir in einer bestimmten Situation sehen, sich wieder in einer anderen zeigen wird? Wenn ein Tier bei der ersten Begegnung in einer bestimmten Art auf eine Situation reagiert, wird es diese Reaktion immer aufweisen? Mit anderen Worten, wie genau können wir nach ersten Reaktionen Voraussagen machen? Ich glaube, daß wir beim Pferd sehr oft grundfalsch urteilen können, wie bereits erwähnt und durch viele Begebenheiten illustriert worden ist.

Nauri, Gamesman, His Nibs und Gambit kamen zum Beispiel geradewegs auf den ersten Menschen zu, der sich ihnen näherte; Peri galoppierte sofort davon. Top Notch und Navy Blue versteckten sich hinter ihrer Mutter und kamen nicht hervor, um gestreichelt zu werden, bis ihnen die Domestizierung aufgezwungen worden war. Und doch dauerten diese ganz frühen Reaktionen auf menschliche Kameradschaft nicht an. Nachdem sie für einige Wochen auf dem Gestüt weg war, war Nauri so wild und unfügsam wie der ursprünglich mißtrauische Top Notch; nachdem dieser einmal angefaßt worden war, war Top Notch so ruhig und gefügig wie Gamesman. Bevor sie drei Monate alt waren, waren alle gleich freundlich und unbeirrt durch irgendwelchen menschlichen Kontakt. Gamesman wiederum, der als Fohlen außerordentlich lebhaft gewesen war, verwandelte sich in einen sanften, trägen Jährling und im Alter von sechs Jahren brauchte es eine Bombe, um ihn in Bewegung zu setzen. Nuit, die fast eine halbe Stunde lang vor Zorn mit den Zähnen knirschte, als sie zum ersten Mal das Halfter angezogen bekam, nahm das Gebiß ohne Widerrede an und zeigte nie die Launenhaftigkeit, mit der sie gedroht hatte. (Im Stall allerdings war sie immer bereit, nach irgendeinem Stück menschlichen Fleisches innerhalb Reichweite zu schnappen, aber im Augenblick, da ihr der Zaum angelegt oder auch nur in die Nähe gehängt worden war, spitzte sie in glücklicher Vorfreude auf die kommende Arbeit die Ohren.) Ich will nicht andeuten, daß diese Beispiele beweisen, daß man nach dem frühen Verhalten keine Voraussagungen machen kann; wenn man dies tut, soll man nur darauf achten, daß die Voraussagungen auf den richtigen Zeichen beruhen.

Was sind die richtigen Zeichen? Gibt es wesentliche Situationen, nach denen Verallgemeinerungen über das Verhalten mit Genauigkeit gemacht werden *können*?

Lange Zeit glaubte ich, daß die Reaktion eines Pferdes auf eine Neuigkeit eine der besten Richtlinien sei. Ich war durch den Unterschied zwischen Nauris und Jess' Reaktionen auf Neuigkeiten und wie diese in ihr Verhalten im allgemeinen übertragen wurden, so beeindruckt gewesen, daß ich bereit war, die meisten meiner Voraussagungen auf diesem Argument zu begründen. Wie sehr ich mich geirrt hatte, zeigten die Reaktionen von Peri und Gamesman auf ihre erste Ausstellung. Dort führte sich Peri, ein Teufelchen zu Hause, wie ein Lamm auf, während Gamesman, der sanfte Narr, in einer nuklearähnlichen, selbsterzeugten Explosion in die Luft ging. Der gleiche Unterschied wurde von Gus und Netta gezeigt, wie in Kapitel 5 beschrieben. Aber mein Fehler lag vielleicht nicht so sehr in der Verallgemeinerung, begründet auf den Reaktionen zur Neuigkeit, als im Nichterkennen dessen, was für jedes Tier eine Neuigkeit darstellt.

Der Ausdruck »neu« kann auf mindestens drei verschiedene Dinge angewendet werden:

1. Etwas vollständig Neues, das noch nie vorher erlebt worden war
2. Etwas Bekanntes, das in einer neuen Situation erlebt wird
3. Etwas, das in der Vergangenheit bekannt war, aber erst nach einer langen Zeitspanne wieder gesehen wird.

Von diesen drei Aspekten hat man entdeckt, daß der zweite meistens der beunruhigendste ist. Das vollständig Neue wird machmal nicht gesehen oder absichtlich mißachtet. Etwas nur in der Zeit Neues neigt dazu, die gleichen Emotionen hervorzurufen, die in der Vergangenheit damit verbunden worden waren; aber das Neu-in-der-Umgebung weckt eine ganze Menge Ängste, die im allgemeinen die »Wo-bin-ich«-Reaktion genannt werden kann. Dies wurde wunderbar von Gambit demonstriert, als er drei Jahre alt war.

Die Begebenheit ereignete sich, nachdem Gamesman von seinem Rennunternehmen zurückgekehrt war und er und Gambit einander auf einer Weide Gesellschaft leisteten. Ich war dabei, Gamesman auf seine erste Springkonkurrenz vorzubereiten und wollte mit ihm das Springen über die weißen Hindernisse üben, die er im Parcours vorfinden würde. Das einzige Hindernis, das ich damals hatte, war aus einer Gruppe Blechfässern zusammengestellt, die auf der Weide standen, wo die beiden Pferde die Sommernächte verbrachten. Beide Pferde waren oft genug über diese Fässer gesprungen worden. Um diesen Sprung auffälliger zu machen, ging ich eines Abends auf die Weide hinaus mit einer Büchse weißer Farbe, die ich über die Fässer zu verspritzen begann. Die Pferde waren ganz gefesselt und besonders Gambit tat alles, was er konnte, um bei dem Manöver mitzuhelfen (oder hindernd zu wirken), indem er die Farbe so schnell wegleckte, wie ich sie auftragen konnte, oder indem er sein Gesicht so oft wie möglich zwischen Pinsel und Fässer steckte. Trotzdem behandelte er am allernächsten Morgen mit mir im Sattel die Fässer, als seien sie eine Erscheinung aus einer andern Welt, die er noch nie gesehen hatte. Er kam nicht näher als bis auf 20 Meter, ohne zu schnauben und zu zittern. Es dauerte eine gute Weile, bis ich ihn beruhigt hatte, aber auch dann sprang er die Fässer nicht, bevor die ganze Reihe auf den Boden gelegt worden war und er ein paarmal im Schritt schnaubend und sie gleichzeitig beschnuppernd darübergegangen war. Er hatte sie ungemalt mindestens ein dutzendmal gesprungen. Er hatte sie gestrichen seit 24 Stunden gesehen, aber sie gestrichen zu springen, war anscheinend etwas ganz Neues für ihn.

Obwohl Nukis Nachkommen die »Neu-in-der-Umgebung«-Stimuli mit derselben Ängstlichkeit und demselben Mißtrauen wie die meisten anderen Pferde behandelten, so war ihr Verhalten gegenüber dem »Noch-nie-Dagewesenen« der Faktor, der sie auszeichnete. Der auffallendste Unterschied zwischen dem Verhalten von allen von Nukis Abkömmlingen gegenüber Ausritten in neues Gelände, verglichen mit demjenigen von Nicht-Nukis, war sehr bemerkenswert und wurde von Nauri, His Nibs und Nuit demonstriert. In unbekanntem Gelände waren sie unendlich mehr interessiert, aufmerksamer, zufriedener und hatten mehr Vorwärtsdrang als in bekanntem Territorium. Da sie genau gleich wie ihre Gefährten aufgezogen und behandelt worden waren, kann ich nicht glauben, daß diese Eigenschaft nicht vererbt worden war.

Eine andere Eigenschaft, die geerbt sein kann, ist die Reaktion auf Frustration oder Korrekturen. Ich habe schon beschrieben, wie Nauri eine ganze Woche lang schmollte, als sie mit Jess Freundschaft schließen sollte. Gambit hat die gleiche Eigenschaft gezeigt. Das erste Mal, daß er wirklich zornig wurde, war am ersten Tag, als er im Alter von drei Jahren von seinen Kameraden weggenommen wurde, um eingeritten zu werden. Er weigerte sich so kategorisch, sich auf seine Arbeit zu konzentrieren, daß es völlig hoffnungslos war, ihm etwas beibringen zu wollen. Während drei Tagen stampfte und trompetete er in seiner Einzelhaft. Das zweite Mal, wo er zornig wurde, war, als John Ashton mit ihm an der Doppellonge im entlegensten Teil einer Koppel arbeiten wollte. Die Bremsen waren an jenem Tag schlimm und die dadurch erzeugte Gereiztheit, verbunden mit der Angst, von daheim fortzugehen, weckten Gambits Zorn. Wieder stampfte, schrie und klagte er einige Tage lang. Das dritte Mal kam unerwarteter. Gambit hatte seinen Vater Gamesman zu Gymkhanas begleitet und da er etwas ängstlich war, hatte er alles gemacht, was von ihm verlangt wurde. An der vierten solchen Veranstaltung beschloß Gambit, daß er etwas gegen dieses Vorgehen einzuwenden habe und nicht von seines Vaters Seite weichen wollte. Während ich mich mit Gamesman beim Springen im Parcours amüsierte, focht John Ashton mit Gambit einen Kampf, der über eine Woche dauerte. Aber eine andere Eigenschaft beider Pferde war, daß beim Abflauen ihres Zornes der Kampf endgültig vorbei war.

Die Art, in der Tiere lernen, sich verschiedene Fertigkeiten anzueignen und ebenso die Art, in der sie lernen, ihre angeborenen Neigungen zu meistern, zeigen individuelle Unterschiede, aber nach meiner eigenen Erfahrung weisen diese keine Familienähnlichkeiten auf. Die drei Fertigkeiten, die von einem Pferd verlangt werden, sind Ausdauer (die Fertigkeit, lange Distanzen zurückzulegen), Schnelligkeit und Springvermögen. Keine von diesen wäre aber für den Reiter groß von Nutzen, wenn das Pferd nicht auch dorthin ginge, wo der Reiter will, und so ist »Gehorsam« eine weitere Fertigkeit, die wir unseren Pferden mit unendlicher Sorgfalt beibringen. Unter Gehorsam verstehen wir die Fähigkeit, die ihnen gegebenen Zeichen zu verstehen und schnell auf sie zu reagieren. Ausdauer, Schnelligkeit und Springvermögen könnte man eher als physische statt als geistige Eigenschaften bezeichnen und daß sie somit weniger für den Psychologen als für den Physiologen von Interesse seien. Aber ebenso wie der Athlet lernen muß, seinen Körper zu tragen und seine Atmung zu kontrollieren, so muß dem Pferd beigebracht werden, wie es seinen Körper zum besten Vorteil nutzt. Ich habe beschrieben, wie Nauri dazu neigte, sich seitswärts zu biegen und in den Boden zu stoßen, anstatt geschmeidig mit dem Körper in einer Geraden zu gehen, bis ich sie durch reine Beharrlichkeit in die Gewohnheit, geradezugehen, gezwungen hatte. Berufstrainer sind sich natürlich auch allzusehr bewußt, daß alle Voraussetzungen auf der Welt einem Pferd nicht ermöglichen werden, ein Rennen zu gewinnen, wenn es nicht korrekt vorbereitet wird für diese Aufgabe. Das größte psychologische Interesse liegt in den Schritten, die benötigt werden, damit jedes Tier sein volles Potential in diesen physischen Bereichen entfalten kann. Die Art, in der sie das Springen lernen, macht diese Unterschiede besonders deutlich sichtbar, aber wie in Kapitel 6 beschrieben, waren Nauri, Gamesman, His Nibs und Nuit — Nukis erste vier Sprößlinge — voneinander sehr verschieden. Es stimmt allerdings, daß sie Nukis Furchtlosigkeit gemeinsam hatten. Abgesehen davon war jedes Pferd seinen eigenen Gesetzen unterstellt. Nauri liebte es, auf ihre Hindernisse zuzurasen und wurde hoffnungslos aus dem Konzept gebracht, wenn man sie langsam darübergehen lassen wollte. Gamesman dagegen konnte sie nicht langsam genug springen. Nauri schleuderte sich über alles in Sichtweite; Gamesman sprang nicht einen Zentimeter, wenn man ihm nicht sagte, wann und wie er abspringen mußte. Obwohl His Nibs dazu neigte, auf der Ebene über die eigenen Füße zu stolpern, war er außerordentlich gewandt darin, Hindernisse richtig anzugehen und sich aus Schwierigkeiten herauszulösen. Ferner sah er unweigerlich die Schwierigkeiten noch vor seinem Reiter voraus. Nuit, die auf der Ebene sehr sicheren Fußes ging und gut im Gleichgewicht war, verwickelte sich in ihren jungen Tagen Woche um Woche über allen Hindernissen. Bei der Begründung dieser Unterschiede bin ich um jede Antwort völlig verlegen.

Heißt dies aber, daß meine Beobachtungen wertlos sind? Nein, nur daß sie ungenügend sind. Ich habe nur eine beschränkte Anzahl Tiere in einer beschränkten Anzahl Situationen beobachtet. Es gibt zu viele lose Enden und zu viele unkontrollierte Variablen. Wenn aber all die Leute, die Pferde besitzen oder pflegen, diese beobachten und ihre Beobachtungen notieren würden, wäre es möglich, in absehbarer Zukunft ein Archiv von Informationen aufzubauen, die uns einige der Antworten geben würden. Man kann sich fragen, weshalb dies noch nicht getan worden ist. Der Mensch hat seit undenklichen Zeiten mit dem Pferd gearbeitet. Wenn es ein Tier gibt, über das die Menschheit alle nötige Information haben sollte, so ist es sicherlich das Pferd.

Die Schwierigkeit liegt darin, daß das allzugut bekannte Blindheit und auch Verachtung erwecken kann, und vielleicht gerade weil Mensch und Pferd so lange schon miteinander gearbeitet haben, wissen wir so wenig über dessen Geist. Je besser wir mit einer Szene bekannt sind, desto weniger beachten wir sie. Je länger wir eine Handlung ausführen, desto weniger wahrscheinlich ist es, daß wir sie kritisch analysieren.

Pferde sind zur Tradition geworden und alles, was mit ihnen zusammenhängt, ist in »richtig« und »falsch« klassifiziert worden. In England wird uns vom ersten Moment an im Ponyclub beigebracht, daß es nur eine korrekte Weise zum Reiten gibt, nur eine Art, ein Pferd auszubilden, nur eine Art, sich ihm auf der Weide zu nähern, und dieser Glaube ist dem Menschen seit so langer Zeit so tief eingetrichtert worden, daß Zweifel darüber einem Sakrileg gleichkämen. Indem ich den Vorschlag mache, daß es Zeit ist, diesen blinden Glauben fallen zu lassen, werde ich wahrscheinlich den Zorn vieler auf mich ziehen, aber ich nehme dieses Risiko gerne auf mich um der Vorteile willen, die zusätzliche Beobachtungen bringen können.

Ich hege absolut keinen Mangel an Respekt für den Ponyclub, indem ich dies sage, noch für irgendeine unserer anderen, altehrwürdigen reiterlichen Institutionen. Sie erweisen große Dienste, indem sie die Maßstäbe der Pferdezucht und der Reiterei beibehalten, nach denen man Neuerungen beurteilen kann. Ohne solche Maßstäbe könnten Unterschiede gar nie erkannt oder Verbesserungen gezeigt werden. Ich glaube auch nicht, daß es die Pflicht dieser Institutionen ist, zu Neuerungen anzuregen. Institutionen *sollen* die Tradition wahren; es liegt an Individuen oder kleinen Splittergruppen, abzubrechen; obgleich viele auf steinigen Boden fallen und absterben, besteht immer die Möglichkeit, daß der eine oder andere seinen Weg in das reiche Land der Neuentdeckung findet.

Es gibt ein Thema, das sich besonders zum Studium eignet und über das ich wenig Beweismaterial finden konnte: das Vorhandensein in Pferden von dem, was die Zoologen »sensible Perioden« nennen. Bei vielen Tiergattungen hat man gefunden, daß gewisse Verhaltensarten und Fertigkeiten in einem bestimmten Alter leichter gelernt werden als in einem anderen. Hunde lernen ihre Territorien am Anfang ihres Erwachsenenlebens erkennen. Bestimmte Meisenarten lernen jung schneller an Schnüren zu zupfen, um Futter zu bekommen, als wenn sie alt sind. Die sensible Periode für die Erlernung einer jeden Fertigkeit hängt von dieser selbst, von dem Trieb, diese auszuführen und von der Tiergattung ab. In den meisten Gattungen erreicht die Fähigkeit, neue Fertigkeiten zu erlernen, früh in der Jugend ihren Höhepunkt und fällt dann rasch ab; aber die Fähigkeit, angeborene Neigungen zu kontrollieren oder zu verhindern, erreicht den Höhepunkt mit zunehmendem Alter bis etwa zur Mitte des Erwachsenenlebens und fällt dann langsam ab. Gibt es beim Pferd sensible Perioden bei der Erlernung von Fertigkeiten und wenn ja, welche sind sie? Außer dem wahrnehmungsbedingten Lernen, das kurz nach der Geburt eintritt, und der Einschränkungen beim Galoppieren und Springen, die dem Pferd vom physischen Wachstum auferlegt werden, war es mir nicht möglich, spezifisch sensible Perioden zu finden. Es wird gesagt, daß Pferde, die im frühen Alter keinen menschlichen Kontakt hatten, schwieriger einzureiten sind als andere, aber ich habe einige zugeritten, die bis zum Alter von vier oder fünf Jahren keinen Kontakt gehabt hatten und die nach den ersten paar Tagen gar keine Schwierigkeiten machten. Gambits »geerbte« Furcht vor dem Verkehr hatt sich erst gezeigt, als er ziemlich ausgewachsen war. Gewiß war es nicht aus Mangel an frühen Kontakten, daß Queenie so große Schwierigkeiten beim Zureiten machte, noch war es ein Erlebnis in einer besonders sensiblen Periode, welche Joss die Furcht vor dem Springen gab. Aber sorgfältige Beobachtung kann vielleicht sensible Perioden offenbaren für Fertigkeiten, die wir noch gar nicht identifiziert haben; es gibt noch viel zu lernen.

Bevor ich abschließe, möchte ich noch auf etwas hinweisen. Ich habe in Kapitel 1 gesagt, daß ich die Beziehung zwischen Farbe und Temperament studieren wollte. Hier hat die Natur bis zu einem gewissen Grad eingegriffen, indem sie mich vorwiegend mit Schimmeln versorgte. Nur zwei von Nukis Kindern und einige ihrer Enkel sind bis jetzt von anderer Farbe gewesen. Alles, was ich mit Sicherheit trotz meiner Erwartungen sagen kann — eigentlich trotz ziemlich bestimmten, früheren Überzeugungen vom Gegenteil —, daß ich wirklich keine Beweise finden kann, wonach Nukis beide braunen Söhne irgendwie wesentlich verschieden waren von ihren Schimmelsöhnen, oder daß ihre Fuchsenkelinnen sich von den anderen unterschieden. Jeder zeigt seine eigene Mischung der Nuki-Eigenschaften in seinen eigenen Proportionen, aber die Braunen haben keine Neigungen aufgewiesen, die nicht in mindestens einem der Schimmel bekannt gewesen wären, noch haben die Schimmel irgend etwas gezeigt, das nicht in einem Braunen auch aufgetreten wäre.

Wenn weitere Studien beweisen, daß ich in irgendeiner meiner anderen vorgefaßten Meinungen unrecht habe und wenn die Erfahrungen von anderen Leuten irgendeine meiner hier gemachten Schlußfolgerungen als falsch erweisen können, so kann ich nur hoffen, daß die Beobachtungen, die auf diese Fehler hinweisen, zu einem besseren Verständnis jenes angeborenen Computers führen, den wir unseren Geist nennen.

Erklärung der Fachausdrücke

Absetzen Entwöhnen

An der Hand Geführt. Junge Pferde und Hengste werden bei Ausstellungen immer »an der Hand« vorgeführt.

Angebunden An einem festen Gegenstand befestigt (gewöhnlich an der Stallwand) mittels eines Seiles, das am Zaum oder am Halfter befestigt wird.

Anthropomorphismus Die Übertragung von menschlichen Emotionen und Gefühlen auf Tiere.

Aufbäumen Ein Pferd stellt sich auf die Hinterbeine. Oft wird dies von Pferden gemacht, um den Befehlen des Reiters auszuweichen. Allgemein als Untugend betrachtet.

Auf der Weide Frei auf einem Feld.

Aufziehen Die Aufzucht und Erziehung von junge Pferden.

Aus dem Dickicht hervorbrechen Verlassen eines Dickichts durch ein gejagtes Tier.

Ausgebildetes Pferd Ein Pferd, das mit den üblichen Reithilfen ausgebildet ist und in irgendeiner Sparte der Reiterei gut erfahren ist, beispielsweise für Jagden, Rennen oder Ausstellungen.

Belohnung Alles, was dazu beiträgt, daß ein Tier eine soeben ausgeführte Handlung wiederholt. Lob, Bestechungen (gewöhnlich mit etwas Eßbarem) oder das Nachlassen eines Schmerzes sind die üblichsten Belohnungsformen.

Beschäler Ein männliches Pferd, das zur Zucht verwendet wird.

Brennen Das Anbringen von heißen Eisen auf der Haut über verletzte Sehnen, bis sie sich ins Fleisch einbrennen. Das faserige Gewebe, das sich bildet, wenn die Brandwunde verheilt, stärkt die darunterliegenden Sehnen.

Decken (einer Stute) Der Vorgang, bei dem eine Stute von einem Hengst befruchtet wird.

Deckhof Der Ort, wo Stuten gewöhnlich gedeckt werden.

Dickicht Ständiger Unterschlupf am Boden; gewöhnlich im Gehölz, Dornengestrüpp oder Stechginster.

Dreiviertelblut Ein Pferd, bei dem drei der vier Großeltern Vollblut sind.

Feld In der Jagdsprache bezeichnet dies alle berittenen Nachfolger einer Jagd, außer dem Master, Huntsman und Pikör.

Festliegen Eine liegende Stellung, aus der ein Pferd nicht aufstehen kann. Wenn ein Pferd sich im Stall wälzt, kommt es oft vor, daß es mit den Beinen zu nahe an eine der Wände zu liegen kommt. Indem es versucht, sich zu befreien, kann es den Rücken oder ein inneres Organ zerren.

Galle Eine Verdickung der Sehne unter dem Sprunggelenk, gewöhnlich als Folge einer Überanstrengung.

Gebäude Der Bau und die Form eines Tieres.

Geschirr Die Ausrüstung, die zum Reiten, Fahren oder Einreiten gebraucht wird.

Gestüt Ein Ort, wo Pferde gezüchtet und aufgezogen werden.

Aufs Gestüt bringen Ein Tier zu Zuchtzwecken hinbringen.

Gewichtsträger Ein Pferd, das mindestens 88 kg während eines Tages bei Jagdritten tragen kann.

Gewöhnung an das Halfter Man bringt dem jungen Pferd bei, mit einem angelegten Halfter zu stehen oder sich führen zu lassen.

Graben Ein Hindernis mit einem Graben auf der Absprungseite.

Gräben und Dämme Wiesenland, das vor einigen Jahrhunderten für die Entwässerung in Form von Gräben und Dämmen angelegt worden war. Vor dem letzten Krieg war das meiste Wiesenland der Midlands dieser Art, aber mit moderner Agrikulturpolitik und Entwässerungsmethoden verschwindet es sehr rasch.

Halbblut Ein Pferd, bei dem nur einer der beiden Eltern im General Stud Book angeführt ist.

Halfter Ein Seil (oder Gurtband), das über den Kopf hinter den Ohren und um die Nase des Pferdes gelegt wird wie ein Nasenband. Wird gebraucht, um ein Pferd zu führen oder anzubinden.

Hand Die Einheit (vier Zoll), mit der in England die Höhe eines Pferdes gemessen wird, ursprünglich die Breite einer Männerhand. Die Größe des Pferdes wird vom Boden bis zum höchsten Punkt des Widerristes gemessen. Ein Pferd unter 15 Hands (153 Zentimeter) wird gewöhnlich als Pony bezeichnet. Hunter messen meistens 15,3 bis 17 Hands (155 bis 173 Zentimeter).

Hengst Ein ausgewachsenes, männliches Pferd, das nicht kastriert worden ist. Es wird nicht Zuchthengst oder Beschäler genannt, bevor es zur Zucht verwendet wird.

Hindernisse Wird vom Reiter als Bezeichnung für jeden Gegenstand gebraucht, der von einem Pferd gesprungen wird. Im Rennsport unterscheiden sich Hürden von den Hindernissen dadurch, daß letztere höher und solider sind. Offizielle Hindernisse nach National Hunt Rules müssen mindestens 135 Zentimeter hoch sein, jene vom Grand National variieren zwischen 135 und 155 Zentimetern.

Hufrehe Entzündung der Schicht unter der Hufwand, die starke Schmerzen und Lahmheit zur Folge hat. Es ist gewöhnlich das Ergebnis von Überfütterung und kommt am häufigsten bei Halbblutpferden vor, die auf einer Weide mit fettem Frühlingsgras sind.

Hunter Jagdpferd. Wörtlich genommen, irgendein Pferd, das seinen Reiter auf einer Jagd trägt, wird aber gewöhnlich zur Bezeichnung eines Halbblutes oder Dreiviertelblutes verwendet, das über 155 Zentimeter mißt und ausgebildet ist, im Gelände zu springen.

Hunters Improvement Society — H.I.S. Gesellschaft zur Förderung des Jagdpferdes. Eine Gesellschaft, die 1894 gegründet wurde, um die Qualität der in diesem Lande gezüchteten Jagdpferde zu verbessern, indem es den Züchtern gute, gesunde Vollbluthengste zu einem bescheidenen Preis zur Verfügung stellt. Der Preis beträgt jetzt für Mitglieder der Gesellschaft £ 12.12s.Od.

Jährling Ein einjähriges Pferd. Das Alter der Pferde wird immer vom ersten Januar an berechnet, unabhängig vom Monat, in dem sie eigentlich zur Welt kommen.

Jungfuchsjagd Der Anfang der Jagdsaison, wenn man darauf ausgeht, nur die jungen Füchse oder Welpen zu töten. Gewöhnlich umkreisen die Verfolger das Dickicht, um zu verhindern, daß die Welpen entweichen. Die Jungfuchsjagd-Saison beginnt Ende Sommer und endet mit dem Eröffnungstreffen anfangs November. Diese sportliche Veranstaltung beginnt kurz nach Tagesanbruch und endet am Mittag.

Kappzaum Ein besonderer Lederhalfter, der zum Zureiten gebraucht wird. Das Nasenband liegt eng an und ist gepolstert. Vorn am Nasenband ist ein Ring angebracht, an dem die Longe befestigt wird.

Krippensetzen Eine „Stalluntugend". Das Pferd fixiert seine Zähne auf dem Rand

z. B. der Krippe oder der Tür, streckt den Kopf nach vorn und schluckt Luft. Das Pferd kann auch ohne die Zähne zu fixieren Luft schlucken, was *Koppen* genannt wird. Ein Pferd, das dies tut, neigt zu Konditionsverlust.

Kuhhessig Die Sprunggelenke zeigen nach innen wie bei einer Kuh, statt gerade zu sein, wie dies beim Pferd sein sollte. Normalerweise ein Zeichen von Schwäche.

Linke Seite des Pferdes Es wird gewöhnlich von dieser Seite gesattelt, gezäumt und bestiegen.

Longieren Das Pferd wird an einer langen Leine (Longe) angemacht und muß in ca. 15 bis 30 Meter Entfernung im Kreis um seinen Trainer herumgehen.

Maul Technisch gesehen bezieht sich das auf die Art, in der ein Pferd auf das Gebiß reagiert. Ein Pferd mit einem feinen Maul reagiert schnell auf sanfte Hilfen.

Nicht im Training Konzentriertes Futter (Hafer) wird eingeschränkt, die Haare dürfen wachsen und Staub ansammeln und das Pferd wird oft auf die Weide gebracht.

Pferdewürfel (oder Pellets) Konzentriertes Futter für Pferde, das von einigen Firmen in Form von kleinen Würfeln (oder Pellets) von etwa 1 Zentimeter Länge verkauft wird.

Pickordnung Die soziale oder Dominanz-Hierarchie innerhalb einer Gruppe der gleichen Gattung, so benannt, weil diese Hierarchien zuerst bei Hennen entdeckt wurden, wo beispielsweise jene Henne die Hennen, die in der Hierarchie unter ihr stehen ‚pickt', sie aber von denen weiter oben in der Hierarchie gepickt wird.

Prägung Das sehr schnelle visuelle Lernen, das bei manchen Tieren kurz nach der Geburt eintritt. Als Folge davon zeigt sich, daß sie sich mit dem ersten Gegenstand, den sie erblicken, das Leben lang identifizieren.

Prämiierter Hengst Ein Hengst, der von der H.I.S. mit einer Prämie (£ 325) ausgezeichnet wurde. Die Auswahl von prämierten Hengsten, wovon alle frei von erblichen Krankheiten sein müssen, findet bei der jährlichen Ausstellung im März statt und beruht vorwiegend auf Gebäude und Präsentation.

Rick Ein Hindernis, das aus Pfosten und Stangen besteht.

Röhren Die Knochen der Beine, die vom Vorderknie oder Sprunggelenk bis zum Fesselgelenk reichen.

Scheren Das lange Winterhaar wird kurz geschoren, so daß das Pferd nicht schwitzt, wenn es intensiv arbeitet.

Sensible Perioden Perioden im frühen Leben, in denen bestimmte Verhaltensformen zur Entfaltung bereit sind und sehr rasch aufgenommen werden können.

Sprunggelenk Eines der Gelenke am Hinterbein des Pferdes.

Strengel Eine hochansteckende Krankheit der Nase und des Halses, charakteristisch für Pferde. Die Drüsen unter dem Hals werden geschwollen, schmerzen und können Abszesse bilden. Es können Atembeschwerden folgen.

Substanz Gebäude, das eher Kraft als Schnelligkeit andeutet, das heißt tiefe Schulter und kräftige Gliedmaßen.

Verallgemeinerung Die Übertragung von Information oder Fertigkeiten, die in einer bestimmten Situation gelernt worden waren, auf andere Situationen oder Zustände.

Verladen Betreten eines Transportfahrzeuges.

Vollblut Ein Pferd, das im General Stud Book angeführt ist. Pferde dürfen dort nur dann eingetragen werden, wenn alle ihre Vorfahren auch eingetragen sind.

Wallach Ein männliches Pferd, das kastriert worden ist.

Widerrist Der Teil der Wirbelsäule eines Pferdes beim Halsansatz, gerade vor dem Sattel.

Anhang I Nukis Nachkömmlinge

Name	NAURI	GAMESMAN II	HIS NIBS
Abstammung Vater *Mutter*	Romany Air – Nuki	Game Rights – Nuki	Border Legend – Nuki
Verhalten gegenüber Menschen	Freundlich und neugierig, bis sie aufs Gestüt ging.	Immer sehr freundlich. Ging nicht aufs Gestüt.	Wie Gamesman; ging nicht aufs Gestüt.
Gewöhnung an das Halfter	Großer Kampf am ersten Tag, nachher nichts mehr.	Nie die geringsten Schwierigkeiten.	Leichter Kampf am ersten Tag (Rückwärtstreten), nachher keine Schwierigkeiten.
Führen	Folgte immer willig.	Folgte und gehorchte gut, wenn er nicht abgelenkt war. Ansonsten unmöglich zu halten.	Leicht zu halten, auch wenn er umhersprang.
Verladen	Ein großer Kampf, dann immer willig in alle Fahrzeuge.	Immer interessiert und gewillt zum Einsteigen.	Kämpfte lange am ersten Tag, nachher keine Schwierigkeiten mehr.
Einreiten	Schnell von Begriff – aber immer darauf aus, aus irgendeinem Grund eine Auseinandersetzung zu provozieren.	Langsam im Lernen – schmollte, wenn zu stark forciert. Langweilte sich nie beim Wiederholen der alten Routineübungen.	Überhaupt keine Schwierigkeiten.
Ausbildung	Wahnsinnig aufgeregt in Gesellschaft von anderen, liebte alle neuen Orte. Schwitzte stundenlang vor und nach einer Jagd oder einem Rennen.	Brauchte sehr lange, um sich in Gesellschaft zu beruhigen. Aber wenn einmal der Kampf gewonnen war, bereitete er nie mehr Schwierigkeiten.	Sehr aufgeregt, als er das erste Mal in Gesellschaft geritten wurde. Beruhigte sich aber rasch.
Springen	Zuerst gewandt und willig; durchlief eine schlechte Phase, in der sie die Nerven zu verlieren schien; erholte sich nach einer Ruhepause.	Machte bei Hindernissen immer nur das Minimum an Aufwand und man mußte ihm immer sagen, wo und wann er abspringen sollte, aber dann verweigerte er nie.	Sauber und kühn gleich von Anfang an.
Gänge	Kurz und „ponyhaft" in jungen Jahren, als ausgewachsenes Pferd immer ziemlich raumgreifend.	Schwankte zwischen Pferde- und Ponygängen an verschiedenen Tagen; wenn einmal ein bestimmter „Gang" eingeschaltet war, konnte er nicht wechseln.	Hatte sein ganzes Leben lang einen außerordentlich raumgreifenden Schritt; stolperte als junges Pferd über die eigenen Füße in langsamen Gangarten.
Abneigungen	Schweine und irgendwelche weiße, sich bewegende Gegenstände.	Keine.	Keine.

NUIT	TOP NOTCH	NOISETTE	NAVY BLUE
Blackness – Nuki	Tenterhooks – Nuki	The Dell – Nuki	Blue Shah – Nuki
Wie Gamesman; ging nicht aufs Gestüt.	Vermied jeden Kontakt, bis sie in die Ecke getrieben wurde. Dann sehr freundlich.	Freundlich von Anfang an; nie auf dem Gestüt.	Vermied jeden Kontakt, besonders von der rechten Seite.
Sprang davon, knirschte mit den Zähnen und sah sehr zornig aus am ersten Tag.	Wehrte sich nicht und war immer leicht zu halten.	Wehrte sich nie.	Anfangs leichter Widerwillen; einmal beruhigt, leicht zu halten.
Versuchte zuerst, auf die führende Person hinaufzuspringen; nachher nie mehr Schwierigkeiten.	Folgte und gehorchte bei allen Gelegenheiten.	Gehorsam, außer wenn sie zum Streit aufgelegt war (s. Nauri und Nuit), und konnte dann für ewige Zeiten damit fortfahren.	Folgte immer ruhig, sehr gehorsam.
Interessiert und willig von Anfang an.	Wie Gamesman, stieg immer freudig ein.	Sehr brav, außer wenn sie draußen bleiben wollte, um zu sehen, was vor sich ging.	Nur mit Mutter zusammen verladen, keine Schwierigkeiten.
Arbeitete meist willig mit; freute sich an gelegentlichem Kampf, aber meist zu faul.	Als Jährling unzugeritten verkauft.		Als Jährling unzugeritten verkauft.
In neuem Gelände immer glücklich und bereitwillig, manchmal in bekanntem Gelände widerwillig. Solange faul, bis sie Jagdritte machte.			
Anfänglich monatelang unglaublich unfähig. Stürzte über alles und verlor komplett die Nerven. Mit fünf Jahren entdeckte sie plötzlich, worum es ging und war von da an brillant.			
Immer lang, außer wenn gelangweilt.			
Alle anderen Schimmel.			

Nukis Enkel

Name	GAMBIT	GUESSING GAME	COUP DE GRACE	NYMPHETTE
Abstammung				
Vater	Gamesman II	Gamesman II	Gamesman II	Solar Duke
Mutter	– Muff	– Whose Lady	– Late Coup	– Nauri
Verhalten gegenüber Menschen	Immer freundlich und liebte es, gestreichelt zu werden.	Ließ sich anfassen, sah aber immer mißtrauisch aus.	Schätzte so viel Streicheln und Zärtlichkeiten, wie sie nur erreichen konnte.	Ließ sich während Monaten nicht anfassen und sah immer feindselig aus.
Gewöhnung an das Halfter und Führen	Nie die geringsten Schwierigkeiten, außer von der rechten Seite.	Ließ sich nicht gerne einfangen, aber versuchte nie wegzuzerren, wenn er einmal angebunden war.	Machte nie Schwierigkeiten, folgte wie ein Hund.	Wehrte sich wochenlang, aber wenn das Halfter einmal saß, folgte sie jedesmal ruhig.
Verladen	Liebte es immer; stieg willig ein und reiste gut.	Brauchte anfangs viel Überredung und Ermutigung.	Liebte das Verladen und Reisen.	Nie die geringsten Schwierigkeiten.
Einreiten	Langsam von Begriff (wie Gamesman), aber schnell vor Zorn aufbrausend, der manchmal Tage brauchte, um sich zu legen.		Schnell im Lernen und immer aufmerksam; liebte alles Getue und Bevorzugung.	
Ausbildung	Ging vorsichtig mit seinem Reiter um und war sehr aufmerksam, wenn nicht allzu aufgeregt oder widerwillig.			
Springen	Außerordentlich verheißungsvoll schon von Anfang an; kühn, vorsichtig und kraftvoll.			
Gänge	Hatte sowohl Pony- als auch Pferdegänge und konnte auf Befehl umschalten.		Gänge variierten in der gleichen Weise wie bei Gambit.	
Abneigungen	Verkehr.			

Stammbaum von Nukis Nachfahren

NUKI - Sch. 1955
(Mush — Dreiviertelblut-Stute)

NAURI	GAMESMAN II	HIS NIBS	NUIT	TOP NOTCH	NOISETTE	NAVY BLUE
Sch. 1959 (Romany Air)	Sch. 1960 (Game Rights)	Br. 1961 (Border Legend)	Sch. 1962 (Blackness)	Sch. 1964 (Tenterhooks)	Sch. 1965 (The Dell)	Br. 1966 (Blue Shah)
Gefährtin: Jessica (Jena II — Boisson)	Gefährte: Peregrine (Welsh)	Gefährte: Lenny (Irländer)	Gefährtin: Royal Queen (Manicou — Queen of All)		Gefährten: Guessing Game und Coup de Grace II	

NYMPHETTE	GAMBIT	GUESSING GAME	COUP DE GRACE II
Sch. oder F. 1967 (Solar Duke)	Sch. 1963 (Muff)	Sch. 1965 (Whose Lady)	F. 1965 (Late Coup)
Gefährtin: Quasar (Quality Fair — Samantha)	Gefährte: Roly (Golden Spread — Whose Lady)	Gefährten: Noisette und Coup de Grace II	Gefährten: Guessing Game und Noisette

Abkürzungen: Br. = Braun, F. = Fuchs, Sch. = Schimmel

Anhang III Die Gefährten

Name	JESSICA	ROYAL QUEEN	LENNY
Abstammung Vater *Mutter*	Jena II — Boisson	Manicou — Queen of All	Irländer
Gefährte für	Nauri	Nuit	His Nibs
Verhalten gegenüber Menschen	Suchte eifrig zu gefallen und liebte Aufmerksamkeit. Wenn erschreckt, schnell im Ausschlagen.	Liebte Menschen und besonders, an ihren Kleidern zu kauen. Ließ sich sehr gerne streicheln.	Nicht besonders freundlich oder feindselig; nahm sie als selbstverständlich hin.
Gewöhnung an das Halfter und Führen	Beim Ankauf an das Halfter gewöhnt; neigte zuerst zum Zurückbleiben, wenn sie geführt wurde.	Beim Ankauf an das Halfter gewöhnt und leicht zu führen.	Beim Ankauf an das Halfter gewöhnt und ließ sich führen.
Verladen	Sehr ängstlich am ersten Tag, dann keine weiteren Schwierigkeiten.	Stand still ohne auszuschlagen, als sie das erste Mal hineingetragen wurde; nachher keine Schwierigkeiten mehr.	Ging in alles hinein und hatte es anscheinend immer so getan.
Einreiten	Rührend in ihrem Eifer zu gefallen, aber durch jedes neue Manöver erschreckt.	Man konnte immer auf einen guten Kampf pro Woche rechnen, Ursache: ihre Laune.	Zugeritten beim Ankauf.
Ausbildung	Durch Trainer für die Rennbahn ausgebildet, „einfach".	Durch Trainer für die Rennbahn ausgebildet, „einfach".	Ging nicht gerne von zu Hause fort.
Springen	Haßte es und geriet in größte Angst beim Anblick von Hindernissen; mußte Hürdenrennen in Scheuklappen laufen.	Sprang Hürden gut und willig; „hätte Springpferd werden können, wenn sie gesund geblieben wäre".	Wenn möglich, umging er oder ging durch alle Sprünge hindurch. Wenn zum Sprung überredet, zeigte er viel Talent.
Gänge	Lang und fließend; nur eine Art.	Nur lang und geschmeidig.	Viel geschmeidiger und schneller, als man von seiner Aktion hätte erraten können.
Abneigungen	Alles Neue, das sich schnell bewegte.	Fürchtete sich eigentlich vor nichts.	Von zu Hause fortgehen.

PEREGRINE	ROLY	QUASAR
Walisisches Bergpony	Golden Spread — Whose Lady	Quality Fair — Samantha
Gamesmann II	Gambit	Nymphette
Bis 3 Monate alt, kam er nicht in meine Nähe. Dann fast zu freundlich.	Liebte viel Getue und Aufmerksamkeit, wenn alles bekannte Umgebung war; geriet bei allem Neuen in Panik.	Ganz glücklich, mit ihnen zu sprechen und von ihnen angesprochen zu werden, solange sie nicht einen unerwarteten Anblick boten oder etwas Unerwartetes taten.
Keine Schwierigkeiten beim Einfangen und auswärts ausnehmend folgsam.	Liebte es nicht gerade, eingefangen zu werden, wehrte sich aber nicht. Mußte an der Leine wochenlang nachgeschleppt werden.	Ohne Schwierigkeiten an das Halfter gewöhnt, aber ließ sich tagelang nicht ruhig führen.
Mußte am ersten Tag etwas geschoben werden, aber nachher keine Schwierigkeiten.	Mußte monatelang jeden Tag in jeden Transporter hineingewunden werden, bevor er freiwillig einstieg.	Betrat Transporter von Anfang an ganz willig.
Unzugeritten als Jährling verkauft.	Unzugeritten als Zweijähriger verkauft.	